批判俗民誌

比較教育方法論

洪雯柔◎著

五南圖書出版公司 印行

☣ 自 序

　　本書中的概念，在腦海裡存在了許多歲月，也在教學與研究歷程中不斷累積相關知識與經驗。

　　關於跨國的教育研究，國內學界似乎較多借重文獻的探討，也較為偏向政策面與制度面的介紹。此一現象雖與國外類似，但是國內的此一趨向更為顯著，相對而言，我們有較少比例的學者耗費較長的時日或數年之久前往研究國進行研究。此外，國內近年雖然質化方法勃興，俗民誌或生命史的研究蓬勃發展，用之於跨國研究、甚至比較研究的質化研究相對較少。

　　教育政策及其在教育現場的落實，有著差距。如何貼近地瞭解教育現場的困境並給予適切的支持，一直是筆者的關懷與努力方向。久遠的年代曾有句口號「別人能，我們為什麼不能？」「橘越淮而為枳」是中國的古老智慧，戒惕我們：直接引用他人的經驗，並不意味著我們能達到同樣的結果。因之，如何立基於對他國情境脈絡的理解而洞察其教育措施成敗的關鍵，並進而從此一觀點反省其對我國的啟發與意涵，是筆者未曾或忘的思考議題。這是貫串本書的核心關懷。

　　抱持這樣長久以來的理想，筆者前往紐西蘭針對毛利族的語言教育議題進行為期一年的田野研究。縱然已斷斷續續探究紐西蘭教育政策與制度多年，這一年的經驗卻推翻許多以往對紐西蘭教育的認知，也帶來更多對自己、我國與紐西蘭的理解與反省。雖然本書似乎較為偏重方法論的論述，卻是源於上述的實踐關懷，也在筆者的實踐中檢視與修正，目的則是希望藉由方法的精鍊而有助於改善教育實踐。

　　本書得以完成，源於教育部公費博士後研究的機會、任教

學校國立暨南國際大學惠允公假、比較教育學系所有同仁分攤筆者離開這一年的行政與教學工作，許許多多師長與友人的鼓勵與期待，母親與丈夫的支持，筆者訪問之紐西蘭維多利亞威靈頓大學（Victoria University of Wellington）教育學院與毛利與太平洋研究中心（He Parekereke）同僚、毛利友人們的支持與協助。兩位匿名審查委員鞭辟入裡的意見，針砭了本書的缺失，筆者銘感五內。

雖然如此，由於筆者的寡陋，書中有許多不盡令人滿意之處，而有待更進一步地在智慧中淬煉。筆者將本書視為對這一段學術歷程的中程報告書，付諸文字，讓自己有機會檢視這一路的堅持；公諸於世，敞開就教於方家的門户。

洪雯柔

☣ 緒論—研究關懷

筆者（洪雯柔，2002）的博士論文《全球化、本土化辯證關係中的比較教育研究》探究比較教育研究在全球化與本土化辯證中所面臨的挑戰與展望，其中便指出，在全球本土化脈絡下出現許多新興的教育現象或有待從新觀點探究的舊教育現象，比較教育研究因之在理論概念、研究分析單位與對象、研究主題、與研究方法上也必須有所轉化或開展。在研究方法的向度，全球化的衝擊使得本土化特質更為突顯，全球化與本土化二者的辯證也形塑獨特的全球本土化現象，探究置身於全球本土化力量影響下的教育現象需要更為多元的方法論，復以比較教育研究長久以來較為偏重鉅觀脈絡的與量化的分析，針對全球本土化教育現象做實地觀察的質化研究，因之在比較教育研究中有著極大的發展空間。

任教數年來，筆者仍持續關注此一方法論議題。對比較教育方法論的關注，除了源於筆者的比較教育學術背景外，亦因為國內教育改革的進行、與國際學術社群的接軌等，使得對外國教育的區域研究和跨國比較研究日益成長，關係著區域研究與比較研究之良窳的比較教育方法論因之更應受到重視與檢視。

首先，從比較教育方法與方法論的運用言之，觀諸世界比較教育領域的相關研究，長期以來多以文獻分析為大宗、以實證主義（positivism）與科學主義（scientism）方法論為尚。然而，自1960年代以來，方法論論辯一直是比較教育學者關注的核心議題之一，不但「比較教育研究是否應有獨特的方法論」成為論述焦點，社會科學的詮釋轉向（Interpretative Turn）與後

現代主義（postmodernism）也衝擊了本領域，質化研究開始嶄露頭角。職是之故，方法論陣營逐漸從以往截然的壁壘分明、以實證主義為宗，逐漸轉向接納多元的方法論與研究方法，如視覺俗民誌（visual ethnography）、個案研究（case study）、俗民誌（ethnography）、敘事研究（narrative study）等。

此外，國際教育成就評量（International Association for the Evaluation of Educational Achievement, IEA）、經濟合作發展組織（Organization for Economic Cooperation and Development, OECD）等的大規模跨國比較研究開始兼採量化研究與質化研究方法；亦有一些研究小組進行跨國合作，進行較大規模、質化與量化方法兼顧、微觀與鉅觀取向兼具的研究取向，如Patricia Broadfoot、Michael Crossley及其同僚等都投身質化研究，將大規模跨國進行之微觀現場之參與觀察（participant observation）的發現、從社會與文化等面向進行之詮釋與理解，補充說明量化研究結果，賦予其文化與日常實踐意義，也在比較後找出各國的特殊性與共同性；Robin Anderson則將參與觀察此一質化研究方法探究之結果加以數據化而歸納出模式與趨勢，並且透過歷史研究與情境脈絡之分析，依此分析出各國之特色，進一步理解與解釋其文化與社會意義。這些研究或者發現一些全球性共通教育趨勢或現象，或者強調在全球化現象下的本土意義。

但一如Val D. Rust、A. Soumare、O. Pescador與M. Shibuya（1999）〈比較教育中的研究策略〉（Research Strategies in Comparative Education）一文針對比較教育期刊論文進行的分析發現，採用「比較教育研究方法」進行之研究的比例並不高，僅達三分之一，且其中約八成使用三位作者所界定的「質化研究」。而Rust等人所謂之「質化研究」乃是文獻分析，嚴格來說，並非質化研究方法。其他比較教育學者的研究亦揭露類似的趨向。如是觀之，比較教育研究方法的精鍊與實用性，及其方法的推廣性，似乎都有待擴展。

反身觀諸台灣的比較教育研究，雖然因為對國外教育的興

趣與交流日增，加以教育改革與向國外借鑑的需求，復以國內研究人才幾乎皆擁有國外學歷或經驗，又以資訊科技之發達與跨國資料庫日益龐大且取得容易，區域研究與比較教育研究有增加的趨勢，比較教育研究方法的精鍊也因此更形重要。蔡清華（1989）、羅玉如（1999）、李奉儒（1999）等人曾針對國內比較教育研究期刊、論文、專書等進行分析，復以筆者對國內比較教育相關論述的概覽發現，以兩國或多國教育為研究對象的文章不必然進行比較研究，且運用文獻分析的區域研究與比較研究也占大多數。

　　其次，就質化方法與方法論在比較教育研究之運用言之，雖然自1970年代來便有Vandra L. Masemann、D. E. Foley、Lawrence Stenhouse、Richard Heyman、Crossley與Graham Vulliamy、Diane M. Hoffman等人倡議質化方法在比較教育研究上的應用，然而真正將之運用於「比較」研究或「區域」研究的撰述並不多見。Erwin H. Epstein、Frederick M. Wirt與M. Mobin Shorish甚至在1993年仍指出，雖然在比較教育領域裡應用質化方法有助於瞭解學校內的實在（reality），但是此方法取向對比較族群議題的研究而言仍是新方法。無論就國際或國內的比較教育研究觀之，落實比較教育先驅所強調之親訪國外而「在現場」（being there）的研究為數不多，研究的議題與範圍也較為有限，質化研究常用的「在現場」的參與觀察以及對教育現象下潛藏之假定的揭露也較少見。由是觀之，質化的區域研究與比較教育研究仍有待開展。

　　台灣比較教育研究的發展主要追隨國際，尤其是美國的學術路線，因之也有著相同的問題。楊深坑（1999）便曾廣泛地指出台灣教育研究的類似狀況。他指出台灣近四十年的教育研究主要趨勢，幾乎是西方實證主義技術宰制下的翻版。用數量化、變數化的處理，來進行具有實用性假設之考驗，其結果流於枝節教育問題之解決，談不上本土教育知識之建構。而且，雖有不少學者反省量化研究的缺失，且質化研究有越來越多的趨勢；然則，質化研究先決條件須就教育所植根的文化形態

與認知基本類型做深度省察，顯然台灣教育學術界這一方面的功夫仍有不足。而在比較教育領域中，以質化方法取向進行的比較研究僅有如李智威（2001）等少數研究；對質化取向應用於比較教育之方法論加以論述者亦少，如李奉儒（1999）、方永泉（2002）、李嘉齡（2002）、江吉田（2004）、洪雯柔（2005a）等。

關於質化研究取向，其常被視為人類學研究、俗民誌、參與觀察、質化觀察、個案研究、田野實地研究（田野調查，field study）的同義詞（LeCompte and Goetz, 1982; Smith, 1978）。雖然比較教育發展史中的歷史因素分析派學者所採取的方法論觀點與研究方法或可稱為質化取向，本書也在論及比較教育方法論觀點時述及，且其在各國之社會文化等脈絡之解釋上扮演重要角色，但是筆者對質化研究取向的方法論論述著重於較少為比較教育學者所探究者，即微觀取向且強調對微觀教育歷程的探究。

此外，對於「比較教育」學科的定位，學者或將比較教育定位為理論性與學術性科目、以研究為根基（Watson, 1999）、強調理論與方法論的探究，主張「方法論為比較教育核心：我們相信方法論應該是比較教育社群的核心焦點。亦是培訓時的焦點。」（Rust et al., 1999: 88）；或將之定位為「應用性學科」，強調教育結果的預測、教育政策的借用與對政策的建言，從比較教育之父Marc-Antoine Jullien以來的比較教育學者多半有這樣的思想，而Edmund J. King更認為「比較教育僅是決策的工具」（引自Vos and Brits, 1988: 10）；更多學者主張以研究為根基的政策建言，如Isaac L. Kandel、Brian Holmes、George Z. F. Bereday等。筆者長久以來致力於比較教育理論與方法論的探究，所開設的亦是相關課程。然而，對於此一學科領域，筆者並不認為其僅是方法論的探究，其亦含括對他國教育現象的區域研究與比較研究，有其知識上的自我完足性及在教育上的應用性，且二者應能相輔相成。

本書因此定位在此一學科觀點，一方面致力於從方法論觀

點探究質化研究方法在比較教育研究上發展的可能性；一方面也觸及質化研究方法在比較教育研究上的應用方法與實例。希望兼具理論與實務觀點。復基於質化研究在比較教育研究上的應用仍有極大的開展空間，筆者亦致力於實際落實質化的比較教育研究。

筆者在本土所做的批判俗民誌研究，乃是源於這樣的關懷：我們借鑑了紐西蘭的本土經驗——原住民語言政策，在台灣推動母語教學、試辦語言巢、成立原住民民族學院。然而台灣本土的原住民母語教學所置諸的情境及其所面臨的問題，真的適合此種政策的施行嗎？母語教學的困境與優勢為何？筆者遂興起進入教育田野以進行母語教學之參與觀察的構想，並且在申請教育部博士後研究時提出前往紐西蘭進行原住民母語教學觀察的計畫，希望在兩地進行批判俗民誌研究，而且進一步對此二者進行跨文化的、比較的批判俗民誌研究，意在落實筆者在博士論文中提出的構想：其一在探究本土教育的相關議題，其二在於進行質化的比較教育研究，瞭解與體會將質化方法運用於比較教育研究的可能性與侷限性。

本書之所以以批判俗民誌為論述焦點，建議其與比較教育研究的結合，主要乃因其兼具俗民誌對微觀教育現場及意義的觀察與分析，也關注鉅觀結構的影響。後一特質較能適合比較教育研究長久以來的特質，而前一特質則能與補充比較教育研究較少進行的質性且微觀探究取向。而比較教育研究的跨文化或跨國特質則使得文化差異性更加凸顯，也能解決代表性的部分問題。此將於本書第二章第三節「批判俗民誌vs.比較教育研究」與第四章第四節「批判俗民誌運用於比較教育研究之問題與展望」詳細論述。

本書論述的焦點在於比較教育方法論，也涉及方法的討論與應用。關於「方法」（method）與「方法論」（methodology）的界定，Robert C. Bogdan與Sari Knopp Biklen將「方法論」視為通稱的語詞，其指涉研究方案的一般邏輯和理論觀點；「方法」則是研究者使用的特定技術，如調

查、訪談、觀察等，是研究的技術性層面。他們更進一步將質化研究當作一種方法論，因為參與觀察與深度訪談（indepth interviewing）的技術，以及現象學（phenomenology）理論和歸納性分析之間有著邏輯的連結（黃光雄主譯，2001: 46）。Rust（2003）則從比較研究的起源——科學方法——論之，將之置諸科學的脈絡中討論。他指出科學方法可分為四步驟，分別為：從既有知識進行研究設計或界定問題、蒐集資料或獲得訊息、分析與詮釋所獲得之資料、傳達研究結果。研究「方法」乃是處理第二與三步驟的歷程，方法論則處理第一與四步驟。換言之，Rust的觀點近似於Bogdan與Biklen，即方法乃是用之於資料蒐集與分析歷程的技術與工具，方法論則是思考方法應用之適切性與解釋研究結果的思維。

筆者贊同上述學者的論點，而主張方法論乃是一種後設思考，其基於特定認識論或理論觀點，針對研究對象與目的而設計其研究歷程、採行適切的研究方法與步驟，對研究結果予以分析與詮釋，並且在研究歷程中不斷對方法與研究者自身之思考進行檢視、對研究結果加以批判反省；方法則是研究過程中所應用的技術。基於此一觀點，量化研究、質化研究等許多研究取向，便不僅是研究方法，而是方法論，有其特定的認識論或理論立場。在方法與方法論二者之區辨有其關鍵性之處，本書儘量在名詞上將二者區隔；然或因一般習用，則並不嚴格區分。此外，筆者於本書中推薦的質化研究方法與方法論乃是比較的批判俗民誌，而由於其在方法的部分採用的是俗民誌方法，因此有各論及批判俗民誌與俗民誌之處，並非在名詞上的混淆。

本研究的進行與本書的撰寫，除了源於上述的方法論與議題關懷，筆者的假定與立場亦扮演關鍵角色，其形塑筆者的視野，卻也可能帶來特定框架。在此鋪陳，一方面提醒自己時時刻刻不或忘自我「反省與批判」，卻也警惕「批判」可能成為另一種缺少批判反省的「意識型態」；一方面就教於讀者，一同進行對本文的「批判對話」。

　　對於質化研究，筆者的確有著偏好與較多的訓練，也因此更為關注此取向的比較教育研究。對人類學的接觸，開展了探究少數族群的興趣、對弱勢群體的關懷，以及對田野研究的偏好。對電影研究的沉迷與訓練，強化了對行為與表情的解讀，以及其背後文化意涵的詮釋，也奠定對歐美國家民族特質與生命樣態的基本瞭解。碩博士班時因楊深坑、李奉儒、沈姍姍等師長的薰陶而涉獵詮釋學（hermeneutics）、批判理論（critical theory）、與批判教育學（critical pedagogy），跟著夏林清老師下田野的行動研究與批判俗民誌訓練，以及後續與夏老師與謝斐敦（2003）共同翻譯Donald Shon（1991）主編之《反映回觀─教育實踐中的個案研究》（The Reflective Turn-Case Studies in and on Educational Practice），凡此種種都為比較教育的質化研究做了累積。加上比較教育的訓練，其不僅滋養了跨文化的視野，也更進一步深化了作為一個比較教育學者的「世界改善論」（meliorism）立場。

　　本書第一章因此先探究今日全球本土化脈絡下教育現象的改變、對長久以來社會科學獨尊實證主義取向之方法論的批判，繼之思考比較教育研究的可能因應。第二章從方法論切入，再訪方法論論辯，探究比較教育研究中的實證主義取向與質化研究取向觀點的利弊得失，以及晚近對質化研究、量化與質化研究兼顧等比較教育研究的嘗試，也鋪陳出批判俗民誌在比較教育研究上應用的可能性。第三章則介紹批判俗民誌的理論概念，及其所面臨之挑戰與因應之道。第四章介紹比較教育學者對批判俗民誌之論述、相關研究之進行、批判俗民誌應用於比較教育研究所產生之問題與展望。第五章則闡明批判俗民誌應用的步驟，也以筆者針對台灣與紐西蘭原住民族母語教學的比較批判俗民誌研究為例。最後是對比較教育方法論的反省。前面四章著重於比較教育與質化研究等相關論述的文獻分析，第五章則除了應用步驟的介紹外，亦包含筆者在台灣與紐西蘭所進行之批判俗民誌研究及二者的比較。

　　而在各章標題之後加上的副標，多半來自小說或電影，反

映的是該章內容的主題，對實證主義、科學主義的反省，以及筆者的興趣。第一章以Aldous Huxley《美麗新世界》一書的書名為副標，因為全球本土化脈絡改變了教育的某些面貌，引領我們進入教育與研究方法論的「美麗新世界」；也引用其對科學「進步」觀與科學主義的批判意涵，質疑科學主義的線性「進步」是否真能凌駕且左右人性與人類社會的發展。第二章的副標仍舊承襲Huxley之觀點，以其《再訪美麗新世界》為副標，也標示著對比較教育方法論的再思。第三章的副標「發條橘子」（A Clockwork Orange）是Stanley Kubrick所導演的改編自小說之電影，其質疑科學主義（更具體地說，是行為主義）主張人的自由意志可以被行為改變技術所操控。第四與五章的副標分別為George Orwell 的小說《1984》與行為主義心理學之父B. F. Skinner所撰述的小說《桃源二村》，前者的旨趣近似Huxley之書，後者則鋪陳Skinner之行為改變技術的應用，「桃源二村」是基於行為主義而建構的實驗性烏托邦，筆者的第五章則是運用批判俗民誌於比較教育研究的實驗個案。

☣ 目　錄

第一章
比較教育研究再概念化的脈絡
——美麗新世界

　　在國內教育改革的持續推動與全球教育之相互影響性的日益強大下，我國學術界與實務界對比較教育研究的重視與進行也更加勃興。值此之際，比較教育研究有其擅場，然亦有其挑戰，亟待檢討與反省。本章即在介紹跨國比較研究所面臨之情境脈絡，並提出對「比較教育研究」概念的重新界定。

　　本章先鋪陳現今教育現象所置諸的脈絡，復論比較教育研究所面臨的挑戰，繼之分析以往比較教育研究所援引之社會科學實證方法論的侷限，論述質化與量化方法雙方之優勢與限制，最後略述因應之道及其展望。

第一節　脈絡的變遷─全球化與本土化辯證下的教育與比較教育研究

　　在現今全球化（globalization）與本土化（localization）同興且辯證的時代脈絡中，全球化帶來許多改變，諸如全球市場的形成、經濟政策的同質化（新自由主義政策）帶來以全球市場為佈局的經濟發展趨勢、民族國家因為跨國組織與跨國企業的形成而致權力與功能的削減、國際與國內局勢下新中心──邊陲關係的形成、消費文化的席捲全球等；本土化則引發保護本土語言與民族傳統、回歸與關懷本土、重振本土文化、發揚本土知識等的聲浪與運動。凡此種種，都使得教育與比較教育研究面臨改變，無論是在目的、內容、對象、主題、方法上，都隨著外在脈絡的改變而有所因應。比較教育研究無論在分析單位與研究對象、研究主題與研究方法上都必須隨之複雜化與精細化，以因應同時受全球化與本土化勢力影響、且兼具同質化與異質化特質的情境脈絡。因此比較教育研究面臨著重新省思的契機（洪雯柔，2002）。

　　比較教育研究有許多種類型，包含以描述與文獻記錄為主的單一場域研究（single-site studies）、考量國際情境脈絡的比較個案研究（comparative contextualized case-studies）、比較實徵研究（comparative empirical studies）、以理論為基的比較研究（theoretically informed comparative studies）、以形成理論為目的的比較研究（theoretically informing comparative studies）等（Broadfoot, 1999a: 23-24）。然而，不管何種研究類型，自Michael Sadler以來，比較教育學者其皆關注鉅觀社會與世界脈絡對教育的影響。

　　承襲著長久以來對鉅觀脈絡與國際社會的關注，比較教育領域中的數個代表性刊物在千禧年前後出版專刊，討論全球化所帶來的影響，如

《比較教育》（Comparative Education）於2000年出版「面向二十一世紀的比較教育」專刊（Comparative Education for the Twenty-First Century）；《比較教育評論》（Comparative Education Review）於1998年開始出版較多針對新世界秩序（World Order）與全球化相關論述，並先後於2002年出版「全球化對教育變遷的意義」（The Meanings of Globalization for Educational Change）專刊、2004年又出版專刊「性別與教育之比較研究的全球趨勢」（Special Issue on Global Trends in Comparative Research on Gender and Education）；《比較》（Compare）雖未出版專刊卻也於2000年刊出較多關於面對新世紀與全球化的論述；《國際教育評論》（International Review of Education）則於2001年出版專刊「全球化、語言與教育」（Globalisation, Language and Education）。關於本土化的專刊則僅出現在《比較教育》於2003年以「本土教育：新的可能性，仍存的限制」（Indigenous Education: New Possibilities, Ongoing Constraints）為題的專刊中。此外，以全球化或全球本土化為題的專書或國際會議亦如雨後春筍般出現。

如Crossley（1999）談到比較教育正面臨「再概念化」（reconceptualisation）的必要性與需求時，提到引發此一必要性的背景因素之一便是全球化的快速邁進。其所列述的其他因素，如地緣政治關係的巨大改變、國際諮詢與交換學程的成長、資訊與傳播科技的精進、社會改革中經濟與文化面向間逐漸升高的緊張關係、新世紀轉捩點的符號衝擊等，都與全球化有所關聯——或是全球化所帶來的影響，或是對於全球化的進一步或朝向不同面向的推展有所助益。而在此脈絡的改變下，全世界各社群發出的相同呼籲：教育研究應與政策、實踐更直接相關、有用、可行且更具成本效益。

Keith Watson（1999）論及比較教育研究的再概念化與新內省時，也指出：比較教育需要再概念化的原因之一與全球化帶來超越國界的衝擊，以及國家對健康和教育等公眾服務的計畫與推動之控制力減弱有關，而全球化帶來的經濟和政治結構的私有化（privatization）和市場化（marketization）、媒體的滲透、多邊組織跨國機構的成長等亦是

原因之一。其於2000年出版的《全球化、教育轉型與變遷中的社會》
（Globalization, Educational Transformation and Societies in Transition），
更進一步深入探究比較教育面對的新世界秩序，指出其受到威脅與挑戰
之源：1.全球化與自由市場的經濟動力，其限制政府的規範、管控能力；
2.地區與超國（supranational）結構、多邊組織成長，如歐盟（European
Union, EU）、國際貨幣基金（International Monetary Fund, IMF），而這對
某些國家而言漸增其重要性，尤其對那些內爆（imploding）或崩解的國家
而言，或是由中央計畫經濟邁向自由市場經濟的國家而言。

　　Robert F. Arnove（1999，引自洪雯柔，2002：2）論述比較教育的再
架構時，便以全球化與本土化的辯證為驅動這一需求的主要動力因素。
Jürgen Schriewer（1999）也指出日益成長之世界社會（world society）所
帶來的挑戰，如漸增的全球相互連結性等，這些都為比較調查之分析單位
的獨特性帶來挑戰。上述種種論述皆點出了全球化與本土化趨勢在比較教
育研究內所引發的反省與革新之聲。

　　在此全球本土化脈絡中，教育現象產生什麼改變？有哪些新興的教育
現象與議題？比較教育研究原有的範疇、概念、理論、方法、任務等是否
足以因應？比較教育研究面臨此一脈絡，有何優勢？面對何種挑戰？此乃
是筆者撰寫博士論文時的主要關懷，也是比較教育迄今仍然面對的議題。
此處援引筆者博士論文的發現，也參納更多其他學者的不同觀點，希冀對
上述問題能有較為清楚的描繪。

一 教育脈絡與現象的改變

　　許多比較教育學者關注全球化帶來的影響，如世界文化論（world
culture theory）學者John W. Meyer與Francisco O. Ramirez（2000）主張國
家教育日益同質化與標準化，且指出產生此趨勢之壓力來自於為世界之溝
通與交流推波助瀾的各類科技，在符號象徵意義上將教育與個人、集體更
加緊密連結的社會科學觀（如教育中的人力資本演化觀點），隨世界性專
業與組織整合而強化的教育專業模式，以及國家、公民、人權、教育相關

之教條皆在世界組織中更加制度化。這些全球化力量導致各國對教育的影響力日衰，致使國家特質與外部關係決定了教育的同質化與標準化模式，如世界標準的課程、類似的科目（如仿自美國的社會研究與公民教育）、跨國性地將關注焦點聚焦於數學與自然科學成就、學童中心的教育觀、教師專業發展觀等。

　　Martin Carnoy與Diana Rhoten則指出教育變遷乃來自資訊科技與全球資訊網絡所帶來之世界文化的改變（引自Assie-Lumumba and Sutton, 2004: 347），其反映了英語的宰制、以美國為主的材料。Anthony Welch（2001）則聚焦於經濟全球化對大學形態的改變，指出大學從傳統的國家文化傳承處與堡壘，轉變為更具國際特質的、其聲譽與地位乃從國際觀點來評量的、崇拜效率的機構形態，而這包括了管理主義科技（managerialist technologies）的觀點，強調內部與外部表現指標、全面品質管理等概念。Watson（2000）論及受到世界銀行（World Bank, WB）、國際貨幣基金（IMF）等影響而強化的教育分權（decentralisation）結構、教育投資的減少、不平等現象的加劇、從種族不平等變成階級不平等、偏重商業與管理科系等教育現象。Christopher Ziguras（2003）則進一步探究世界貿易組織（World Trade Organization, WTO）中GATS（General Agreement on Trade in Services）對紐西蘭、澳洲、新加坡、馬來西亞四國的跨國高等教育（transnational or offshore education）的影響。

　　Roger Dale與Susan Robertson（2002）則論及新自由主義（neo-liberalism）影響下的教育現象，如學校管理權力的下放、學校成為教育市場、企業主義（entrupreneurialism）概念的盛行、國際測驗的重視、貿易導向的語言與素養，強調監督、評鑑標準的設定，以及國際學術交流與出口教育（export education）的成長。N'Dri Assie-Lumumba與Margaret Sutton（2004: 348）則提醒我們關注Nelly P. Stromquist（2002）的研究發現：全球化下之市場動力與公共政策使得正規教育繼續製造與再製女性在社會中的臣屬地位。

　　綜觀上述全球化對教育之影響的相關論述，廣博地含括經濟、政治、文化、生態、意識型態等種種面向，而其所論及之教育改變涵蓋了鬆綁與

權力下放、跨國教育交流、效率與品質管理的強調等。綜言之，而教育體系的「市場化」可謂此波改變中最顯著者。

不同於全球化論述的則是反全球化（anti-globalization）、對立全球化（counter-globalization）、本土化或全球本土化的論述。楊深坑（2005）指出在全球化趨勢下有著反全球化的聲音，認為全球化係以西方為中心的理性主義霸權的無限擴張；更激進者則認為全球化是西方文化帝國主義的偽裝，企圖泯滅地方文化特色。筆者則從另一個角度觀之，全球化的強勢一方面激起本土的危機意識以及對本土的維護，一方面卻也突顯出各地之特質與動力，致使本土化弔詭地同時身為全球化現象與反動力量之一。J. Friedman（1994）便指出現今廣博出現的文化政治乃是一種地方自主的政治、一種對個人自主與傳統價值的再度宣稱、一種對國家科層體制資本主義之同質化的對抗，亦是一種對大眾文化與單一性別社會的對抗。

而關於本土化在教育體系的影響，學者或論及Paulo Freire首推的大眾教育運動（popular education movement），或繼起的拉丁美洲的草根教育方案（grassroots education programs），其提供有別於正規教育、能夠啟動個人意識覺醒（conscientization）、增權賦能（empower）、自宰制中解放的另類教育模式。復有更多學者引介本土知識或俗民知識，如Ladislaus M. Semali與Joe L. Kincheloe（1999；引自洪雯柔，2002：194-195）主張將多元的知識體系介紹給學生，提供不同的知識生產觀點，在搖撼西方科學之訴諸理性、製造普遍真理、強調確定性與效度、隱含我族中心（ethnocentrism）觀點的信念下，為知識帶來轉化的可能。轉化後之西方意識對本土知識採取同理的且謙虛的觀點時，將會對自身所帶有之新殖民主義（neo-colonialism）觀點、其他西方社會實踐對本土民族之傷害等更有覺知力。

紐西蘭的原住民（毛利族）學者Wally Penetito（2002: 97）於分析西方研究典範與毛利教育研究之發展時，亦指出二者在認識論、本體論、方法論上的差距，因此建議建構適合本土教育的研究方法與理論，其也指出本土研究者偏好的方法論乃是參與式的研究。同為紐西蘭毛利學者的Linda Tuhiwai Smith則於1999年出版之《去殖民化的方法論》

（Decolonizing Methodologies: Research and Indigenous Peoples）一書中表達類似觀點，批判從西方帝國主義觀點出發的研究與知識體系。其夫Graham Hingangaroa Smith則早已提出毛利教育理論（Kaupapa Maori theory）與方法論（Kaupapa Maori research），且其與夫人Linda Smith、其他毛利學者在進行毛利教育研究時也多所採用（Bishop, Berryman, and Richardson, 2001; Bishop, 2003; Smith, 2003）。

楊深坑亦指出（2005：4）Linda Smith主張社會科學研究應本諸本土知識；教育研究也有類似主張，主張教育研究應將本土性的認知方式列入審慎的考慮。凡此種種本土化的教育運動與措施，一方面在解決西方教育措施強加諸本土所致的種種教育問題，一方面為教育的本土發展開出一條通路，以解決本土與外來的衝突問題，也解決弱勢族群與地區的教育不利問題。

Nicholas C. Burbules與Carlos A. Torres（2000）也指出，在教育領域中，較常反映出的是全球化的新自由觀點；事實上，更需要有關地方的研究，以對抗市場機制。此外，各地對全球化同質趨勢的回應可能不同，而有著本土的考量。如經濟上，外在的金錢壓力可能迫使國家縮減教育經費，卻也可能在增加經濟競爭力與生產力的考量下增加教育經費；政治上，有些國家教育強調民族主義與公民忠誠，有些則強調世界公民；文化上，有些國家依賴媒體、大眾文化、新傳播與資訊科技，將之視為瞭解自身在全球世界之處境的窗口；有些則反而興起對外來影響的褊狹主義、懷疑與抗拒。

Pearlette Louisy（2001: 425）從更寬廣的定義來看全球化，指出全球化現象要求更寬廣的視野，因此將人類經驗的多樣性（diversity）納入考量，也要求對這些經驗之所屬群體的特殊性有深入瞭解。而比較教育強調脈絡與情況的重要性，促進了對造成各種差異與分化（differentiate）之要素的覺知。

在全球化與本土化兩股力量的辯證下，「全球本土化」或者是更能適切標示當代教育現象的特質，也更能涵蓋全球化、反全球化、對立全球化、本土化等概念。Friedman、Semali與Kincheloe、Burbules與Torres等

人此番論述呈現的便是各地存在之「特殊性」對全球化趨勢的因應或反動。一如Bob Lingard（2000）對「結構調整政策」（structure adjustment policy）此一全球高等教育改革趨勢的觀點，他指出，教育結構重整「是」也「不是」全球化的結果，事實上，它是小世界中的大政策，亦即，教育政策因為全球相互關聯、與發展中之全球教育政策社群的促進，而出現跨國的聚合現象。換言之，全球化與其他影響教育體系與教育政策的因素，並不帶來直線的、由上而下的、生產脈絡的結果；相反地，卻帶來下述結果：1.發生在各層級（國家、省或州、學校）的微觀歷史、微觀政治、微觀文化與發生脈絡的教育實踐，導致處於全球與地方關係中複雜實踐的混合化結果；2.生產脈絡與發生脈絡實踐與政策之交互作用在各國教育體系內有所不同。

Ka Ho Mok（2006）亦論及全球化下分權、私有化、市場化等成為東亞國家教育政策的共同取向，而「多樣性」、「選擇性」與市場導向在學校部門成為主要原則，在高等教育則為品質保證、表現評鑑、財務審查、法人管理與市場競爭等。然而，他也主張應檢視地方變項與動力如何決定全球化對該地的影響，並以亞洲四小龍為例，指出四地在教育管控、提供與財務等共同政策下事實上存在著差異。

筆者（2002）曾分別討論全球化對教育、本土化對教育的影響，進一步帶出二者的辯證所產生的不同教育現象。本節上述論述亦採取類似方式。此乃為論述之便，以分別呈現全球化與本土化兩者對教育產生的影響；然而，一如筆者（2002）亦曾言明的，可見的教育現象已是全球化與本土化辯證下的產物，雖然或可清楚見其受到二者的影響，但是何者來自全球化、何者來自本土化的影響，實然難以截然分割。以各國的課程改革為例，其雖然出現某些共同趨勢，如兒童中心觀、強調資訊科技的運用、重視自我學習技能的開展等；然而，這些「聚合」現象乃是在較為抽象的、高階的層次。若是細探各國政策制訂的考量、影響政策的因素、政策落實的方式、實施成效及影響等，便可發現政治結構、社會傳統與關係、文化觀念等所導致的種種細微或顯著之差異。

綜而論之，經濟、政治、文化等各全球本土化面向帶來教育新貌，諸

如高等教育的結構調整政策、教學品質與評量的重視、學校與企業合作或自企業借鏡、私立教育部門的成長、專業化以及高級人力的培養、婦女與少數族群受教機會的增加、公民教育轉而強調世界公民養成或強化國家意識、移民教育受到重視、跨國議題成為教育內容、跨國與跨區域組織對國家教育政策的影響力增加、國家補助減少與教育的商業化、消費文化成為主流文化對青少年族群與教育機構的影響、文化混合與文化認同議題在漸增之文化交流下成為重要議題、英語成為全球語言對各國教育與語言的影響、後殖民主義（post-colonialism）對教育的影響、資訊與傳播科技帶來遠距教學、電腦與網路在教育上的應用等。這些常被視為「全球化」的教育現象，在各國、各地或有不同的重點、措施、內容、意涵，或為因應不同的問題、問題性質或有差異，因而呈現全球本土化特質。

此外，突破原本以西方知識為中心的觀點、將本土知識與不同知識觀點納入教育體系，鄉土教育、母語教學等將本土文化納入教育中，公民教育與族群認同等問題，知識與研究本土化運動的興起等，這些被許多學者視為本土化對教育的影響（洪雯柔，2002），卻弔詭地形成一種全球局勢，也吸納其他地區之本土化運動的經驗與要素；也為因應今日脈絡，而有所調整，因此形成另一種全球本土化面貌。

二 面向全球本土化之挑戰的比較教育研究

Watson（1999）曾指出，許多人相信比較教育這一學術研究已經沒落。但是從世界各地之比較教育中心興起、最近兩次世界比較教育學會（World Council of Comparative Education Societies）年會的情況來看，並非如此，比較教育引發的興趣事實上是逐漸成長的。

對比較教育研究的興趣不僅見諸Watson所指出的比較教育學術社群，亦見諸各國政府與教育學者。隨著日益緊繃的全球經濟競爭，以及對教育之關鍵角色的日漸信賴，許多國家更加重視教育成就的國際排名而致力於提升教育品質，各國的教育改革藍圖亦往往援引他國經驗以為參考、甚至移植他國教育政策，教育學者亦引用外國經驗以為建言或針砭。此乃因比

較教育目的與功能、學科特質、視野、方法等有適切於此全球本土化的脈絡與教育改革需求之處，因此能貢獻於教育理論與實務的改善，比較教育的發展因之仍有開展的空間。

Nigel Grant（2000）亦持類似觀點，其指出，在現今脈絡中，未經批判地借用教育政策與實踐乃受到挑戰，而且亟需認知到文化、脈絡與差異之重要性的教育研究。比較教育研究因認知到文化、脈絡與差異性的重要性，且能增加對教育歷程複雜性的瞭解，而受到重視。也因為比較教育研究有著改革性格，因此有助於對全球、個別地區與自身之教育現象的深入瞭解，且能更批判性地參考他國教育政策與實踐，這些功能在關係漸趨密切與依賴的全球脈絡中尤其重要。

對於比較教育的目的與功能，Gregory P. Fairbrother（2005）提出八種可能性，分別為探究教育現象、解釋相同與相異性、論辯與闡述特定理論、預測、建議可行政策、檢驗假設是否成立、評估理論、支持與精進理論等。

Grant（2000）對比較教育的功能亦有頗為全面的論述：1.觀念的借用：其危險在於觀念的錯誤詮釋，而且特定教育施為可能僅能侷限在特定脈絡中運用。但觀念的引進未必全無價值，英國空中大學的學分制乃是源自美國，其施行面貌雖然不同於美國，卻帶來以往英國高等教育所欠缺的彈性，而英國空中大學反過來對全球許多國家產生巨大衝擊，甚至包括美國在內。這是比較教育研究最有價值之處，不僅得以打破習見而提供另類概念與實踐，而且能夠區分何種另類概念與實踐得以成功引入，何者將獲致失敗。亦即，比較教育學者透過從教育自身脈絡來檢視其實踐而指出進入另一體系該有何種調適。2.分析架構：比較教育提供了相對立的背景以檢視我們自己問題，此乃因我們對於自己的體系大多習以為常，與其他體系相比較多半能提供批判的論述與不同的觀點，也能讓我們因為面對其他假定的挑戰而對自身的假定予以反省。國際觀點也可激發我們對某些概念進行重新檢視，如「標準」、「學科」、「灌輸」、「卓越」、「選擇的自由」等。3.提供教育政策制訂的相關訊息。

筆者與Grant持類似觀點，此觀點乃是比較教育長久以來的核心堅

持。比較教育在跨國經驗的描述與分析，以及對本國經驗的檢視中，試圖開啓的是看待既定教育現象的新觀念與新視野，突破現有窠臼而開展出不同的可能性，而方法的指引——即Grant所說的分析架構——乃在確保對外國教育之理解以及兩國之比較結果能夠「趨近於眞貌」。因此，源於某脈絡之特定教育措施並不一定適用於其他脈絡，卻無礙於其對另一脈絡帶來啓發之效。而比較教育的研究適合探究教育現象在全球化與本土化下產生的辯證結果，上述英國空中大學之例便是最佳例證。

Wolfgang Mitter（1997）亦指出自1990年代以來社會與學界的特質乃是普遍主義（universalism）與文化多元主義（cultural pluralism）之爭，比較教育也許有助於協調二者。下述三趨勢可看出比較教育的不可或缺性：1.各國與各區間疆界的開放性：出現新的旅行者；2.國際化的成長（政治、經濟與科學），要求各種比較研究；3.當代資訊科技的快速出現與精進，以及溝通網絡的自發性進展。

然而，比較教育也面臨許多挑戰，其或源於比較教育學科本身的問題，或源於世界局勢與教育現象的變化。Crossley（1999）認爲比較教育面臨的最大挑戰在於，提出與當代世界之迫切需求一致的新優先順位、論述與操作模式；其中最爲重要者乃是嶄新的或是重新復甦的論述形式，以更加整合實徵研究與理論知識、促進跨學科研究、運用與發展新的分析單位與參照架構，以及強化教育研究與政策、實務間的關係。

Arnove（2001）在美國比較與國際教育學會（Comparative and International Education Society, CIES）理事長就職演講中彙整各任理事長的觀點，如挑戰將理論與實務二分之錯誤認知、澄清驅動比較教育研究的後設敘事（metanarratives）以面向後現代主義的挑戰、探討全球化對國家角色與教育機會均等的衝擊等，他認爲最大的挑戰來自於系統且精確地蒐集教育體系之表現的比較資料，以及這些資料對於理論建構與問題解決是否有所助益。

Broadfoot（2000）則指出現代西方教育體系的趨同性漸增，另類形式的教育提供因之難以爲大眾所想像與接受。然而，在現今深刻變遷的社會中，教育體系的內容、組織與教育本身皆應該有所創新，而且比較教育

「化熟悉爲陌生」（making familiar strange）的獨特能力可藉此發揮。現今的比較教育研究雖然有著令人興奮的新方法論，也因爲其作爲政策決定的工具而快速增加其重要性，但是其在傳統傳遞模式（delivery model）之教育概念中的工作，卻強化了現狀。Broadfoot敦促比較教育進行有關「比較學習學」（comparative learnology）的探討，也爲傳統教學與學習模式注入新意。

從上述可知，在世紀之交，面對全球本土化的蒸騰影響，眾多比較教育學者們論述相關現象，也發出其對比較教育研究的反省之聲或警惕之言，筆者彙整比較教育學者與自身的看法（洪雯柔，2002），從理論與觀點、分析單位與研究對象、研究主題、研究方法等面向提出比較教育所面臨的挑戰與轉變，且在研究方法上有較多的著墨。

（一）理論與觀點面向

西方中心觀點的知識觀與理論觀受到挑戰，比較教育面臨來自本土知識觀的挑戰，也亟需思考其是否具有普遍適用性、是否能理解與解釋置諸全球本土化脈絡中的教育現象。另一種挑戰則是建構本土比較教育理論與研究的發展方向。

在全球本土化情境中，多元的本土化知識觀挑戰了西方中心知識的宰制。比較教育知識觀與知識體系長久以來獨尊西方觀點，對以往所援用之理論，有待學者從他者（other）或另類觀點加以反省。以世界體系理論（world system theory）爲例，在全球本土化脈絡中，資本主義雖是推動全球化發展的動力之一，然而世界體系理論分析僅強調資本主義之影響，忽略本土脈絡對教育的形塑力量，這種鉅觀的、經濟唯物觀的分析態度，太過化約而忽略了多樣性與較爲細部的內涵，不能顧及微觀的、政治與文化面向的影響力，也不能解釋資訊與傳播科技（information and communication technology）所形塑的新教育面貌。也因此，對於教育現象的瞭解將只是片面的（洪雯柔，2002）。如能加入本土化觀點的論述，以及全球化與本土化辯證動態關係下的影響，從這三層脈絡進行教育分析才較能深入地瞭解現今脈絡下的教育現象，建構更爲適切的理論。

此外，以往偏重以西方國家為主體的理論論述，其在描述非西方國家的教育發展時或有扞格與不足之處；復以在全球本土化趨勢下，非西方國家逐漸成為新興研究重點。因此比較教育研究有必要重新思考原有理論的適用性與適切性，而現今也已有新的理論觀點開始萌芽，如Miller的地方理論（place theory）強調認知「他者」的重要性，並將之應用於在國際決策中邊緣小國所面臨的兩難處境。非英語系學者之論述與觀點的納入則是另一個有待努力的方向（洪雯柔，2002）。Assie-Lumumba與Sutton（2004）則建議探究性別與教育相關議題。

從台灣比較教育研究的發展來看，反映出的是台灣比較教育研究太過依賴西方理論的歷史與現況。可喜的是，近年來台灣比較教育學界逐漸興起建構本土比較教育理論的聲音。然而，何謂本土的比較教育理論？其具備何種特質？如何與全球的比較教育研究社群對話與接軌？這仍有待繼續努力。

（二）分析單位與研究對象面向

面對世界局勢與教育現象的改變，以民族國家為分析單位與對象再度受到挑戰，且出現許多新興或質變的研究對象，這是比較教育研究所面臨的挑戰。

就分析單位而言，以「民族國家」為分析單位的作法受到挑戰。雖然對以民族國家為分析單位的挑戰早在1970年代就已有學者提出，但是近年又因為全球化使民族國家的疆界日漸模糊、各種教育活動的跨國性日益增強、區域組織對各國教育的影響日增、私立教育機構的勃興，此一挑戰復又成為關注焦點。如Watson（1999）指出全球化催化了教育領域中私有化與市場化的成長，以及在私立教育單位之資料缺乏的情況下，以民族國家為比較單位的可靠性受到質疑。

筆者（洪雯柔，2002）亦指出，中心——半邊陲——邊陲關係仍然適用於理解某些地區在全球脈絡中的處境，然若要從中心——半邊陲——邊陲關係來理解與分析全球本土面貌，必須瞭解其已超越地理空間而成為一種社會劃分。如以往視美國為中心國家，然而並非美國境內各地皆足以在

全球扮演中心角色，而僅是就特定地方而論，如紐約、洛杉磯；而屬低度開發的第四世界[1]（the Forth World），如紐約市內的貧民窟等，則是此種新中心—半邊陲—邊陲關係中的邊陲地區。這些主體在全球本土脈絡中地位的變化也與其社會條件有所關聯，居於中心地位者，社會環境較佳，連帶影響教育品質與內容；居於邊陲地位者則反之。

　　除了以往以國家為單位外，發生於跨國或文化區域、跨國組織等、全球城市[2]（global city）等範圍（洪雯柔，2002）的教育現象日益增加，以此為分析單位而進行的比較教育研究需求益增。採用族群、社區、個別教育現場（如教室）等為分析單位的比較教育研究如今也受到更多的關注，尤其本土特質在今日世界受到重視，其對教育的影響力漸增，而相關的研究在比較教育領域中較為少見，此類分析單位頗值得獲得更多關切，且投入更多心力。或者可進一步打破分析單位的藩籬，以教育現象或事件為單位，例如遠距教學便很適合此類分析單位。然而此類研究雖然日益增加，卻還有極大的努力空間。

　　從研究對象觀之，後殖民與新殖民地區、他者、移民、第四世界、歐盟、非政府組織（non-governmental organisations, NGOs），以及本土知識與教育、全球性與本土性的教育現場、全球本土化教育現象、個別教室中的教學與學習對象等，或者成為晚近影響力漸大且漸受重視的對象，或為以往較不受比較教育研究者重視之對象（如褊狹於政策探討或量化研究），因此有待更多學者投注其心力，或從不同於以往之觀點與研究方法

---

[1] Morrow與Torres論述的是全球化與本土化辯證中以全球化為正而反之的力量或形成的現象，其中，本土與全球的分裂，顯現在全球脈絡下之中心國家（或地區）在經濟貿易與政治交流上日漸頻繁，而邊陲國家（或地區）卻與全球化主流政策與活動如新自由主義等有所扞格，反而越趨邊緣化。……這涵蓋了全球許多地方，包括撒哈拉周圍的非洲地區（Sub-Saharan Africa）、拉丁美洲與亞洲赤貧的鄉村地區等，甚至也出現在高度發展國家的城市角落，如美國的內城貧民窟、法國的郊區倉庫、西班牙失業青年的聚集處等。（Morrow & Torres, 2000）

[2] 在全球化與本土化的交界區，「全球城市」開始興起，諸如台北、香港與新加坡等城市，不平均地將跨國科技融入地方習俗中。……值得特別注意的是，這種現象並非出現在全世界所有的城市中，而是集中在如紐約、東京、倫敦、巴黎等。在世界中特定地區的特定服務的整合建構了現今世界的跨國社會關係、實踐與文化（洪雯柔，2002）。

對之多所深究。

後殖民與新殖民地區的教育發展因為匯集了全球化與本土化兩股勢力的強大影響，因此頗值得研究者對之加以探討。對「他者」的教育處境予以探究，則可以平衡比較教育研究偏重對中心國家之研究的缺失（洪雯柔，2002）。

Welch（1999）便在檢視比較教育史時，發現它的調查傳統並未正視他者的實體。但是當今已有學者開始進行環太平洋脈絡的研究，Arnove和Torres等對拉丁美洲草根教育的研究，Joseph P. Farrell對少數族群的探討，也有學者針對其他以往不受重視的區域或國家進行研究。而移民及其教育問題雖然一直是比較教育研究的對象，但是今日的移民有著新特質，如頻繁跨界、橫跨較廣的疆域或涵蓋較多地區、多元文化認同而非以往的同化於移民國等，因此也頗值得深究。

第四世界與歐盟等新興的跨國區域、非政府組織等大規模地進入本土教育現場，都使得其成為比較教育學者關注的新興研究對象。Watson（1999）便曾提出要重視非政府組織的重要性，不僅重視其在社區發展與素養上的影響，也在其提供之基礎教育上的貢獻。

本土教育現場，以往這多半只會出現在教育人類學的研究中。在當代全球化與本土化的辯證中，對於此一比較教育研究忽略的對象，有必要有更深入的研究，以瞭解本土特質在教育上的發揮，也更為瞭解各地教育現象的真實樣貌。此乃因為在全球脈絡中各地方的相依性更緊密且互動更頻繁，也都對其他地方產生影響，每一個地方、族群的教育遂都成為對全球脈絡進行瞭解的一環；此外，本土化運動在許多地方開始推動，而本土化運動的訴求最終仍以教育為主要實踐場域，透過教育，才得以將本土化真正紮根，因此教育一方面因應全球化挑戰、一方面回應本土化呼籲，建構其全球本土性（洪雯柔，2002）。

（三）研究主題面向

在全球化與本土化辯證的情境下，產生新興的教育現象、也出現教育現象的變化，因此比較教育研究的主題也面臨不同的發展。如跨國的共同

教育趨勢與議題、移民與國家認同相關教育議題、本土化運動對教育的影響、英語成為全球語言對教育的影響、少數語言的保存與語言政策、全球本土化與教育的關係、本土族群與地方教育、各種本土知識與本土化教學方法之探究與比較、歐盟等區域組織的教育措施與影響、非政府組織對本土教育或國家教育體系的衝擊、全球化與本土化辯證關係對教育與比較教育研究的影響等,都可作為新的研究主題(洪雯柔,2002)。此外,諸如微觀教育現場中的教學與學習等學習主題,以往比較教育學者較少探究,而種種教學與學習的問題卻日益受到政府單位、教育學者與社會大眾所重視,此不但是本土化的訴求之一,亦是大規模跨國教育研究的關切重點之一。

就前述提及之跨國共同教育趨勢與議題而言,如義務教育的基本原則、政教分離成為理所當然的規範、初等教育入學人數衰減被視為國家危機、綜合中學興起、高等教育擴張(Meyer & Ramirez, 2000),此類共同趨勢是否意味著教育現象的全球化且同質化,此仍有待進一步進入各國教育現場實際觀察,以瞭解是否真有教育普遍的特質存在,以及這些共通趨勢是否真能解決各國的教育問題,因此質化的研究更有其必要。以紐西蘭為例,其被視為新一波新自由主義模式的典範,此並非因其為新自由主義的「典型」模式,而因為其在新自由主義模式帶來的危機下將「典型模式」加以轉型,運用本土化策略形塑了紐西蘭成功、獨特且廣受重視的新自由典範學校(Dale and Robertson, 2002)。

亦如前述所言之對微觀教育現象的關注,Robin Alexander(1999a)指出比較教育以往重制度與政策、強調比較教育研究的實用性,而忽略了「教學」(pedagogy)此一主題。Epstein等人(1993)亦曾指出比較教育文獻中少有探究教學的論述,以1957至1989年間之《比較教育評論》為例,千篇文章中僅有六篇以此為主題。而以往不重視之原因在於:跨文化、跨國分析的困難與問題,時間耗費頗大,勞力密集,我族中心與文化天真的問題等。筆者瀏覽比較教育相關文獻,發現不僅如此,比較教育研究亦偏重正規教育的研究,忽略非正規教育;偏重鉅觀的、國家整體的教育制度,而忽略本土的、微觀的教育現象。

除上述的主題外，比較教育研究有偏重中心國家的現象，但是在如今中心——半邊陲——邊陲關係改變的情況下，比較教育研究的主題也需要拓廣，跳脫以「已開發國家」等中心國家之教育議題爲研究主題的偏向。

　　因之，除了目前學者們熱中的全球化對教育的影響外，進入教育現場的比較教育研究、以「本土化」與「全球本土化」相關教育議題所進行的研究，亟待進行。對本土教育的研究與解析需要立足本土來進行，而非套用西方觀點於本土教育研究上。與之相關的研究如探究本土知識對特定社區與族群的影響、本土教育的特質、本土教學的方法、全球化對本土教育的影響等。

　　比較教育研究是否可以考慮以各地的本土教育作爲研究對象，一方面可以將之作爲區域研究的對象；一方面可以做跨地區的比較，以瞭解在特定時空中不同地區的教育現象以及因應之道，因之對特定本土的社會文化特質有較深入的掌握，也因此對教育現象有更根基的瞭解。

　　從上述觀點進一步延伸，可進行本土化教育理論、教材、教學方法的跨地區比較，如拉丁美洲的草根教育方案與其他地區的大眾教育。本土知識不僅成爲學者研究的對象，也回歸到教育場中成爲教育內容之一；而俗民教學方法等本土知識，都能對本土教育有所貢獻。對於此類涉及本土脈絡、本土教育與知識的相關研究，質化取向的方法更爲適用。

　　就台灣而言，比較教育研究多半著眼於其對教育政策的建言功能，因此多數台灣的比較教育研究是以先進國家爲對象，認爲唯有追隨先進國家的步伐才足以改善台灣的教育現狀。事實上，打破以歐美國家與日本等先進國家或主流國家爲研究對象的堅持，拓展研究對象至非先進國家或所謂「他者」，有其必要，原因有三。首先，並非僅有所謂的先進國家才能爲本國教育的改善有所助益，非先進國家的教育措施與現象也可能給我們借鑑或啓發；其次，在全球本土化的脈絡中，在時間與空間的壓縮下，各地區之間的相互影響性因之強化，於是，研究與瞭解各地教育現象成爲必要；最後，比較教育研究也有著自爲完足的知識性目的，對各地教育的研究可以僅是滿足比較教育研究者希望對各地教育有所知悉的知識性目的（洪雯柔，2002）。

（四）方法論與研究方法面向

與上述比較教育所面臨的知識觀與理論、分析單位與研究對象、研究主題的挑戰與可能性相呼應的，是方法論與研究方法所面臨的挑戰。比較教育研究自1960年代以來便以實證主義知識論與方法論為主流典範，長期以來更以鉅觀的教育制度與政策為關懷核心，且出於跨國之「可比較性」的考量而強調客觀與可量化的變項，為提出政策建言與跨國政策移植而著重於抽繹出普遍適用的教育運作原則。此種特質的比較教育在方法論與研究方法上面臨何種挑戰，為此一小節所欲探究。

由於知識的形式與內容（尤其有關人與社會活動的人文學科與社會學科）源自知識生產者之社會脈絡，因此涵泳了特定社會的獨特本質。而知識的多元典範觀點，在本土化勃興以及本土化與全球化辯證中更加鮮明，因為本土觀點挑戰了西方宰制性的知識觀，或形塑出全球本土化的知識觀點。與知識觀及知識內容之多元化相對應的，則是知識之建構方法的多元化。Paul Feyerabend（1990/1988）便強調破除理性主義或邏輯專擅的方法論傳統，亦即科學沙文主義（scientific chauvinism）。若將此觀點推衍，復以Feyerabend指出歷史之複雜與不可預測性帶來的啟發，讓我們瞭解到，根據預先制定之規則而罔顧變動不居之歷史條件來進行分析是無用的。如是，以往所謂「成功」的理論、研究與方法不一定是永久成功或可行的，它只是當時意識型態認可之物，且僅在當時的情境脈絡中適用（洪雯柔，2000a）。

將此觀點進一步置諸當前全球本土化的脈絡中更為適用，因為當前脈絡所顯示的是多元理論與觀點紛陳的現象。而比較教育研究若要對特定脈絡的知識與教育現象有深刻且真確的探析，且回應上述比較教育研究觀點與理論、分析單位、對象、主題的多元性與改變，便可從多元的研究方法中擇其適合者而用之。採用多元方法論與研究方法，如此才得以就主題與對象的需要而搭配相適的方法。如將教育現象置諸全球本土化脈絡來比較，將資訊科技等新領域的影響納入對教育現象的解釋中，利用資訊與傳播科技來協助資料的搜尋、跨國研究的進行、跨國學術交流的增加，運用

人類學的俗民誌、批判俗民誌、敘事法與行動研究等方法來輔助探究本土化、全球本土化教育現象。

　　就全球本土化辯證關係的觀點而言，「本土化」、「全球化」、「全球本土化」指稱的不僅是研究對象、主題和研究脈絡，更是一種方法策略與研究上的認知（洪雯柔，2002）。換言之，此觀點將教育體系視為整體的、從其脈絡來檢視，主張任何教育體系都是彼此相依賴的，需要從其與整體的關係來檢視。此種對脈絡多元性的認知乃是自Sadler以來比較教育的獨特之處，而今日不同之處在於比較教育研究進行時所考量的角度須較以往更加多元，不僅涵蓋政治、經濟、社會、文化等面向，亦須納入資訊科技、消費文化等以往未納入的面向，考量政治、經濟、社會等種種面向間的動態交互影響，更大的差異在於將教育現象置諸全球化、本土化、全球本土化等動態脈絡中檢視其對教育現象的影響。

　　而且也須對國際間各種差異有更清楚的瞭解。以綜合中學為例，其在美國與英國學制中就有著差異，雖然它們有著相同的名稱。在進行跨文化比較時，這些差異常會受到忽略，更因如此，差異就更顯重要性且值得注意。進行比較時，須考慮不同教育體系的不同優先順序與價值觀、語言少數族群的存在、距離遙遠與交通困難，以及氣候、人口模式與經濟情況等，才能真正瞭解教育所處的情境以及決定教育的因素。教育背景條件對教育的運作有極為重要的影響，甚至足以界定教育，因此唯有將這些因素納入考量，對教育才有真正的瞭解，才能進行比較（Grant, 2000）。尤其在現今全球本土化的脈絡中，弔詭的現象是，同質化的教育趨勢備受重視，在此情況下，各地方的差異更受忽略；另一方面，本土化的勃興卻又使得不同本土族群出現反省與對全球化的抗爭，各族群教育需求、意涵的差異性更大也更明顯，不再如以往那般不受重視。面臨此種脈絡下，比較教育以往偏重國家脈絡與政策探究的研究取向或有其未能因應之處，或未能納入全球局勢之影響，或未能探究本土化動力之影響或理解本土教育現象的如實面貌。這是比較教育研究在方法上所面臨的挑戰之一。

　　比較教育研究面臨全球化與本土化並存的世代，也因應上述比較教育研究在觀點與理論、分析單位與研究對象、研究主題等的改變，對於鉅觀

與微觀的研究方法，有需要二者兼採，而非如以往偏重鉅觀脈絡的分析、跨國政策的分析與借用，甚至只強調後者而忽略對各國脈絡的分析。一方面以鉅觀研究推展有關全球化與本土化面向的通則性、全面性研究，另一方面則以微觀研究進行細部的全球化與本土化的相關研究。採行鉅觀或微觀研究應該視研究對象、主題而定，對於全球化相關議題可能偏向於採用鉅觀研究，對於本土化則或許偏向於採微觀研究，全球化全球本土化現象則依主題或受影響的對象而定。但是，對於微觀與鉅觀研究的取向，若能不偏廢一端，必會有所助益，讓我們不僅瞭解整全的社會與全球脈絡，也瞭解這些鉅觀情境脈絡對教育現場的實際影響，尤其是對教學場域、學習場域中細部互動與相互關係。

承上述觀點，且回應Rust等人（1999）的研究發現。他們指出，比較教育相關期刊中多數為單一國家研究而少有比較研究，且文獻分析最為常用。然而比較教育者長久以來堅持「在現場」乃是蒐集資料與詮釋資料、撰寫文章與書籍的基本。他們的研究發現卻指出鮮有投身於傳統田野工作者。為了深入瞭解本土化以及全球化對各地教育的影響，如能做較為長期的參與式田野研究，將有助於對教育現象改變的掌握。人類學的方法，如俗民誌研究，在比較教育研究中的重要性更為提昇。而也許，諸如批判俗民誌、行動研究（action research）、個案研究等國內比較教育研究較少運用的方法，可以重新考慮加以運用。如將人類學等方法用於本土化或全球本土化教育現象的研究，使得研究更與「教育實踐」的落實連結起來，真正納入實務面向參與者的觀點，因此得以瞭解教育場域中的真實發展，而不僅是藉由文獻分析來認識教育政策與制度（洪雯柔，2002）。而奠基於教育現場之理解與需求下的跨區域比較研究，或可更為貼切地進行比較，並從他處的經驗獲得更深刻的啟發、對本地經驗有更批判的反省，甚而提出較為適切的改革建言。

李奉儒（1999）在〈比較教育研究之回顧與前瞻─國際脈絡中的台灣經驗〉中，提出比較教育未來研究趨勢和重點的相關建議，也特別提出比較教育研究需考慮本土特殊的教育哲學和社會、文化背景，方能使比較教育研究的成果更落實在本土的教育制度之改進上。他亦建議比較教育研究

需結合微觀與鉅觀的研究取向。比較教育研究的鉅觀研究取向從鉅觀及整體角度分析組織、制度及政策的種種問題，並涉及社會、政治、經濟及文化相關因素的探究，以期建立鉅型理念、發展模式或大系統架構。微觀取向的研究則涉及學校內，甚至班級內或個體問題的探討，以深度解析、說明特定現象的發生或解決的對策。

綜上所述，在理論與觀點面向，西方中心觀點的知識觀與理論觀受到挑戰，比較教育面臨來自本土知識觀的挑戰，也亟需思考其是否具有普遍適用性、是否能理解與解釋置諸全球本土化脈絡中的教育現象。另一種挑戰則是建構本土比較教育的發展方向。分析單位與研究對象面向，以民族國家為分析單位受到挑戰，復以新興單位如全球城市、第四世界、歐盟的出現，移民流動的增加與質變，非政府組織與本土影響的強化等。研究主題部分，如跨國的共同教育趨勢與議題，本土化運動對教育的影響，全球本土化與教育的關係，各種本土知識與本土化教學方法之探究與比較，歐盟等區域組織的教育措施與影響，全球化、本土化與二者辯證關係對教育與比較教育研究的影響等，都是有待深入探討的新研究主題。

誠如Crossley（1999）所標舉的，比較教育所面臨的核心挑戰在於「提出與當代世界之迫切需求一致的新優先順位、論述與操作模式」。依筆者之見，比較教育研究對象、主題與方法論的發展，若是能與教育的改善與改革更為連結，則更切合比較教育的目的。而對於全球本土化此一脈絡及其產生的新興研究對象與主題，如何能對之有較清楚地、具有洞察地分析與理解，則有賴方法論與研究方法的適切選擇。

Grant（2000）指出，方法論的討論關切的是尋找出更能有效解釋教育體系行為的方法，因此有對國家的個案研究、跨文化的主題研究、模式與類型的建構，以及對一般通則的尋找等種種取向。換言之，對比較教育研究的進行採取多元方法論觀點的需求更形殷切。從上述的分析中亦可看出，全球化與本土化的雙向影響與互動使得形塑鉅觀與微觀教育現場的力量更形複雜，脈絡的考量與因素的分析因之更形關鍵。此外則是新興議題的出現與因應、實務改革的需要，以及對理論與實務之相互符應性呼籲，加上比較教育研究長久以來對鉅觀脈絡、制度與教育決策的關懷，使得對

教育微觀現場的瞭解與實務需要較受到忽略，復以實證主義方法論在社會科學應用上的侷限性，運用質化研究於比較教育研究中實迫切需要加以開展。

第二節　比較教育的方法論挑戰

　　在進行比較教育研究時，以往單一的、實證主義的方法論與研究方法有其適用上的侷限性，因此自1970年代以還便有比較教育學者援引其他社會科學的觀點而倡議質化方法的運用。楊深坑（1988）亦早已指出在當代多元化的科學發展情況下，教育學上的整全理論殆不可能。筆者（洪雯柔，2000a）則提出P. Feyerabend之方法論多元主義帶給比較教育研究的啓發。前節述及置諸當代全球本土化脈絡之教育現象的改變，面對此一改變，相對應的多元方法論有著不可忽視的重要性。

　　比較教育的方法論與研究方法多半採用社會科學方法論，這見諸1960年代以來許多比較教育學者的文章或研究，如Bereday、C. A. Anderson、Holmes、Harold Noah與Max Eckstein等。Rust等人（1999）的研究調查則更大規模地調查1960年代迄1990年代的比較教育期刊論文，而發現進行比較研究者並無採用以下方法論學者的方法，即Salder、Kandel、Hans、Schneider、Franz Hilker、P. Roselló、Bereday、Holmes、Noah、M. A. Eckstein、Anderson、R. Edwards、W. D. Halls、Joseph Lauwerys、Andreas M. Kazamias，或其他與方法論論辯有關者。然卻有學者採用Masemann、Crossley & Vulliamy等倡議的個案研究方法，或採用國際教育成就評量（IEA）的量化研究方法。

　　實證主義量化與質化方法論的論辯在社會科學中進行已久，尤其是實證主義與相對主義（relativism）的、量化與質化研究取向的論爭。雖然比較教育因為其學科特質而有其在方法論與方法上的偏好，但是大致上遵循

這樣的路線。因此此處先論述社會科學與教育學中對量化方法論與質化方法論觀點的論辯。下一章則延伸本節的關懷，討論比較教育中的相關方法論與研究方法討論。

在討論量化與質化方法論與研究方法的議題下，筆者尚有幾個與之相關的關懷，其一為鉅觀與微觀研究，另一為對理論與實務的助益。源於量化與質化方法論的假定，前者多半著重於大規模研究，以期尋求鉅觀且普遍適用的原則，並進而建構理論，以進一步推論與預測其施行的結果；後者著重於小範圍、小規模的研究，尋求的是對微觀現象之意義的理解，而或基於此基礎而能回饋於該研究場域。

楊深坑（1988）在論述教育學方法論時亦提出對理論與實務關懷，而考量教育理論與實務的特殊性，其指出，教育學方法論中規範性與描述性（筆者於本書中採用的分別是一般律則性（nomothetic）與特殊描述性（idiographic））二元特質並立問題的討論不同於一般科學方法論。一般科學方法論之二元特性的討論，涉及的只是理論之間的比較規準與理論規範是否實際指導進行中的研究問題。教育學方法論除了前述問題之外，還涉及教育理論與教育研究結果和實際教育過程中的複雜關係。比較教育為教育學領域的分支之一，研究對象為教育現象，回饋的也是教育理論與實際過程。因此，也須考量其所指出的教育理論與教育研究結果和實際教育過程中的複雜關係。

以下先概述社會科學中方法論二分的觀點，繼之論述實證主義方法論觀點及對之的批判，接著論及質化方法論觀點及兼用二者的可能性。

一 方法論的二元對立

在社會科學中，論述「法則」與「構成法則的母數（個案）」問題的研究方法分別為「一般律則性科學」（nomothetic science）與「特殊描述性科學」（ideographic science）（Galtung, 1990）。自19世紀中葉以來，社會科學理論便由「一般律則性」與「特殊描述性」兩種二分的分析向度主宰，其被視為社會科學的兩大典範，前者以一般法則的追尋為尚，後者

專司特定事物的詳述（Hopkins, Wallerstein et al., 1982）。此分析向度上的二分觀點亦見於比較教育研究方法的發展中。

學者對此理論與方法論的二元向度有著不同的名稱，如本書採用的「一般律則性」與「特殊描述性」，楊深坑採用的「規範性」與「描述性」，德國實證主義論爭中則用實證方法與辨證方法分別標示二者的方法特質，詮釋學者用詮釋方法取代辯證方法，一般社會科學家則用量化方法與質化方法來稱呼二種取向及其採用的不同方法。

此二典範的核心特質如下（Adorno, Albert, et al. 1977/1969: 132; Gallagher, 1997; Galtung, 1990; Rust et al., 1999）：

1.**一般律則性科學**：奠基於原子—演繹論（atomism-deductionism），主要是實證主義的、實驗的、經驗的本質，是所謂的功能主義的系統概念，表達的是各部分功能間的相依關係（即社會行為各變項間的關係）。主張經驗事實皆遵循一定法則且可測度，亦即認為經驗事實（無論是社會的、心理學的、物理的）乃是可以自整個實在界中可以抽離出來的某一個研究對象，可以做原子論式的肢解處理，也都以一種類法則的方式行動且一樣可以測量。因之假定由少數個案推論多數是可能的，遂強調法則的追尋，並從之演繹出對個案的解釋。就方法而言，強調科學的合法性奠基在客觀的自然科學方法，即通常所知的量化研究。

2.**特殊描述性科學**：奠基於整全性—辯證法（holism-dialects），建構主義的（constructivist）、詮釋的、自然主義的（naturalist）本質，Jurgen Habermas稱為以社會整體（totality）為核心的辯證概念。此種觀點宣稱個別現象有賴整體，因此必須拒斥法則概念的限制性作用，而進行歷史研究。因之運用整全性研究法（holistic approach）。宣稱不運用法則，在描述其分析單位時運用厚實描述（thick description），專注於描述其內在歷史辯證，宣稱個案的獨特無二性。就方法而論，主張人文、社會、行為科學（含括個體主觀經驗的人類、文化表達與機構制度）應以不同於自然科學的方法進行研究，研究目的則在於瞭解現象，而非解釋該行為的自然因果關係，即通常所稱的質化研究方法。

依據John W. Creswell（1994，引自Rust et al., 1999: 104）所述，這兩

類典範背後各有其哲學假定：1.就本體論觀之，量化研究傾向於論辯「實在」乃是客觀且單一的，其存在於研究者之外；質化研究者傾向於視實在為一種主觀且多元的存在。2.就知識論觀之，量化研究者傾向於宣稱他們獨立於其研究範圍與對象之外；質化研究者相信他們持續與所研究之對象互動。3.從價值論觀之，量化研究者宣稱他們的操作乃是價值中立的（value-free）、無偏見的（unbiased fashion）；質化研究者通常相信他們的價值觀與偏見在其研究活動中發揮影響。

　　鉅觀與微觀研究反映的也是上述兩種典範的觀點。Martyn Hammersley論述社會學中鉅觀跟微觀研究的差異如下：1.前者的假定乃是決定論（determinism），後者則為自由意志。2.前者的目標在於產出通則化解釋，後者則是社會生活歷程的描述。3.前者的理論可以對照實徵性資料來檢驗，後者僅是由內在連貫性來判斷，因為所有資料都是理論負載的。4.前者製造出科學理論，其描述了「真實」進行的狀況、同時卻將參與者的觀點視為迷思或意識型態，後者必須考慮參與者之詮釋。5.前者認為社會事件的最佳解釋乃將之解釋為國家（或國際）社會之結構的產品（鉅觀），後者能從相對較小規模的組織、團體、甚至個人特質來有效描述（微觀）（引自Blackledge and Hunt, 1985: 233-234）。

　　上述的兩大典範往往影響社會科學研究中對於理論的建構、對方法論或研究方法的採行。研究者基於其特定的理論或方法論觀點而選擇其偏好的研究方法。然而，此二典範真的是如此截然地、非彼即此地對立嗎？這有待進一步討論。

二 實證主義方法論觀點

　　實證主義此一名詞乃由19世紀的法國哲學家Auguste Comte而來。Comte將人類思想的發展分為三個階段，其中的實證或科學階段（positive or scientific stage）以經驗的方法為主、演繹法及歸納法為輔，描述事實及其規律。人們只能確定（positive）科學的事實。他強調事實僅限於感覺經驗可觀察到的範圍，且嘗試以經驗事實為基礎以解釋普遍規律（Kneller,

1984）。

　　對於實證主義出現的脈絡，Masemann曾加以分析。Masemann
（1990）指出思維方式乃在特定社會情境條件中形成，而當知識宣稱改
變，知識形態也隨之改變。在工業革命下，實證主義知識宣稱隨著科學
的、實證主義取向的資料蒐集興起，知識形式從整體性、整合性的文化
形式轉變爲斷裂的片段，其成爲資料，它使得以客觀性爲理想的科學被
視爲可能。因爲，在工業化社會人們都是無名氏，長距離地旅行，面對
無法預測性，強調內容甚於脈絡，難以維持自我認同感，更缺少對他人
的認同，因此，科學研究與實證主義的探究形式使得人們能夠蒐集大量
的資訊、分析之、產生幫助他們處理無法預測性與不確定性的通則化陳述
（generalizable statemenst）。

　　19世紀末，一方面受到自然科學蓬勃發展的影響，也因爲工業化社
會的脈絡，實證主義主宰整個學術研究，自然科學的研究方法被類推地
運用到人文現象，方法論上的普遍主義成爲主流的社會科學方法論。20
世紀初，Comte的實證哲學、J. S. Mill的精神科學（Moral Sciences）以及
W. Wundt的實驗心理學影響教育學研究至深且鉅，被視爲教育科學濫觴
的行爲科學便是跟隨智力客觀評量工具和理論而出現。此時之教育科學乃
植基於一種自然科學研究之理論─技術─型模，試圖尋求一種普遍性的
科學方法，資以運用於教育與教學之特殊領域，把教育學的研究轉爲事
實的科學與技術。而此種實證主義認識論下的方法論的普遍主義觀點，
同樣見諸比較教育之父Marc-Antoine Jullien de Paris（洪雯柔，2000b；楊
深坑，1988，2005；Gallagher, 1997）。教育測驗運動（educational testing
movemnet）的興起，教育行政與效能運動在法人管理的連結等，更進一步
使得對量化方法論與資料（數字）的信念更加普遍（Masemann, 1990）。

　　實證主義主張科學有其共同方法：1.對事實的客觀觀察：研究進行的
第一步驟便是客觀、不帶個人解釋的且放諸四海皆準的資料蒐集與記錄。
2.提出事實之因果關聯的通則（generalization）：自資料中尋求通則，提
出假設。此一假設乃陳述在類似情況下將可觀察到事件的類似狀況。3.形
成解釋通則的理論：以抽繹自較高層次假設的眾多通則來建構理論。4.對

理論與通則進行經驗性檢驗。就當代實證主義而論，其對教育的影響起於1950年代（Kneller, 1984）。1960年代實證主義更成爲教育學研究之主流，進入Rolland G. Paulston所謂教育研究的「正統時期」（period of orthodoxy），以自然科學爲典範且試圖建立因果解釋系統之經驗的教育學成爲當代教育研究之新導向（楊深坑，1988，2005）。

　　將源於自然科學觀點的實證主義觀點與研究方法應用於社會科學與教育研究領域，是否適合？學者們對此各有其觀點，有贊成者，亦有批判者。

三　對實證主義方法論的批判

　　對實證主義觀點與方法論的批判，論者或從其觀點源頭——自然科學——對之的修正而論，或從社會實體的本質來討論實證主義方法論的不適用，或從邏輯思維論述，或從實證主義對教育研究的影響論之。

　　受實證主義影響而以績效與科技爲導向的教育科學，係主張人文現象類同於自然現象，逐試圖以自然科學的科學性理想建構嚴謹的教育學。因而，教育與教育研究的對象被視爲受嚴格因果法則控制而可以任意處理、操縱的客體，且在方法上對應地採取方法論上的單元論（methodologischer Monismus）立場，以統一的科學方法，對客體對象作嚴密控制之孤立研究。這種方法論上的單元論，係源自於古典物理學主客分離之科學實在論[3]（realism）的基本假設，將宇宙與自然視爲一種機械化的封閉系統，統之於統一的法則，可以用統一的科學方法來進行研究。然則，上述觀點對於量子物理及相對論所帶來的方法論上的革命卻是渾然未覺（楊深坑，1988）。

　　隨著相對論和量子物理的發展，古典物理的基本假設發生根本的動搖，知識的統一與同質性遭受嚴格的挑戰。現代物理已放棄獨立自存的實

---

[3] 此處將realism譯爲實在論，乃因其指陳本體論觀點。後續談到narrative realism強調的是表現方式之特質，因此譯爲寫實主義。

在、可操弄的中性研究方法以及知識的平面靜態觀，認知到量度的時間與空間、量度的工具與對象、及量度之場地間的交互作用都會影響結果，主張現象之整合性與各種現象之間的互補性，以及以統計上的概然性原理代替嚴格的因果性等，均足以拓展教育研究的新視野。而以研究對象是研究者意義傾向所構成，方法與對象有不可分割的關係，知識具動態發展的深層結構，此種種論點對教育研究而言均極重要。教育研究方法論的論爭宜採此觀點，將教育知識視爲動態的深層結構，結構的核心不變，不同方法論導向研究出來的結果並不互相矛盾，而是共同構成了知識整體，且開展教育實在（楊深坑，1988，2002）。

　　Feyerabend則援引科學史來批判獨尊實證主義之科學的狹隘性，也進一步拓展Thomas S. Kuhn的科學典範論。Feyerabend早在1975年出版、1988年修訂的名著《反對方法》（Against Method）中便揭示多元方法論的主張，他以下述的命題爲論述與探討的核心：構成各門科學的事件、程序和結果並沒有共同的架構，Feyerabend援引科學發展的歷史實例做爲支持的論證，得到以下的推論結果：1.科學的成功不可能予以簡單的說明，所能做的只是對社會情境、機遇和個人特質作歷史的解釋。2.科學的成功不能做爲以標準化方式處理未決問題的依據，而所謂的非科學的程序亦不可能爲論證所拒斥，其亦可作爲論證的依據。3.人們源於不同的社會背景，因此也將按不同的方式探討世界，且獲知對於世界的不同認識，是故，可能存在著許多不同種類的科學（Feyerabend, 1990/1988）。Feyerabend的推論旨在推翻「科學」的必然優越地位，而將之歸因於機緣、情境脈絡等因素，並且更進一步指出人類「認識」世界的角度不同，因此也必然存在著不同類型與面貌的「科學」（洪雯柔，2000a）。

　　他更於1987年出版的《告別理性》（Farewell to Reason）將其論述觸角擴展至探討文化多樣性與文化變遷，其旨在論述歧異性所帶來的助益，並指陳若不允許歧異的存在則會縮減喜悅與（智識、情緒與物質的）資源。Feyerabend（引自洪雯柔，2000a：8-9）認同Francois Jacob的觀點：「自然的歧異性由文化的歧異性所增強，而文化歧異性使人類更能適應生活條件的多變性（variety）且對世界資源有更好的運用，提醒我們除了科

學權威之外尚有其他的生活形式存在，此外更特別著重於論述其他生活形式的重要性，並批判獨尊「理性」與「客觀」兩概念的觀念。

Theodor W. Adorno則從社會實體的本質論之，他指出，社會的中心特質為對立與矛盾，且是主客體兼具的二元特質，所有形成整體的個體都在此一社會整體性中互依互賴，經驗性或實證主義之社會研究的通則化會掩蔽此類特質，且科學之單一性對客體矛盾本質產生抑制，因此科學無法捕捉社會中個體與社會歧異，也無法解釋社會與個體逐漸分離的發展趨勢（引自Adorno et al., 1977/1969: 33）。

Raymond Morrow（1994）則認為經驗主義與實證主義的根本問題源於對「共相」（generality）的崇尚，而且此「共相」是奠基在邏輯主義（logicism）或邏輯本質主義（logic essentialism）的基礎上。這種將科學實踐化約為形式邏輯的努力，忽略了其他程序的合理性本質。而就形式邏輯的特質來看，它乃是隔絕所有與命題之邏輯議題無關的面向的一種抽繹（abstraction）過程。就批判理論與批判實在論的觀點，形式邏輯無法成為社會科學方法論的根基，因為它無法論述概念與世界或邏輯關聯與思考結果間的關係。若從論證理論的觀點出發，形式邏輯僅是眾多建構論證方式的一種，而視研究之脈絡或現象之需要，還有許多更為重要的方法可資運用，非邏輯與非經驗方法可作為擴展研究的方法論要素。要之，實證主義的邏輯思維僅是思維方式的一種，其並非單一的知識獲得管道，也非唯一的方法論。

Henry A. Giroux（1997: 13）從多元知識觀點批判實證主義文化宣稱其非歷史性、非文化性，指出客觀知識事實上奠基於特定規準，並非中立，而作者亦不可能中立無意義。他更進一步指陳實證主義知識觀之弊在於忽略觀點的多元性、人的意向性、問題解決，也因此喪失對歷史的興趣、歷史意識、批判思維，也失去將理解置諸脈絡加以思考與批判的能力。筆者亦發表過類似觀點（洪雯柔，2000b），指出實證主義研究取向有其限制，其忽略了教育、社會現象所具有的價值性，而並非全然獨立於人類的主體性之外；它也忽略了各國或各文化區域之社會現象的獨特性與特別的情境脈絡。

　　Dorothy Smith將尊崇實證主義的社會學視為一種父權的意識型態實踐。她論及「社會學的意識型態實踐」（ideological practice of sociology）時指出，在其中，人類的主觀性（subjectivity）、安置性（situatedness）都被系統地視為偏見、興趣等而排除在研究議程之外（引自Jordan & Yeomans, 1995: 397）。

　　針對實證主義觀點運用於教育理論，Wilhelm Dilthey提出其反對觀點，反對以物理科學為典範，犧牲歷史意識、價值意識的教育理論。R. Lengert亦批判統一科學的邏輯運用於教育學，往往有把教育實踐化約為理論的運用情形，因而常未考慮行動者的觀點，輕易把基於觀察者的描述以及經驗研究的結果轉化成行動規範（楊深坑，1988）。

　　Shaun Gallagher（1997）針對教育科學的研究切入，指出教育科學的起源是行為科學（19世紀末20世紀初），其跟隨智力客觀評量工具和理論而出現。而作為一門科學，教育科學負有發揮實踐功能與解決教育問題的使命，而其也運用實證的科學方法，即採用自然科學方法，主張經驗事實皆遵法則而可預測。然而，由於教育科學研究僅能自教育脈絡中極為複雜且龐大的變項中孤立出少數變項進行研究，因而使得教育研究的研究結果無法精確如自然科學，在預測行為結果、概括出研究發現之通則與解釋上都有其侷限性。而若要將研究結果予以實際應用，必須限制所研究之變項的數目，將問題儘可能劃分成許多部分，以獲得較簡單清晰的答案；但另一面，又面臨統計上證據薄弱的問題。

　　Kneller（1984）亦論及實證主義應用於教育研究時所面對的三點批判：1.他們假定教育現象對任何人都具有同樣意義；2.某些實證主義者有忽視內在（心理）生活的傾向；3.實證主義者認為學校是客觀存在，並非不斷由參與者所共同創造。Louis M. Smith（1978）則指出主流典範──實驗性、量化、實證的、行為的──太過狹隘，以致無法處理教育與教育人員的概念、問題與興趣。

　　如前所論，實證主義研究取向有其限制，它忽略了教育、社會現象所具有的價值性，並非全然獨立於人類的主體性之外；它也忽略了各國或各文化區域之社會現象的獨特性與特別的情境脈絡。此即前述楊深坑

（1988）所謂之教育理論與研究結果和實際教育過程的複雜關係。筆者曾指出，針對這一罅隙，可運用現代詮釋學、現象學等方法補強貝瑞岱解釋階段的欠缺，以詮釋學的研究方法加強研究者主體性及其與研究對象、過程、目的之間的互動關係，並深入理解其深層意義與內涵；現象學研究方法則從「處處可疑」的精神出發，避免先前偏見，掌握現象背後的本質，以對教育現象有更深入而切實的瞭解（洪雯柔，2000b）。

一如Louis M. Smith（1978: 318）所指出的，不同學者對方法論的看法，有的較爲寬鬆，有的卻認爲方法論事關重大，呈現出種種的看法與矛盾。任何有關研究方法與程序之規定（prescriptions）乃是教育與社會科學研究社群與次級社群中變遷中的、演化中的標準、團體規範（norms），其不斷演化（evolving）與改變。此即Smith所謂之「演化邏輯」（evolving logic）。也如同Kuhn的科學典範變遷觀點與Feyerabend之方法論多元論，各種方法論各有其擅場與遞嬗。以下進一步闡釋質化方法論觀點此一不同於前述實證主義量化方法論觀點。

四 質化方法論觀點

一般對質化研究的瞭解如下。質化研究所蒐集的資料被稱爲「軟的」（soft）資料，此因其對人們、地方和會話等的描述相當豐富，但不容易以統計程序來處理。研究問題也不是以操作型的變項來形成；而是在脈絡中建構出研究的主題，以掌握問題所有的複雜性。當研究者進行質性研究時，可能會發展出焦點來蒐集資料，但他們不會從特定待答的問題或是待考驗的假設來進行研究。他們也關注從研究對象自己的參照架構來理解他的行爲。外在原因的重要性僅是次要的。質性研究最著名的代表性方法是參與觀察和深度訪談。研究者在許多的細節上傾向於去理解人們如何地思考，又是如何發展出現在所持有的觀點（黃光雄主譯，2001）。

從方法論觀點論之，質化研究取向存在已一百年之久，在社會科學中卻直到1960年代晚期才開始使用「質化研究」（qualitative research）一詞（黃光雄主譯，2001）。早在19世紀末、20世紀初，新康德學派的W.

Windelband、H. Rickert與Dilthey等人便對科學方法漫無限制地運用於人文研究領域的作法有所反省，反對19世紀以來的人文科學研究方法的自然科學化，而主張自然科學與歷史或文化學科的研究方法應該釐然劃分。尤其，Dilthey主張自然科學可以透過普遍法則來解釋，然而精神科學對對象具有一次性、個別性、特殊性，因而其認知的模式亦有別於自然科學，需要尋求一種意義的理解。因此其以生命意義之體驗與理解作出發，否定了所謂超越時空適諸任何時代任何民族的普效性教育科學，為精神科學教育學建立堅實的方法論基礎。其強調教育活動植基於生命的整全性，重視教育之歷史性及意義的詮釋與理解，對於當前教育研究，尤其是質化研究，仍有極重大的影響，而與實證主義的教育研究形成鮮明對比（賈馥茗、楊深坑主編，1988：序viii-ix；楊深坑，1988，2002；Gallagher, 1997）。

1930年代美國經濟大蕭條對許多市民產生無法抵抗的、顯而易見的難題，許多學者轉而採取質化取向來記錄這些難題的性質與程度。此即「芝加哥社會學」（Chicago sociology）模式，強調對於社會脈絡與個人傳記間之交錯關係的探究，是當代將質化研究描述為「整全性」的淵源。1960年代，國家的注意力轉移到教育難題上，使質化研究方法再度興盛，並開啟教育研究之質化取向。這種興趣又受到聯邦的贊助，開始撥款補助質化研究（黃光雄主譯，2001）。

承上所述，社會與教育的困境衝擊著人們對科學的信任，也衝擊著對實證主義典範的信心，引發對實證主義觀點與研究方法的批判，以及對質化典範的再思與重視。在此脈絡下，社會科學領域於1960年代興起對以往典範的批判，巨型理論與方法論正統受到挑戰，如T. Parsons功能與系統平衡的概念被視為反歷史、反政治的；實證主義被認為無法說明社會實體的複雜性，無法精細地提供有關社會實體的說明（Anderson, 1989），也無法解決社會問題。此一典範危機使得實證主義的量化研究方法受到符號互動論（symbolic interactionism）、現象學、俗民方法論（ethnomethodology）的挑戰（Crossley & Vulliamy, 1984）。社會科學轉而注意認識論議題與再現（representation）模式，認知到個體詮釋社會事件及將個人意義歸因於世界的能力，轉而投注於其他智識傳統，因而產生

質化轉向（qualitative turn）：認知到意義來自社會互動、主觀意義乃是合法的研究焦點、自然的研究（naturalistic reserach）必須在社會脈絡中進行，因之從對行為與社會結構的分類描述，轉為對符號與意義的厚實描述與詮釋（Anderson, 1989; Crossley & Vulliamy, 1984）。

此外，1960年代以降，在法蘭克福學派（Frankfurt School）影響下的批判的教育學更從知識的解放興趣，批判實證主義的教育理論試圖超越教育過程的動態性格而建構結構綿密的因果解釋系統，其結果忽略了理論體系背後所處社會條件的合法性問題。Wolfgang Klafki更將意識型態批判作為批判—建構的教育科學的方法論導向，整合詮釋學與經驗方法，介入教育實踐，拉近教育理論與實際教育目的的距離。質言之，教育理論與實踐的關係，必須置諸主體理性的功能和社會文化過程的辯證關係來理解，而非把教育理論導向一種非歷史性、非社會性的認知系統，而以實踐視為理論的工具運作而已（楊深坑，1988：82；2002：236-238）。

1970年代末，社會與教育研究領域開始有漸增的詮釋取向趨勢（Terhart, 1985），然而量化研究方法仍然是大多數社會科學的主宰（Carspecken, 2001）。

五 質化與量化方法兼用的可能性──教育理論與實踐的關係

上述二分觀點反映的是不同的知識論觀點，前者為實證主義，以鉅觀研究為主，強調追尋普遍適用的原則；後者為相對主義，關注微觀研究，強調個別現象的個殊性。然而二者必然截然對立嗎？

質化研究已經廣為接受，並且被視為社會科學中的合法研究模式。從19世紀中葉便開始的實證主義霸權長久以來雄霸一方，質化的轉向不僅挑戰量化方法的適切性，也同時重視非實證主義的方法論（Jordan & Yeomans, 1995）。

Feyerabend（1987，引自洪雯柔，2000a：10）便指出，在變動不居的歷史條件與情境中應持「怎樣都行」的、無普遍標準或普遍適用的多元方法論觀點。他強調文化與社會脈絡對理論與方法論的影響，主張重視多

選擇的方法，主張解放統一的方法與規準，意欲打破單一或普遍法則與規準，認為唯有如此才得以使科學與文化不斷進步，為人類追求更大的福利。

甚至以往人類學強調的「文化整體觀」亦受到挑戰。以往的人類學者強調文化乃是一個整全且整合的系統，是內部一致的符號象徵與價值體系，其由特定社會團體的成員所共有（Erickson, 2002）。這是19世紀末期Edward Burnett Tylor的經典概念，標示著人類學的獨特觀點，也廣泛為其他社會學科所採用。然而當代卻批判此種文化的整體觀，而主張多元文化性。一如Ward Goodenough（1974，引自Erickson, 2002: 303）所說的：「多元文化主義乃為一種正常的人類經驗」。

一如Feyerabend（1987）的相對主義觀點所主張，所謂相對主義並非有關概念的，而是與人類關係相關的，而其處理的問題乃是源於不同文化、或具有不同習慣與品味的個體。他並指出，自然法則的發現並非獨立於特定文化之外的，它需要一種特殊的心靈態度，且鑲嵌於特定的社會結構中，而這種結構更結合了特殊的歷史結果而預言了、形成了、查對與建立了法則。緣此，今後教育研究的科際整合應基於知識的多層面與多面向特質，採取方法論上的多元論立場。

在實證主義觀點追求法則、相對主義追求個別性與特殊性瞭解的情況下，二者之間實有著互補空間。誠如J. L. Blas指出Kant的教育理論係擺動於嚴格確實的自然科學與詮釋的精神科學之間。教育理論建構的這兩個層面，自方法論上言，為嚴格的因果解釋與歷史性、意義性的詮釋，兩者均屬於教育學本質上不可或缺的部分（楊深坑，1988：117-118；2002：139）。

Wilhelm von Humboldt的比較人類學架構反映的亦是對兩種取向的融合。他主張，為達理想人格之實現，必須認識人之普遍性本質，以及把握分殊個體的特性，進而評鑑個別個體達到人格理想的可能性。而所謂的人格理想並非為抽象理念，而是幾乎所有分殊個體均可以相協而接受的多樣化形式。因此人格理想無非是個別性之總體。為達此目的須透過比較人類學來探究人的普遍性與個別性之關係（楊深坑，1988）。

實證科學方法真的具有截然不同於質化方法的客觀性與中立性？

Feyerabend對科學史的回顧支持了所謂「科學」的主觀性與詮釋性，科學反映的是特定歷史時空的產物，只是一種知識觀點、一種典範。Gallagher（1997: 137）指出哲學詮釋學批判實證科學的實證合理性（rationality）而認為偏見是必然存在的。也指出實證科學的詮釋性格，因為其受到來自傳統、語言、社會脈絡與實踐興趣等的限制。因此他主張「所有運用於教育研究的方法皆含括詮釋的面向，因此進行教育研究時必須將這些詮釋面向納入研究的考量之中」，而不贊同以往實證科學與詮釋學對立的觀點，主張兩者間具有互補的功能。

Habermas擴展Dilthey的主張提出，詮釋學應與實證經驗科學合作，在意義的瞭解之外更深入「解釋」事件發生的原因（引自Gallagher, 1997: 137）。Gallagher（1997）指出詮釋學與科學並非相互對立的，而是互補的。詮釋學被視為質化方法取向的一種，這樣的觀點也適合用於質化取向：1.詮釋學透過下述的方法達成對科學的助益：提醒研究者對自身的偏見或研究的侷限性有所覺知，建議研究者透過與其他研究社群的對話與理性溝通來減少判斷的片斷或不全。2.科學研究，特別是認知心理學與學習研究，對詮釋學理論的貢獻。如基模理論（Schema theory）支持了詮釋學中「詮釋循環」（hermeneutical circle）的論點。基模理論主張我們的學習乃是基於對先前經驗或知識的同化，我們對事情的瞭解是置諸某些脈絡或架構中的。詮釋循環則指陳詮釋者的詮釋乃是建構於自身的影響史、傳統、與實踐興趣之上，亦即，詮釋者的詮釋角度受到其背景與興趣的影響（影響史）。基模的概念與詮釋循環相差無幾。

Thomas Kuhn的科學典範觀點以及現今各種本土知識觀點的勃發，清楚地標示出實證主義觀點僅是一種知識觀點，其並不具備先驗的優越性，也不代表絕對真理。相對主義觀點亦如是。實證主義觀點的鉅觀量化研究方法與相對主義觀點的微觀質化研究方法各占勝場，各有其優勢與不足。鉅觀的量化研究所發現的抽象、概括原則可以作為一種對現象之輪廓的掌握，然而該概括特質在特定場域中的落實與運作方式、產生影響、意義等，則有待進一步在微觀的脈絡與參與中去發現，也透過與參與者的對話

達成一種平衡且互爲主體的共識；而得自微觀脈絡與質化研究方法的發現與理解，則可以回饋而讓原則或理論得以進一步修正，讓「詮釋反省」貫串整個研究歷程。楊深坑（1988，2002）亦抱持類似觀點，其指出質與量的研究之爭論所涉及的不只是科學的邏輯問題，也涉及科學認知的心理以及科學的歷史描述問題。質言之，科學方法論與科學研究實際之間須有一種雙重回饋（double feedback）可使我們訴諸實際研究而緩和對於方法論的過度幻想。另一方面，訴諸完善的方法論也可以改正科學實際之偏差。

此節論述一般社會科學的方法論挑戰，其亦爲比較教育研究長久以來面臨的方法論問題。以下則進一步討論比較教育研究在面臨全球本土化脈絡之教育變革與方法論挑戰下，所迎戰的現況與未來可能的因應之道。

 **比較教育研究的現況與未來因應**

比較教育目的的達成，有賴運用比較方法適當地進行跨國教育研究並提出適切的建議。而唯有運用妥適的方法才能使比較教育研究的結果眞正對教育改革有所助益，因爲比較方法的運用可以完成對教育現況的瞭解、掌握制度形成的原因、促進制度的興革與發展，以及增進國際教育瞭解與合作等目的。換言之，在探討本國與各國教育現況時，比較方法是達成比較教育目的的重要工具（洪雯柔，2000a）。

在各國的發展中，該群體本身的特質（或稱爲民族性格）、其所位居的地理環境、社會情況（包括政治、經濟、社會、文化等面向）、面臨的國際局勢與處境，以及所歷經的種種歷史事件（例如戰爭、朝代興革等），形塑該國在各面向的獨特樣貌，尤其是價值觀、面對事物的態度等。因此，雖然我們在全球的同質化發展下可觀察到教育發展的市場化，各國紛紛強調績效責任、選擇權、評鑑、標準與監督、權力下放等，但各國的施行方式因應國情而有所差異。

值此以全球本土化標示其特質的世代，教育現象受到來自全球趨勢與本土需求更大的影響，如何對跨文化或區域的教育現象有更清楚的理解而提出對他國與本國更佳的改善建言，比較教育研究的進行面臨更大的挑戰。

然而，依據Bradley J. Cook、Steven J. Hite與Epstein（2004）針對美國國際與比較教育學會此一具代表性之比較教育研究學會的會員所進行之研究，其研究結果顯示：比較教育研究的熱門議題之首乃是全球化，但在前十名中卻未見全球本土化或本土化相關議題。這或許顯示出本土化與全球本土化議題仍有待探究。

加上長久以來一直懸而未決且困擾比較教育學者的「學科認同危機」（disciplinary identity crises），誠如比較教育學者Schriewer（引自楊深坑，1989）指出，此一爭論的主要關鍵在於比較方法與方法論之概念的分歧見解上；而且Cook等人（2004）的研究也顯示比較教育方法論的探究仍受到矚目。因之，比較教育方法論與研究方法的議題有待置諸全球本土化脈絡中予以再思。

Rust等人（1999）等人有關比較教育研究對方法之應用的研究，前已述及，其乃就國際比較教育研究而分析，顯示的是比較教育學者對文獻分析的偏重。國內亦有類似狀況。

蔡清華（1989）的研究針對1976年後台灣比較教育學會之年刊的研究，也指出幾乎所有比較教育研究皆採用文獻分析法（97.8%），用實徵量化方法的僅有2.2%，採民俗誌方法的則為零。此種對文獻分析法的偏重似乎迄今仍然存在。

依據羅玉如（1999）的統計，1946-1996年間期刊中以單一區域為研究主題的論文約占八成，探究兩國或多國教育之專題比較的文章則約占兩成左右，探究理論或方法的文章則低於百分之五。至於專書跟學位論文，則區域研究與比較專題所占比重的差異較期刊小，且呈現專題比較研究逐漸超越區域研究的趨勢。

沈姍姍（2005）將「比較教育觀點」分成「他山之石，可以攻玉」、「三人行，必有我師焉，擇其善者而從之，其不善者而改之」，以及「兩

個或兩個以上之教育實體進行比較分析」。依筆者之淺見，國內教育或比較教育學者多採前二種觀點，形諸於外地，便是對外國教育的介紹較多著眼於他國教育政策與制度對我國的借鑑與啓發之功。此種趨向或可部分證諸蔡清華（1989）早期的研究發現，即國內多數比較教育研究（74.7%）探討教育制度或學校制度的各項問題。而或許是對應此目的，學者們採用的方法多爲文獻分析或政策分析，偶或搭配對決策者或學者等的訪談；而且縱或論及該國之脈絡因素的影響，也較多聚焦於政治與經濟因素。

　　茲以國內幾位比較教育學者之比較教育研究爲例。王家通（2005）〈我國與日本、韓國之大學入學制度之比較研究〉不僅採文獻分析，也應用了訪談；不僅介紹制度面，亦探討導致各國差異的因素與國際影響。沈姍姍（2005）〈從比較教育觀點思考我國中小學一貫課程之規劃—美、法課程標準之對照〉雖以文獻分析來探究美、法兩國課程標準之內容與訂定歷程，其對我國之建議則考量各國之政治情況與哲學思維。其2006年之〈英國教師專業發展進路之探討—兼論對我國教師進階制度構想之意義〉、楊思偉（1999）〈小學英語教育問題之探討—日本經驗之比較〉與2005年之〈日本推動新課程改革過程之研究〉，主要分析教育政策之決策過程，分析的多半是政策與政府報告書，其中或援引政府文獻而論及決策所考量的政治、社會、經濟等因素。或如戴曉霞（1999）〈英國及澳洲高等教育改革政策之比較研究〉、2001年之〈全球化及國家/市場關係之轉變：高等教育市場化之脈絡分析〉、2003年發表之〈高等教育整併之國際比較〉等，除政策的介紹與分析外，也從文獻之分析論及政治與經濟面向對高等教育的影響。王如哲（1999）〈外國教育改革與政策啓示〉與2004年的〈大學品質與評鑑制度之跨國概覽〉也是以文獻分析爲研究各國政策的方法。

　　綜而論之，國內外比較教育研究所使用的研究方法多偏向文獻分析，量化研究方法則勃興於聯合國教育科學文化組織（United Nations Educational, Scientific, Cultural Organization）與IEA等推展大規模量化研究之際。然而觀諸全球本土化脈絡下教育現象的改變，多樣性教育現象的紛陳使得多元方法的運用實有其必要，以因應不同教育研究的需要。質化取

向之研究方法向來較少爲比較教育研究者所使用，其運用空間更有待發展。下一章便針對比較教育研究之文獻加以探究，分析比較教育學者之質化研究觀點，以及批判俗民誌方法論在比較教育研究中應用的可能性。

第二章
比較教育研究中質化研究的文獻分析——再訪美麗新世界

　　前一章論及比較教育在全球本土化脈絡中所面臨的挑戰，也論及比較教育若要因應現今的脈絡，在觀點與理論、分析單位、研究對象、與研究主題等都面臨一些擴展、改變或深入探究的需要，而方法論與研究方法亦必須有所因應。因之前章亦論及社會科學領域中對於量化與質化方法取向之相關論述，以作為理解比較教育領域中方法論論辯的根基。

　　Schriewer曾說，比較教育的學科認同危機基本上在於方法、方法論。觀諸比較教育學的歷史演進，可以輕易地發現，雖然比較教育研究為因應時代與局勢的變遷而有不同的研究重點，但比較教育基本上是以「方法」、「方法論」為階段劃分的主要核心指標（洪雯柔，2000b）。由此得見方法論與研究方法對比較教育研究的重要性。從比較教育學者所運用的方法論與研究方法觀之，其歷經改變，從旅行者的隨機觀察，到偏重歷史與文化觀點的因素分析方法，至1960年代前後受到社會科學影響而開始走向實證主義的科學方法，1970年代開始隨著社會科學的質化轉向而倡議質化方法論與研究方法，然而質化研究方法在比較教育研究領域的實際應用似乎一直未受到如其他社會科學或教育研究般的重視。

　　前章筆者論及全球本土化脈絡下的教育現象需要運用微觀取向的質化研究方法來加以探究，也需要鉅觀與微觀、量化與質化、大規模與個案研究兼具的研究。比較教育研究在方法論與方法上該有如何的因應？此章先探究比較教育研究對實證主義與相對主義、量化與質化方法論的相關論辯，以檢視兩種取向應用在比較教育研究上的優勢與限制，更進一步立基於上述的方法論而思考可行的比較教育研究方法。著眼於此，以下的方法論論辯，一方面在釐清不同方法論陣營的觀點，一方面在各陣營的侷限處，開展出對話的空間——一種兼容或互補的空間，並非意在判斷出勝場而批判另一方。

 **第一節** **比較教育的方法論論辯—質化或量化取向？**

　　美國前任比較與國際教育學會會長Epstein（1983）在其就職演講中提及，比較教育論爭中對立的理論架構可分爲「新馬克思主義」（neo-Marxism）、「新實證主義」（neo-positivism，Epstein將之視爲與功能論連結的實證主義）與「新相對主義」（neo-relativism，Epstein意指Holmes在1960年代提出的問題中心法）三個敵對陣營。而此三陣營各自產生資料，卻無法互相比較或運用，因此無法據此提供「客觀」證據以指引政策籌劃。Epstein認爲，唯有停止這種理論分歧的論辯，轉而注意創造能共同運用的知識基礎，比較教育才能更爲精進。

　　筆者的觀點與Epstein類同：當比較教育研究者立基於不同理論觀點或方法論觀點而採用特定研究方法時，源於該觀點所帶來的特定視野，研究所獲悉的理解也僅是對特定範圍的理解。各陣營所產生的理解與知識若能相互爲用，將有助於比較教育的發展。然而，一如社會科學，比較教育領域長久以來也有著方法論的論辯。

一　比較教育中的方法論論辯

　　從比較教育的發展[1]來看，自從「比較教育之父」Marc-Antoine Jullien de Paris於19世紀初期正式爲「比較教育」命名，便開啓了比較教育的科學研究。自20世紀初期至中葉，比較教育研究採取的方法以歷史——文化分析的研究方法爲主，著重於分析形塑教育制度的社會動力與因素。自

---

[1] 此處僅作概略介紹，詳細內容請參考楊國賜（1992/1975）、王家通（1991）、楊思偉（1996）、沈姍姍（2000）、鍾宜興（2004）、筆者（洪雯柔，2000b）。

1950年代末、1960年代初期開始，至1977年以前，受到社會科學以實證主義爲尊的影響而強調科學的、經驗的、量化的研究方法。1970年代末期，比較教育學者仍然步著社會科學的後塵，然而源於對教育成效不滿而產生的對比較教育研究的重新評價，引發學者們對實證主義、結構—功能主義與量化取向研究的檢討與改進，衝突理論（conflict theory）、依賴理論（dependency theory）、相對主義、世界體系分析，以及強調對學校內教育過程之質化研究，如以人類學的俗民方法論技術進行田野實地研究等，進入比較教育的研究領域中（洪雯柔，2000a，2000b）。此外，一個逐漸出現且影響研究方法論的國際活動乃是國際成就研究的引入（Rust et al., 1999: 87）。

在歷經1980年代對實證主義取向的反省之後，1980年代末、1990年代繼之而起的是企圖建立新的研究典範以超越實證主義「經驗——分析」的研究模式，現象學、詮釋學、批判理論與後現代主義便在這波浪潮下興起，強調從客觀的經驗解釋轉向強調研究者主體性、以後設反省爲主的分析性研究，關注的焦點則在於實際運用比較研究時實質理論的解釋力、概念的普遍化及其經驗檢證的可能性問題，以及理論與方法間的互動問題（洪雯柔，2000a；楊深坑，1989）。在現今的情境脈絡中，多元樣貌不僅出現在社會現況中，也出現在各種觀點與論述中，因此，研究方法與方法論必須因應此種多樣性與多元化。質言之，現今併陳著強調尊重弱勢與另類族群聲音的後現代主義與本土化、強調共同發展趨勢的全球化理論與大規模國際評比的量化研究，以及試圖兼顧二者的研究取向。

在這種比較教育研究方法與方法論的不斷遞嬗中，不可避免地，產生了所謂何謂正統或恰切方法論的爭辯，也因此一直存在著方法論爭的問題。

比較教育學的定義、研究範疇與方法因欠缺明確的界定，加上1950、1960年代社會科學在蓬勃發展之下也開始將觸角伸及教育，且比較教育研究方法受到社會科學影響開始由歷史因素分析走向科學化分析的趨向，亦即遵循社會科學的發展路線並引介其方法，復以其他領域的研究者投入教育研究並採用比較方法，種種因素使得「學科認同危機」在1950年代末期

開始浮上檯面，眾家學者對比較教育的定義、範圍與方法爭論不休。1960年代更有大規模的方法論論辯。這類討論直至1990年代都還持續進行，對比較教育研究有重大影響（洪雯柔，2000b）。

比較教育領域中長久以來的方法論論辯，除了上述提及的1960年代有關比較教育是否需要發展其獨特方法論的論辯外，1970年代以還的論辯主要則同於社會科學中兩大方法論陣營的對峙。Broadfoot（2000）指出比較教育研究長期歷史中的方法論劃分反映的是社會科學認識論中兩大陣營長久以來的緊張關係，其一為質化研究方法所追求的「理解」，另一為自然科學典範傳統所追求的通則或法則（law）。Timothy J. Martin（2003）則稱其為基於實證主義與結構論（structuralism）的一般律則取向，以及基於文化論（culturalism）的特殊描述取向。

而且追求普遍通則與瞭解個別現象此二方法論陣營的對峙，早在Anderson（1961）發表的〈比較教育方法論〉（Methodology in Comparative Education）開啟方法論論辯之前便已出現。Hans（1959: 299-300）早已觀察到此一現象，這可見於他關於歷史取向研究法與科學研究法之異同的討論中：1.歷史研究法乃調查個別事實，科學研究法乃搜尋（發現）主宰事實的普遍原則；2.歷史法具有「解釋」個別事件的普遍假定，科學傾向在因果律原則中「解釋」事件。在歷史學中的「解釋」中，歷史無法避免地必須運用目的論（teleological）的觀念，並且將最後因（final cause）與物理、科學因（physical, scientific causes）一起應用：科學的解釋也運用目的論與因果關係，但歷史傾向於藉著假定有意識的目的來解釋人類行為，科學傾向於將其解釋侷限在因果關係原則中（引自洪雯柔，2005b）。

Crossley與Vulliamy（1984）亦指出，在Jullien、Victor Cousin、Horace Mann等為代表的借用期，實證主義假定便已開始影響比較研究的本質，量化資料與說明性研究開始更為常見，以獲得普遍規則與原則。之後Sadler等人轉向對文化脈絡之重要性的認知，繼之則是社會科學方法的興起，主流乃是更為精鍊的量化實證技術、從經濟學與社會學與政治科學獲得的概念架構，此時的比較教育研究者只關注教育系統跟社會其他要素

間的關係，鉅觀分析取向為主。當微觀取向的新社會學出現，出現了跨文化俗民誌研究，但在比較教育中較少。

　　Epstein（1983, 1988）則在分析比較教育學者的意識型態與知識論假定時，指出實證主義者採取之一般律則性解釋（nomothetic explanation）與文化相對主義者之特殊描述性解釋（idiographic explanation）對「比較」意義的不同觀點。實證主義強調連結演繹─法則（deductive-nomological）分析與功能解釋，其目的在運用多國或多社會資料來做成類法則（lawlike）的概括通則；相對主義則不僅聚焦於科學中的「真實性（可能性）」（verisimilitude，而非真理truth），也專注於在特別情境中實際應用「批判理性主義」（critical rationalism）。

　　Rust等人（1999）則將之區分為二傳統：1.主要是實證主義的、實驗的、經驗的本質，即通常所知的量化研究。2.建構主義的（constructivist）、詮釋的、自然主義的，最近被認知為後現代，與實證主義傳統對立。

　　以下先介紹此比較教育方法論之兩大陣營的觀點，繼之討論近年開始勃興之量化與質化研究取向方法兼用的觀點，也進一步論述筆者採用質化取向中批判俗民誌方法論觀點與研究方法的緣由。

二　方法論論辯中的實證主義觀點

　　Holmes（1977）指出在1960年代開啟比較教育方法論論爭與新動力的三本重要著作分別為Bereday的《教育中的比較方法》（Comparative Method in Education）、Holmes《教育問題的比較研究》（Problems in Education: A Comparative Approach, 1965），以及Noah與Eckstein合著的《邁向比較教育科學》（Toward a Science of Comparative Education）。他們試圖讓比較教育成為更「科學」的企業，而他們主要討論的方法論議題事實上是關於理論發展的歸納與演繹（Rust et al., 1999）。雖然Rust等人並不認為此三本著作討論的是比較教育方法論，而認為其僅是關於理論發展的方法。筆者將之視為方法論的論述，因為三本書皆反映了作者們的特

定理論觀點與觀看教育現象的視野，並且基於該觀點而提出對應的比較教育研究方法。

試圖從一般律則性分析取向建構比較教育「科學」的企圖，從比較教育之父便已開展，這受到18世紀比較解剖學的啓發，其依據類型模式或形態特質來排序各種實徵資料（Schriewer, 1999）；復因19世紀實證主義社會科學家對具有預測功能之原則（principles）、通則與法則（laws）的尋求（Holmes, 1981），Jullien（1816-1817; Fraser trans., 1964）主張教育爲實證科學，其建構知識、蒐集事實與觀察、安排分析表、抽繹原則、決定規則。其認爲教育與其他科學一樣由事實與觀察組成，應可決定一些科學性、實證性法則，而使教育成爲（實證）科學，不偏離正道。且需用「比較方法」方能成立法則，不同制度的比較是建立法則的基礎。

受社會科學經驗主義（empiricism）影響，此一實證主義觀點在第二次世界大戰後形成了比較教育論述的科學主義世代（scientistic generation），其主宰形式乃是功能論（functionalism），聚焦在包含抽象社會體系、探究無時間性自然之本質關係的模式（蔡清華，1989；Anderson, 1961），假定獨立於研究與瞭解之外的先前建構之經驗社會世界，主張有一普遍適用之原則的存在。在比較教育領域中的主要代表人物除上述的Jullien外，尚有Anderson、Bereday、Philip Foster、Margaret S. Archer、Harold J. Noah和Max A. Eckstein、George Psacharopoulos、John W. Meyer、Francisco O. Ramirez、Thanh Khoi等。

Epstein（1983）就實證主義在比較教育領域的運用來看，指出其除了關心運用多國或社會資料以作成類法則的通則（lawlike generalization），也著重在其功能解釋上。不僅關心教育與其他社會變項的互動關係，也關心教育作爲一自變項的結果，尤其是教育對國家之發展或現代化的影響。總而言之，實證主義相信，藉由對得自經驗之命題的系統檢驗，可以自時空中抽繹出與教育有關、有序且重複的社會過程模式。因此，比較教育中的實證主義者致力於將系統經驗法（systemic empirical methods）運用於觀察教育在國家中所扮演的角色。一如比較教育中實證主義典範的主導者Anderson所主張，比較研究可以揭示有序且重複的社會變遷模式，只要對

實徵觀察謹慎分類、精確測知描述變項間的相關性，以及對從經驗中建構之命題進行系統地檢驗（洪雯柔，2000a）。

Anderson則主張比較教育研究應該追尋下述實徵主義的特質：將經驗性觀察予以分類、探究各變項之相關性（correlation）、系統地檢驗命題、尋找有序且重複出現的模式、迴避獨特性與特殊社會現象。他更指出比較教育所必須探究的三類相關性：1.教育體系各種面向間的關係模式；2.教育體系類型學：其將許多資料模式套入簡化的建構（construction）中，允許更高層次的抽繹；3.各種教育特徵與相關之社會學、經濟或其他非教育特質間的關係（引自Epstein, 1983: 9）。

Noah和Eckstein亦屬此類觀點之知名代表人物，他們（Noah & Eckstein, 1998/1969）力倡經驗社會科學取向的工作方法，強調明確陳述之假定的、系統的、控制的、經驗的、量化調查是現代社會科學的里程碑，因之，在比較教育中發展系統的、控制的、經驗的、批判的方法論是很重要的。Noah和Eckstein尋求科學的比較研究方法，用比較方法來檢驗假設，以代替實驗的方法（徐南號譯，1995/1989：117）。其主張未受到跨國檢驗的通則效度不夠；只有在跨國研究的基礎上，從單一個案所建立的命題才能進一步加以概括或精鍊，藉此建構出教育運作的法則，提供可信賴之預測的方法，比較教育方能作為一種教育規劃的工具（Noah & Eckstein, 1998）。即使在他們更為晚期的著述中，他們仍堅持比較教育研究量化的必要性乃在於「預測」建構的需要，以及法則的尋求。

這種強調以客觀與分析之嚴謹科學方式蒐集教育資訊、嚴守中立立場、提供比較分析之步驟以符合「可重複性」（replicative）原則的作法，在國際教育成就評量協會（IEA）進行的「十二國數學成就比較研究」（International Study of Achievement in Mathematics: A Comparison of Twelve Countries）達到極致（蔡清華，1989）。國際教育成就評量協會（IEA）這些自1970年代以來開始進行跨國的大規模量化研究也帶來極大的影響。此外，隨著日益緊繃的全球經濟競爭、對教育之關鍵角色的日益信賴，都使得政府更加重視教育成就的國際排名以及對量化研究的投入；而教育成就表現優異之國的教育政策更往往成為其他國家競相效法的對象

（Broadfoot, 2000; Rust et al., 1999）。

　　與上述大規模國際教育成就評量興起相呼應地，J. W. Meyer和M. T. Hannan（1979）指陳有證據指出，「全世界教育變化越來越趨向一致。因此，此理論的典範不再著重於分析特定國家脈絡下所產生的課程內容，而是放在全球架構下來探討課程制度化的內容。」（引自蔡德馨，2005：57）其所主張之新制度主義（neo-institutionalism）強調的是各國教育發展的同質化、教育的標準化、遵循相同的法則。源於此一觀點，新制度論者批判教育研究者多半趨向於創造微觀研究或在大規模比較研究上少有證據性價值的資料（Meyer & Ramirez, 2000: 113）。他們認為應該強化大規模的跨國量化比較研究，提供更具效度的資料，以發現與確證教育法則。

　　Psacharopoulos（1990）雖然指出其並不反對質化研究，而認為重要的分析之課可從之獲得。但是他批判《比較教育評論》與《比較教育》中之文章過於描述性，僅提供冗長且非量化之單一國家教育制度的說明；亦批判分析性的、由統計檢驗假設關係的文章太少，因之導致難以在教育中協助決策。

　　Archer（1995）雖然主張雙重形態發生學（double morphogenesis），認為社會實體的構成力量來自結構（文化、結構，作為「部分」）與能動力（agency，作為「部分」歷程中的人們），其形態乃由該歷程與權力交互作用而成；且認為社會實體的形構這一歷程乃不被控制的、非神學的、非自我穩定（non-homeostatic）、非調適性的、也因此無法預測的。結構本身乃是先前社會關係之結果的結果，這些社會關係又受到先前結構脈絡的制約，它受到形塑、再形塑，但又不同於任何模塑（mould）。

　　Epstein將她歸類為新實證主義者，而非古典實證主義，此或因她亦承認社會成員的「能動力」，而非僅強調結構的宰制力。也因為此一特質，Gail P. Kelly、Philip G. Altbach與Arnove將之歸為微觀分析取向的學者（Kelly, Altbach & Arnove, 1982; Kelly & Altbach, 1986）。Archer的論述可視為結合實證主義與相對主義、鉅觀與微觀取向、量化與質化研究的嘗試，然而其似乎仍偏重於結構面的影響、社會整體法則的建構。

　　實證科學取向的比較教育研究有其困境，Noah與Eckstein（1998）指

出：1.資料的問題，不僅可用之統計資訊的精確度是高度有問題的，而且非量化的、描述性資料的信度也非常有限；更困擾的是，誤差幅度或不可信賴度是無法預測的，其隨著所觀察國家、蒐集日期、資料種類的狀況而不同。2.概念：如民主等概念，其操作定義並未有令人滿意的共識。3.要發揮比較教育研究的解釋性與工具性價值，有賴避免先前偏見與判斷的方法，而這是許多先前的工作所犯的毛病。

　　Stephen P. Heyneman（1993: 381）亦指出教育資料之蒐集與分析的欠缺，而最重要的理由之一乃是教育統計的不可靠與狹隘。1.資料的不可靠：專家們判斷幾個世界大國（如奈及利亞、巴基斯坦、埃及、巴西、孟加拉）的教育統計資料有著嚴重的缺陷，如欠缺資料、無定期的資料更新、且各地的資料更新並不同時（各地資料更新時間不同）、資料有系統偏誤（systematic biases）。2.資料窄化：政府單位多半僅專注於正規教育體系內學生、教師、建築物的數量，極少探究地方經費與花費、關於學校如何運作與學生如何學習並不關切。

　　雖然，不可否認的，實證主義取向的研究方法仍能在社會科學或人文學科領域發揮貢獻，以Bereday比較教育方法為例，他承襲科學方法中系統化模式的建構，進而建立了比較教育方法的架構，將比較教育方法的各步驟系統地、具體地呈現，提供研究者清晰、易於遵循且便利比較教育研究之進行的研究方法架構，這些都可以說是Bereday對於比較教育研究之學術發展的重大貢獻。此外，Bereday運用科學研究方法的客觀觀察與資料蒐集於描述階段，有助於教育之真實面貌的披露；Bereday運用因果分析的科學方法以解釋教育現象背後的影響因素以及教育與社會間的互動關係，也有助於釐清我們對教育全貌的理解（洪雯柔，2000b）。

　　然而，實證主義取向的研究雖有助於對抽象層次之整體概括教育現象的掌握，對於實際教育運作過程、各地獨特脈絡與影響、教育現象對參與者之意義的理解卻較為薄弱。一如Schriewer（1999）指出的，國際比較研究發現，「教育、經濟成長與職業」、「教育、現代化與生活品質」、「教育、政治流動與發展」間的關係不如現代化理論所言是直接的、線性的，他們在各社會的影響也不同。比較研究中的實徵研究也顯示，宣稱的

規律性鉅觀——社會關係需要修正。甚且，比較教育研究關切的不僅是理論的建構與靜態的結構，而一直有著改善教育與世界的價值理想，關切著動態關係中的個人以及理想人格的養成。基於此，對於微觀過程的探究是有必要加以理解的，遂有比較教育學者起而發聲。

三 方法論論辯中的相對主義（或建構主義）觀點

相對於實證主義觀點與一般律則取向的，是持相對主義或建構主義觀點的特殊描述性取向。Epstein（1988）認為比較教育中的相對主義路線包含了文化相對主義與現象學（俗民方法論）。持此觀點的比較教育學者拒斥實證主義觀點對情境內在邏輯的忽略，質疑實證主義對先前建構之經驗社會世界、且此世界獨立於研究與瞭解之外的假定，且否認實證主義者將人之本質自獨特社會—歷史中抽繹出來是有效度的。其多半主張比較的目的在於：1.瞭解人類現象的多變性與變異性。2.尊重差異，而非我族中心觀點。3.獲得他國學校之相關知識，更瞭解本國；焦點不僅在於學校，也在於獨特的文化脈絡（Epstein, 1988）。

依其界定觀之，比較教育中採取歷史文化分析立場的學者多半可歸屬於此一取向，其或主張脈絡因素對各國教育之影響而形塑獨特教育現象，而隱微地挑戰實證主義的觀點或方法；或明確地批判實證主義對法則的追求以及科學方法在社會科學中的獨霸地位。如Sadler、Vernon Mallinson、Edmund King、Holmes、Masemann、Stenhouse、Heyman、Paulston、Welch、Schriewer等。

筆者之所以以「隱微地挑戰實證主義的觀點或方法」言之，乃因為在比較教育研究中，早期的歷史因素分析時期的學者雖注重地方之政治、經濟、社會、文化、民族性格、哲學等的影響，方法上多採用歷史研究法或文獻分析，但多半仍受結構功能論（structural-functionalism）觀點影響而探究鉅觀之社會整體對教育體系之影響，而且縱或不言明其追求「普遍法則」，仍企圖在各國教育現象與社會因素之相關性中尋找共同類型，而異於今日偏重對教育現場之參與觀察、訪談等微觀取向的質化研究方法，以

及對意義理解之強調。

與筆者觀點相近地，鍾宜興（2004：132-133）亦曾論及，比較教育學者對文化歷史的研究乍看似乎有著追求理論通則的目的，實際上卻不然。與其說他們強調比較教育目的在尋找普遍的解釋通則，不如說是在描述與詮釋之下，找到該文化或國家教育制度形成的眞正意義。但是這些學者並未放棄尋找通則的努力。

在社會科學研究中，持此觀點者也多半主張進行微觀取向的研究。一般認爲微觀分析的特質之一便是地方性（locally productive），此參照了社會行動參與者的反省思維、對話進行的順序規則、符碼轉譯、外在與地方規範的限制等。研究者傾向於忽略了用以分析之資料的較大的社會組織脈絡。微觀研究者常提的另一點：社會互動的參與者致力於產生與維持常態的面貌——即言說情境與潛藏的假定（Cicourel, 1981）。

早期以Sadler爲首，知覺到人民、社會、政治、經濟與文化因素與教育間的相互關聯，也認知到各文化與社會脈絡中之教育現象的獨特性。Sadler（1964/1900）主張比較教育研究應邁向更綜合性、分析性與解釋性。Sadler覺察到學校實務有其特殊的環境，因此無法輕易地適應其他的社經環境；教育制度是民族精神的反映，不能全盤移植。

Hans發現歷史常對教育體系與政策具有決定性影響作用，使其呈現不同於其他國家的特質。Hans（1959）以校舍建築爲例，指出其不僅取決於衛生、經濟考量，尚有傳統及特殊的意義，如修道院式的迴廊、邊沁（Jeremy Bentham）發明的圓形監獄建築、拿破崙的軍營概念帶來了校內學生穿戴軍服與隨鼓聲行軍等現象。Hans（1958）因之倡議歷史研究法，主張藉由資料的蒐集與描述、歷史與哲學因素的探討，進而從歷史與背景因素的探討中分析出影響教育體系的因素，最終尋求出教育體系發展的原則，即民族性格的影響。但Hans（1959）也提醒我們其不等於所有問題的最佳解決之道。

Kandel（1959）亦強調教育制度的移植是不可能的，因爲兩國間的文化差異太大。Kandel宣稱比較教育乃在發現造成各教育制度差異之動力與原因的差異所在，因此他希望可透過比較研究發展出對其他民族國家的瞭

解，更進一步能欣賞與覺察到各國皆透過其教育制度而對世界的進步與發展有所貢獻，以及知悉各國透過學校所欲達成的理想與追求，進而形成所謂的「國際主義」（internationalism）。

Mallinson綜合了Kandel與Hans的觀念，也重視歷史背景與民族性。其方法論的核心是民族性格（national character），其為各國國民對特定利益之長久性共同認同所建立的固定心靈建構（fixed mental constitution），因之亦強調歷史細節的描述，其進行描述時先給一個大輪廓（broad conspectus），再談教育制度在某段時期的變動（Mallinson, 1975；沈姍姍，2002）。

Holmes駁斥實證主義觀點的推論性，主張比較教育的目的並非搜尋法則，而在發現獨特性（引自Epstein, 1983: 22），而且必須將教育制度置諸其脈絡來予以描述、比較（Holmes, 1965）。其問題取向受相對論影響，提出：1.須認知「相對性」的社會理論意義，以及實用革新的需要。2.相對性挑戰基本永恆法則。3.尋求脈絡性通則。4.純粹研究無用，因為無須尋求出一貫的、永恆的法則。5.邁向實際問題與應用點滴社會工程（引自Epstein, 1983: 22）。

King基於這種「生態學脈絡論」（ecological contextualism）的理念（吳姈娟，1999）強調獨特脈絡的影響性，即對生態學與其他脈絡動力的考慮，其主張：1.跨國之概括命題是無效的：學校或其他社會機構的演化發展遵循特定順序，甚至是「邏輯」。但這並非法則，而是趨勢。而且人類社會的因果關係複雜，復以人類不僅回應環境，也創造環境，並且溝通其意義。這使得跨國通則性命題難以成立。2.有關教育的理論陳述須出自其特殊脈絡：更長期的重要影響來自加諸他們的文化決策，這些是地方特有的。我們地方社會與經濟偏好因此改變我們教育的參照架構。這沒有普遍性。3.比較教育的主要目的在改進特定情境脈絡中的教育（Epstein, 1983; King, 1966）。

源於教育成就的表現不如預期、跨國教育政策的移植未達至先前預測的結果，亦因為社會科學出現詮釋轉向的影響，比較教育領域1960年代以來對實證主義科學方法的樂觀看法，在1970年代末期開始受到質疑，學者

質疑「輸入－輸出模式」（input-output models），且批判過度地依賴「量化」方法以探究學校產出的研究方向，而主張轉而強調以質化方法取向探析教育過程的內涵。

以往，多數的研究承襲Sadler傳統，認為學校內部的事物對教育發展並無決定性的影響力，因此並不值得研究，且將學校的產出視為學校教育的結果，因而傾向於重視「輸入－輸出模式」中的教育結果，並以量化方法加以分析。對此，Masemann、Lois Weis、Heyman、Richard H. Pfau等學者提出批評並主張著重對教育過程的研究，因為教育過程中的師生互動、教育機構的結構及學校的生活文化等才是營造學校教育中社會、文化、政治結果的有力影響因素；且唯有質化研究取向，如得自人類學的俗民方法論技術等才能達成對教育過程之本質與輸出的瞭解（Kelly & Altbach, 1986；引自洪雯柔，2000b：16）。

Masemann乃是第一個引入人類學取向到比較教育的人類學者。1979年，Lawrence Stenhouse宣稱比較教育應該較少關切預測與可能性，而多關切描述性的社會與教育實踐。他宣稱研究應該置諸於社會生活的協調中，而非與理論的協調。Richard Heyman也挑戰比較教育研究者進行社會科學研究的助益，並且責怪比較教育研究者忽略比較教育者應該感興趣的議題：學校的每日生活。這些挑戰來自那些運用來自人類學之俗民誌方法論的學者，而且他們方法論的考量之後影響到本領域（Rust et al., 1999）。

1990年代至千禧年的到來，典範的複雜性益增。典範的變遷影響了方法論，產生草根轉向，亦即轉向質化研究，如歷史研究、詮釋方法（Mitter, 1997）。此種新知識典範出現之因：1.工業與斷裂主義的思維具有破壞性反環境的影響，新傳播科技（如電腦、大眾傳播媒體）帶來重新整合的可能性。2.物理科學研究似乎客觀的結果總在某種程度上受到研究者的影響，宇宙的物理模式與迷思的、靈魂的模式有著令人吃驚的相似性。如渾沌理論（Chaos theory）便指出期望科學允許我們預測未來乃是幻想，因為內在於此渾沌的特質乃是「隨機發生性」。3.並未成功地工業化的本土知識形式再度被視為有效的知識形式（Masemann, 1990）。

Maurice Galton（1999）建議實徵研究之進行路線應在探究相同情境

下的不同文化；而未來研究議題應是高度聚焦的、地方化、在有限的情境中的研究。Patricia Broadfoot辨識與承認信念體系的多元性與多元實體，以及文化與脈絡的影響（引自Paulston, 2003: 29）。Kazamias（2001）批判科學典範的反歷史性（ahistorical），呼籲對比較教育之歷史面向的重新探究。

Welch（2001）反省比較教育戰後以來強調的科學主義、單一線性演化論的社會進步觀，批判源自Comte與啟蒙而將社會生活予以理性化（rationalising）與系統化（systematising）的功能論概念，批判Noah與Eckstein的化約論、Holmes的演繹論、IEA的大型研究，鼓勵比較教育學者提出另類可能性（alternatives），重拾比較教育「化熟悉為陌生或不確定」（make familiar strange or uncertain）的獨特視野與功能。

然而相對主義觀點也面對著來自實證主義的批判：1.針對方法批判：想像擬情法（imaginative sympathy）藉由辨識他人的動機與觀點來達成瞭解行為的方法。但這並未建構詮釋的有效證據。2.指出人的永恆需求：無法以獨特脈絡或理解模式解釋（Epstein, 1983）。

四 實證主義vs.相對（建構）主義：量化與質化取向的整合？

Robert Cowen（2003: 4-5）曾譏誚地指出：「1960年代方法論論辯迷人之處不在於他們為建構比較教育科學的視野（version）而努力（實證主義、後相對主義、Bacon等），而在於他們將注意力轉離了建構良好比較教育最重要的第一步，即『閱讀世界』。其提供對教育所發生之處的政治、經濟與歷史世界的解釋。從閱讀世界，可以從教育歷程與體系的解釋中建構堅固的觀點。以方法論為中心的1960年代，閱讀的是相對狹隘的世界文本（world of text），如比較教育學者停止閱讀政治文本。」

若將此一觀點予以延伸，固著於實證科學觀或相對主義觀點也是狹隘的文本閱讀，因為其僅透過特定視框來閱讀世界。此外，方法論論辯若是導向建構更好的閱讀世界的方法，並且從實務研究的回饋中反省方法的適用性，便可以跳脫狹隘的觀點。觀諸比較教育自學科認同危機產生以來的

方法論論辯與發展，可以看出，建立比較教育獨有研究方法的努力日趨式微，而逐漸傾向於追隨社會科學的演進趨勢、採用其方法，從衝突理論到現今的後現代主義等，都是援引自社會科學——尤其是社會學——的理論與方法論。援引其他學科的方法與方法論未必不好，重要的是該方法能否適用於比較教育研究的進行（洪雯柔，2000b），以及是否能夠掌握當代與當地複雜關係網絡對教育的影響，進而帶來反省批判與新可能性。

Lauwerys（1959）曾試圖結合實證主義方法論與哲學法。他駁斥科學方法論者，認為以中立態度蒐集資料是不可能的，因為我們總是問出帶有負載的（loaded）問題，其帶有厚實的形上學假定與偏見，而且縱使有可能蒐集到「客觀的」資料，說明解釋的（explanatory）假設或理論也不會自動出現。因此，說明解釋的假設與理論都不是自然與輕易從「事實」浮現的，而是從事實鑲嵌於其中並從之獲得意義的框架中產生。另一方面，他卻又主張以實證主義取代盲從傳統，對各種事實進行客觀、冷靜的評估。如Holmes（1982）所說的，他試圖調和他的兩種投入：參考決定性原因之解釋的民族哲學，及對科學之預測性力量的信仰。Lauwerys當時未能克竟全功。

Rust（1990）在論及後現代主義對比較教育的意涵時，便主張沒有任何一種知識可以宣稱其為唯一的合法知識體系。Schriewer（1999）指出典範的演變通常與社會秩序相配合。他亦主張比較教育研究在概念上應該仰賴可以容納許多方法論觀點的理論取向。Masemann（1990）則指陳，「現今乃是後工業化社會，我們正進入新的認知方式（ways of knowing）。比較教育乃是工業世紀的產物，它的研究興趣似乎越來越遠離教室實踐的實在。然而，在後工業世紀，知識典範改變，比較教育的新研究形態將在新的理論方向綻放。在不同時空中為不同目的、針對不同對象與脈絡所進行的比較教育研究，有其適用的方法，不必然以量化研究方法或質化取向為限。Cowen（2003）便主張並沒有單一或統一的比較教育，而是多元比較教育（multiple comparative educations），尤其在這個變遷且多元的世界脈絡中。

Crossley（2005）也贊成有許多方式可以進行高品質的教育研究，但

也認知到每一種取向的支持者往往遠離不同文化與典範觀點者。此種趨勢也可見於比較教育領域，一如其他社會科學領域也是如此。這可能帶來無益的領域論辯，耗損了思維、創造性與內省洞察。比較教育此一領域可以從跨智識與文化疆界中的溝通與論辯的強化中學到許多，能透過對挑戰與差異之益處的理解而同時避免一致性（uniformity）與共識的壓力。

就比較教育的方法論與研究發展而論，比較教育承襲社會科學的兩條路線——鉅觀的實證主義與微觀的質化研究，也繼實證主義鉅觀研究取向發展後，在1960、1970年代左右出現微觀質化研究，雖然綜觀比較教育的實務研究可以發現其所占比例極少。但在全球化與本土化、地方化、區域化並存的世代，復以我們一般生活的例行活動事實上已經整合了微觀、鉅觀面向，社會事實原本即是微觀實踐轉化為鉅觀結構，鉅觀結構又影響微觀實踐，二者乃是互動的、不斷演進的歷程（Cicourel, 1981），似乎有需要二者兼採，以因應研究脈絡、對象、目的等的不同需求，以及生活世界的實際狀態：或以鉅觀的量化研究推展有關全球化、區域面向的研究，以微觀的質化研究進行本土、地方等的相關研究；抑或以鉅觀研究探究教育現象所置諸的全球脈絡與教育「趨勢」，以微觀質化研究瞭解教育現場的實際運作。要之，應該視研究目的、對象、主題等而定。對於微觀與鉅觀研究的取向，若能不偏廢一端，或有其助益，讓我們不僅是從抽象層次瞭解整全的社會與世界脈絡，也瞭解這些鉅觀情境脈絡對教育現場的實際影響，尤其是對教學場、學習場中細部互動與相互關係。

此外，從大規模量化研究而對現象的鉅觀面向有掌握，質化研究則強化對微觀教育現場的理解，奠基於此二者的理解，或能建構更為適切的理論，或能更適切地回饋於實務的應用，也使得以二者更容易互相轉化。這或許是Masemann、Arnove、Heymann多位比較教育質化研究者多年來呼籲對理論與實務之間連結（Arnove, 2001）的原因。

Schneider早已指出教育體系的內外部因素對之的影響力：「在理論思維中將因素抽離看時，有關因素探究的比較教育作者或讀者容易忽略教育思想與實踐乃在一高度統一層級上與外部動力因素（exogenous factor）密切關聯。且有一錯誤假定：僅是外部動力因素便可解釋民族國家的教育

特質。」（Schneider, 1961: 136）他認為，一個民族的教育不是綜合的整體，不是死的事物，不是僅透過外在動力因素就會改變。教育是民族生活的一段，生活過程不能只從外在的過去就可以完全地解釋，必須也從內部動力因素（endogenous factor）來研析。他遂提出教育外部動力因素（民族性格、地理環境、外國影響、文化與文明、科學、國家經濟、學術、社會階層、政治、宗教、歷史）以及教育的內部動力因素（教育內在開展力，即遵循結構順序的內在成長動力，如階段轉換與世代交替、理論與實踐交互依賴、問題的解決與產生、內在辯證開展關係等），而且強調這些動力因素是相互影響彼此牽制的關係（Schneider, 1961; 謝斐敦，2000）。而要對於內外部動力因素有較為確切的掌握，鉅觀與微觀、大規模量化與小範圍質化研究等的兼用，將有所助益。

　　即使是實證主義量化取向的支持者Noah與Eckstein也稍微論及可將歷史研究方法納入量化研究中，補其不足；他們甚至建議一種經驗的、量化的新歷史研究取向（Noah & Eckstein, 1998）。這顯示出實證主義量化方法的不足，以及對質化取向的需要。

　　而且1970年代，批判與衝突學者便將每日教室與學校歷程的微觀研究逐漸連結至較大鉅觀社會結構與動力的考量（Hoffman, 1999），微觀社會歷程與較廣的當代資本主義之政治經濟加以連結（Jordan & Yeomans, 1995）。

　　Broadfoot（1977）指出，大規模研究可能僅呈現現象的單一向度。他們無法揭露個別教室、或者在教育體系中視為理所當然之假定，而這些顯示了其獨特（idiosyncratic）本質。這也是Anderson（1976，引自Broadfoot, 1977: 135）所界定的問題：「辨識教學方案的鉅觀與微觀特質，且將建立兩種變遷的關聯性。」她更援引D. Smith（1976，引自Broadfoot, 1977: 135）的研究發現為例，以支持她對鉅觀量化與微觀質化研究兼重的倡議：英國伯明罕與美國麻州正規學制大眾化教育的發展有著表面上類似的模式。雖然工業化、都市化、科層體制化（鉅觀面向）乃是所有社會中大規模正規教育的脈絡，但是這兩個社會的權力與階級結構不同，也因此產生極大的差異。

Broadfoot的觀點與筆者近似。她分別論及量化與質化研究取向在比較教育研究上可以發揮的貢獻。從鉅觀的量化取向觀之，比較教育對於決策者可以有的貢獻如下：1.提供不同教育措施之結果與影響的國際結果。如IEA提供了國際比較研究如何協助教育規劃的例子，其可能揭露大眾教育允許大量學生進入學校，其並未導致高成就者表現的下降；教學時間的長短與其成效成正比等。2.提供有關教育體系內部動力的細節性個案研究。3.比較研究可以激發對既有假定的質疑，因而帶動革新。鉅觀量化研究取向的影響並未使她否定比較研究的需要，而主張他們需要不同的、互補的俗民方法論比較研究（ethnomethodological comparative study），以將教育體系當成個案研究來探討母群體對教育體系運作的影響。俗民方法論取向將涉及檢視教育體系運作中個別參與者的詮釋，或者影響決策之落實的權力結構（Broadfoot, 1977）。換言之，不同的研究取向與研究規模，更占勝場，有其利基。

源於此一觀點，Broadfoot及其同事多年來共同進行許多長期的大規模質化研究，深入比較英法兩國教育，運用細部質化資料，並且以量化的資料來補充，以批露出對來源、規模、國家文化變異性之教育意涵的重要內省洞察（Broadfoot, 2000）。

Margaret Brown（1999）則在檢視IEA等這類國際教育成就評量的歷史發展後，指出將文化納入研究考量的迫切需求，尤其在考量跨國教育政策對我國的意涵時。Brown此一呼籲，可以追溯到比較教育先驅的類似主張，如Sadler提出從文化脈絡的瞭解來概念化比較教育領域的取向。更近的則是Stenhouse（1979）再度強調了以文化作為比較研究起點的重要性。此外，她也呼籲進行「描述的」而非「解釋的」比較教育，她引用Kneller的觀點，呼籲「探究發生在教育及其所處之社會的互動，而且不僅探析國家層級，也探究國際層級，以瞭解優缺點，並尋求地方與普遍教育問題的解決之道（引自Broadfoot, 2000: 361）」。

David Reynolds（1999）也提出類似觀點，指出研究者已經變得太過關心IEA之類的比較研究，而這太過依賴問卷調查，而非直接觀察與蒐集資料，因此限制了其運用性與實用價值。且與國際成就調查關聯之智識企

業較未意識到脈絡在決定研究策略時的潛在重要性。他希望用文化浸潤
（cultural immersion）與其他技術來確保不同社會之脈絡的教育體系得以
被瞭解。

　　Schriewer（1999）亦指出，比較研究發現，在不同歷史、社會文化或
政治場境中的問題解決模式與策略，存在著極大的國際差異性。換言之，
不同於外因性解釋模式所宣稱的效度，教育體系有著相對的自主性，以及
主要由該系統內部所引發的變遷歷程。Schriewer此一宣稱強調的是對歷史
研究方法的運用，以及對現今複雜全球與本土脈絡的認知與分析。筆者贊
同Schriewer此一觀點，認為對於全球本土化脈絡之複雜性的分析在今日比
較教育研究中極為重要，然而若要更為貼近地理解與解釋系統內部的動力
與變遷，僅是歷史研究方法的運用尚有其不足，若能輔以質化取向中的觀
察等其他方法，將對教育現象有更為深刻的理解，也更能掌握跨文化教育
現象的獨特性。

　　一如筆者（洪雯柔，2000a）所提出的主張，社會現象本即由人及其
互動關係所組成，變數極大，且各種研究隨著研究目的的差異，研究方法
亦應隨之調整。研究方法只是輔助的工具，而所有的方法論旨在提醒我們
去省思某一特別面向，以助於最終的比較結果。而「比較」的目的，主要
在借鑑他者在做成教育決策時所考量的向度與要素。

　　此外，從實踐的角度來看，比較教育學實為教育領域的重要研究方
法，強調研究方法的方法論基礎及其運用，亦即比較教育既具有基礎性
學科意欲建立理論的特質，卻更強調應用性功能，企圖建構可行的比較方
法以進行跨國的教育研究。無可置疑的，研究方法的設計須視研究主題與
目的等來彈性調整，而且，越不侷限於單一的方法論、方法論越多元，
對於研究的進行越便利，也能夠開展出更寬闊的視野，更可能因而提出
更適切的教育建言（洪雯柔，2000a）。這在當代全球跨國制度化之意識
型態與模式、各種社會──文化相互關係網絡的相互交織中（Schriewer,
1999），尤其重要。

　　Watson（1998，引自Broadfoot, 2000: 362）再次提及Stenhouse的論
辯：「在證立比較教育的價值時，我們需要重新發現它在歷史與文化分析

的根基，而且我們需要強調它批判政策、從不同社會中援引經驗的能力，以及它解釋與辨識跨全球之主題與趨勢的能力。」這反映出比較教育研究面臨當代世界與教育議題時，不但如筆者所言的須在方法論與研究方法上採取打破既有的意識型態、採取更為多元的態度，也必須同時考量微觀脈絡與鉅觀脈絡的交織影響，對之採取適合的研究方法。

第二節 ## 比較教育研究中質化研究的文獻分析

　　第一章與本章第一節已概述質化研究的特質，但是多半相對於實證主義與科學方法而論，此處對質化取向的方法論觀點做較為詳細的介紹，以有更清楚地掌握後續比較教育學者之質化研究的倡議。

　　質化取向的方法論有幾項核心概念（陳奎憙，2001；黃光雄主譯，2001；Blackledge and Hunt, 1985）：1.自然式的研究場域——每日生活：以日常活動為探究核心，將日常活動視為社會的基石。社會內的變遷乃被這類活動的變遷所帶動。質化研究都以實際場域作為直接資料的來源，強調實地田野研究。2.意義：重視人們對於日常活動所賦予的「意義」。這假定了：意義對每個行動者而言是個人的，並非由文化或社會所給予的，而是從行動者所涉入的文化中所建構的。3.互動：每日生活包含與其他人的互動，我們賦予我們自己行動的意義，也賦予他人行動之意義。4.磋商（negotiation）：對行動的分析包括對行動者意義與詮釋的研究——意義與詮釋絕非靜態且不改變的，人們會修正他們的觀點。而在教育場境中，磋商指師生間不斷交換意見，彼此增進瞭解，逐漸達成共識，是一種交互作用的動態過程。此亦影響質化研究者關注研究歷程，而非結果。5.主觀論取向（subjectivist approach）：詮釋取向要求採取「主觀論」方法，這意味著研究者必須試著進入行動者的大腦中瞭解他們如何界定情境。問題在於，我們有自己的假定和類別。論者指出，要避免此一問題，我們需要

將我們的假定與「典型」「放入括弧中」（bracket out），並且以陌生人的身分來觀察。我們必須小心地提出行動者的觀點——其未受我們自己觀點的污染。此派主張運用「同理的瞭解」（empathetic understanding）與「互為主體性」（intersubjectivity）來掌握行動者社會行為的意義。

質化研究為大眾所知是由於他們認知到那些沒有權力的和被排斥的「局外人」之觀點。質化研究重視現場中所有參與者觀點之瞭解，挑戰了所謂的「可信性的層級」（hierarchy of credibility）：亦即有權力的人之意見與觀點比沒有權力的人更有價值。質化研究者的典型研究歷程之一部分，就是引出那些從來不被認為有價值或有代表性的人們之觀點。質化研究方法所呈現出的民主動力，使其在1960年代蓬勃發展（黃光雄主譯，2001：27）。

前一節論及比較教育領域在方法論與研究方法上的嬗變，最後則論述日益多元的方法論觀點，以及逐漸增加的質化與量化兼具的研究取向。雖然筆者認同此一取向的發展，但也關切比較教育學者對於質化取向的研究較少。Rust等人（1999）的研究結果雖然顯示質化研究較多，但他們也指出「在現場」的研究不多，而以文獻分析為大宗。質言之，微觀質化取向的研究在比較教育領域中受到的重視與採用較少，而長久以來都偏向於採用鉅觀的研究，量化研究因為其似乎較容易依據其數據而逕行比較且較符合實證主義科學的客觀性要求而受到青睞，而縱使未採取量化研究，比較教育學者也的確傾向於從文獻分析或政策分析中發現通則。

此一現象有其成因，其中之一乃在於比較教育研究的跨國或跨區域研究特質。當我們研究另一個國家或文化區域的教育現象時，較為明顯且巨大的差異多半在於制度層面與鉅觀面向上的差異。諸如歷史事件的影響、地理空間的限制、種族的組成、民族性格、文化特質、教育制度的規劃、教育政策的趨勢等。這是身為局外人的研究者在面臨「文化衝擊」時體會最深的。此外，當進行兩國或兩文化區域的比較時，所選擇之教育現象是否具有「代表性」、能否反映該地區的「普同」特質成為關注重點，比較教育研究因之傾向於從各地之教育現象中抽繹出能反映共同特質的抽象要素。鉅觀取向的研究遂成為比較教育的特色。另一個原因則在於跨國教育

政策借用的需求。太著重於地方特色的、因應特定地方需求而產生的教育措施，其對於其他地區或他國的「直接」借鑑功能較難發揮，而需要重新思考該教育措施移植於他處的適時與適地性。

縱使我們可以或忘比較教育研究長久以來重視教育系統內外影響因素的訴求，但是源於比較教育研究的上述特質，筆者並不認爲比較教育研究可以忽略來自全球或國家等鉅觀脈絡對教育體系的影響，而僅專注於發生於某一微觀教育現場內的互動關係。以Joseph J. Tobin、David Y. H. Wu與Dana H. Davidson（1989）的研究爲例來觀之，當我們看見美國幼稚園教師試圖扮演法官角色仲裁學生之間的衝突、鼓勵幼童爲自己辯護時，對照著日本幼稚園教師鼓勵幼童自己解決團體內的衝突，觀者首先產生的疑問或許是兩國間是否存在著文化差異，而這也是Tobin等人（1989）進而標示出的特質：美國的個人主義與日本的集體主義說明了上述的差異。

這並不意味著比較教育研究不宜採用微觀的質化取向，而意味著其不同於僅聚焦於特定教育體系內部互動的質化取向研究，而必然將之與較爲鉅觀的脈絡相連結，以促進對教育現場的瞭解與解釋；而且甚且能與大規模量化研究的結果相互爲用。因之，是一種可以兼具鉅觀與微觀取向、兼用量化與質化研究方法的方法論觀點與研究取向。以對言說的研究爲例，一般微觀研究者僅聚焦於會話分析（Cicourel, 1981），而比較教育的質化研究者則毋寧更接近社會語言學者，其從社會脈絡中理解言說的意義。

若從研究者所具備的特質與能力觀之，比較教育學者有其適合從事質化研究的觀點與特質。Rust等人（1999）論及質化研究者有一些共同的哲學假定，1.對於實在，傾向於將實在（reality）視爲某種主觀且多元的物體，而非客觀且單一的。2.就認識論而言，研究者傾向於與所研究者互動。3.就價值論而言，他們認爲研究乃是價值負載的、包含研究者偏見的。觀諸這些特質，對於實在，比較教育學者由於頻繁地進行跨文化的接觸，有更多機會接觸其他文化與觀念，較容易接受多元的實在觀。對於認識論，許多的比較教育先驅與當代學者強調長時間浸淫在被研究國，以及「在現場」的研究。關於價值論，比較教育學者最引以爲警惕的便是我族中心主義所導致的偏見，而這事實上早已認知到研究者本身乃是價值負載

的，是受到研究者母文化影響的。

　　除上述指陳的對比較教育領域中較少進行質化研究的關切外，一如第
一章所述及的，全球本土化脈絡下的教育體系產生質變或新興議題，而質
化取向研究在其中有著極大的發揮空間，也是比較教育研究以往較少開展
的領域。此外，當較高且較抽象層次的差異性逐漸減少時，誠如今日全球
本土化脈絡中各國教育政策的趨勢，更是適合探究共同趨勢下各地區之變
異性的時機。

　　源於上述種種因素，筆者繼之將探究比較教育學者對質化研究的論
述，也在此基礎上進一步聚焦於批判俗民誌此一質化方法論與研究方法，
試圖結合微觀與鉅觀取向而形構出方法架構，而量化與質化方法可以在此
架構中根據研究需求交互運用，而非如以往的質化取向對大規模量化研究
的拒斥。

　　前一節討論比較教育方法論論辯時，已略微述及歷史因素分析時期
之比較教育學者的觀點。此處著重於受社會科學之詮釋轉向與人類學影響
而倡議運用質化方法論與研究方法的比較教育學者觀點，此乃因其對「在
現場」的強調，更為適合目前全球本土化脈絡中的教育研究；也因為歷史
因素分析時期採用的方法較為偏向文獻分析，而這是比較教育研究者最常
採用的方法，筆者逐將焦點置諸強調實地研究之質化方法論的比較教育
學者，如Masemann、Foley、Heyman、Stenhouse、Crossley與Vulliamy、
Hoffman、Broadfoot、Tobin，而且對於這些學者的方法論觀點有較多著
墨。

一　Masemann

　　Masemann（1976）〈運用人類學取向於比較教育〉（Anthropological
Approaches to Comparative Education）一文首度將人類學的概念引入比較
教育領域，也開啟了比較教育領域中的「質化轉向」。Hoffman（1999:
468）指出其代表比較教育學者透過俗民誌、人類學觀點對比較教育的貢
獻，開始思考將文化置諸比較教育研究中。

在該文中，Masemann（1976）以其人類學的背景知識引介了人類學觀點與研究方法運用於比較教育的可能性，其提出四個領域，包括教育與社會化的跨文化研究領域、在特定社會—文化脈絡中進行學校的比較研究（尤其是原住民與移民等弱勢群體的議題）、學校俗民誌應用於跨文化或單一社會中之研究的可能性，以及應用人類學理論與方法論與跨學科之大規模研究，也主張比較教育應該更為重視「文化」面向對教育的影響。此一觀點致使她陸續於1978年發表〈雙語教室的俗民誌研究〉（Ethnography of the Bilingual Classroom）、1982年〈比較教育研究中的批判俗民誌〉（Critical Ethnography in the Study of Comparative Education）、1990年〈認知方式：其對比較教育的意涵〉（Ways of Knowing: Implications for Comparative Education），1999年發表、2003年重刊〈文化與教育〉（Culture and education）。

Masemann（1982）批判功能論與實證主義觀點，認為其為資產階級的意識型態——文化再製，其對社會科學的影響所致則為強調個體為分析單位、蒐集大規模客觀資料。而比較教育遵循上述思想趨勢，在研究類型上偏好大規模研究比較，且從探究教育體系的類型轉而探究個體作為體系之產物的相關主題。

Masemann於1976、1982與2003/1999三篇文章的論點類似，皆強調以文化為比較教育研究的核心，建議將人類學中的俗民誌或批判俗民誌方法運用於比較教育中。Masemann（2003/1999）旨在闡述從人類學觀點來進行比較教育研究的可能性，因為人類學特質與比較教育的不同在於：1.從不同的觀點進行研究；2.現場的深度探究與研究焦點不同於大規模的比較教育研究；3.研究範圍與分析單位較小；4.研究結果較不具可概括性；5.俗民誌方法論（ethnographic methodology）方法的運用，一方面以限制、一方面以解放研究者；6.邊陲或邊緣人群的聲音得以浮現。

從人類學的這些特質出發，Masemann（2003/1999）探討：1.文化取向中可應用於比較教育研究的概念：如將文化視為價值體系而進行教育之文化根基的分析、教室分析等。2.人類學觀點可以助於教育研究之道，如應用於對社會化的跨文化研究，學校制度、社會化與學校要求之交集的比

較研究等。3.指出俗民誌取向在探究教室、學校與行政體系文化之運作結果上是必要的，但研究者不要僅侷限在這些現象學方法取向中。4.批判或新馬克思主義方法取向可用以連結微觀的地方學校經驗與鉅觀的形塑各國教育之全球結構動力。5.文化取向可與學校效能之經濟學分析相抗衡。

　　Masemann（1982, 1990, 2003/1999）認為社會結構需提供社會化、教育得以進行的情境；而俗民誌研究則需將教育歷程置諸此種情境方能有真正的瞭解。此一新取向關注日常生活，以及從參與者觀點來探究社會運作的意義。俗民誌方法雖欠缺對社會結構的參照，卻對理論與實踐的整合有所助益。她（Masemann, 1990）受Harry F. Wolcott《校長辦公室裡的那個人：一種民族誌》（The man in the principal's office- An ethnography）的啟發，建議奠基於教師與研究者—參與者合作的方法，是俗民誌本位取向的反映性/反省性教學（ethnography-based approach of reflective/reflexive teaching），結合理論與方法，是一種較為整全性的觀點。

　　此一質化的、詮釋取向之典範轉移對比較教育的啟發如下：1.學校效能研究需要更立基的（grounded）、實際的方法論，以評估一般的、質化的研究，而非斷裂的、量化的研究。2.對研究結果的解釋不能抽離其產生的初始脈絡，且不能將之視為解決教育問題的「快速維修」之道。3.本土知識的研究有其必要。4.在教室層級，既然有更多教師與學習者將自己視為對較大整體的一部分，更為整全性地朝向學習與教學取向將不可避免地與全球觀點取向相連結。5.當實踐（praxis）成為整體哲學的整合部分時，理論與實踐的落差將窄化或消失。6.從國際教育改革觀之，出口現成的解決方案以解決其他民族的問題乃是不可能的。她最後則指出，我們的認識論侷限了比較教育的界定，以及錯誤的二分，也忽略教學與學習領域的研究（Masemann, 1990）。

　　雖然Masemann自1976年來一直未改初衷地倡議質化取向的比較教育研究，但是她的研究多半是單一國家中微觀教育場域的研究，少有比較研究；且其研究的國家以美國為主，雖然其研究對象多為跨文化疆界者，如西班牙裔移民。她於1978年發表的〈雙語教室的俗民誌研究〉亦為此類著作，但是她觀察且比較幾種不同類型的教室。

二　Douglas Earl Foley

Foley關於比較教育質化取向研究之文章乃是1977年發表的〈開發中國家之學制的人類學研究：近期發現與趨勢〉（Anthropological Studies of Schooling in Developing Countries: Some Recent Findings and Trends），延伸自其博士論文（1970）《菲律賓郊區內的文化、政治與學校：教師對社區之投入的俗民誌研究》（Culture, Politics, and Schools in Rural Philippines: An Ethnographic Study of Teacher Community Involvement）的關懷，另一代表作則是1991年發表的〈再思殖民情境中的學校俗民誌：再製與抗拒的表現觀點〉（Rethinking School Ethnographies of Colonial Settings: A Performance Perspective of Reproduction and Resistance），此外則有1996年與Bradley A. Levinson及Dorothy C. Holland合編的《知識份子的文化性製作過程：學校制度與地方實踐的批判俗民誌研究》（The Cultural Production of the Educated Person-Critical Ethnographies of Schooling and Local Practice）。

雖然Foley著述頗豐，然而他的研究與Masemann類似，多半針對美國境內少數裔或社區弱勢群體與教育現場進行研究，如1991年的〈再思族裔學校失敗的人類學解釋〉（Reconsidering Anthropological Explanations of Ethnics School Failure）、1996年該書中收錄他與Levinson及Holland合編一書中的〈沈默的印地安人——一種文化製作〉（The Silent Indian as a Cultural Production）。而這反映的是他對比較教育研究與人類學的界定，如他與Bradley A. Levinson及Janise Hurtig於2000-2001年合寫的〈內部人類學：族群與性別的新教育俗民誌〉（Anthropology Goes inside: The New Educational Ethnography of Ethnicity and Gender），其便主張俗民誌者以局內人（insider）身分研究其原生文化內的教育現象。

自然科學假定單一實在的存在、研究者與外在實體不相干涉的假定、因果關係、客觀性（objectivity）、研究科技與技術、科學世界觀點的首要地位等。Foley（1977）批判社會科學採自然科學假定，認為這是去人性化的（dehumanizing）、機械化的（mechanistic）、科學主義的、意識

型態的、過度簡化且不精確的。他的主要論點在於將人放回核心地位，主張行動者、互為主體性、互動、協商而得的社會秩序、符號轉化、超越的意識（transcending consciousness）、辯證對立（dialectical opposition）、實踐等，乃是允許人們在一全面決定之社會世界中移動的建構要素。質言之，Foley強調人的主體性、對社會秩序的影響力，主張從人的觀點來理解社會意義。

Foley對俗民誌的界定異於一般，卻貼切地呈現出對俗民誌者的要求。其指出，在俗民誌的意義中，「知曉」（to know）意味著學習特定情境脈絡的語言、角色扮演，而且必須能夠「生存於其中」（文化意義上地）。對另一種文化有足夠的知曉而能進到被研究者屋中，或撰寫「厚實描述」，都需要立基於個人經驗的批判反省與經驗論。此外，好的人類學研究總是經驗性的（experiential）、反省性的（reflexive），而不僅是技術性的；而人類學對正規學校制度的研究多半具有現象學模式的經驗論（phenomenological mode of empiricism）特質（Foley, 1977）。

Foley（1977）於該文中回顧俗民誌對低度發展國家中學校的研究，以闡明人類學概念在比較教育研究上的功用與限制。他從人類學家開始以教育評鑑人員身分投入對教育的研究開始，談論人類學家可對比較教育學者的貢獻在於某些有用的概念與方法。一般指出的是人類學的整全性取向（holistic approach）、參與觀察、田野工作、同理心、本土人民之世界觀點（native's world view）、對其他民族語言與習慣的熟悉與敏感。他認為，人類學能提供給教育研究的最重要事情在於文化科學（cultural sciences）中的分析之詮釋學傳統（hermeneutic tradition）。

Foley以對低度發展國家學校之俗民誌研究的回顧觀之，發現研究發展中國家之教育的人類學家通常以某些共同的概念來引導，即某些文化傳遞與文化衝突概念，如國家學制對傳統文化的影響，以及涵化（enculturation）的影響，尤其是西方現代學校創造文化延續性的程度。另有一些研究強調學校制度對族群、語言、階級不平等的強化。許多這類研究反映出漸增的權力與階級概念，也更機構/組織取向。此外，這類研究指出「發展」的弔詭。西方學校的主要影響在於建構與擴大傳統的結構

不平等。最值得注意的是，這些研究通常運用的方法是比較法或對比法（comparative or contrastive method）來對比傳統與現代教育歷程（Foley, 1977）。

然而Foley也注意到人類學質化取向之微觀研究的限制。Foley（1977）指出，人類學個案研究的發現所發揮的影響力有限。此乃因他們較少致力於將其發現與其他學校場域連結，也不處理學制與國家發展之間的理論關係。僅有極爲少數較與傳統社會化問題無關的研究進入比較教育中有關現代化與依賴理論的論辯中。這些研究也不具有足夠的教育專業性，無法用以產生正規課程、教師證書、教學方法、教育基礎問題等的細部比較。

此外，在俗民誌的研究上亦存在著一些共同問題：1.典型化的謬誤（fallacy of typifying school systems from schools）。2.俗民誌者「無時間性的描繪」（timeless portraits）已經成爲當代的典型趨勢。3.這些俗民誌描繪多半是典型的證詞、樣本、生活史，僅是表面的、明顯的每日學校生活的描繪，淺薄描述（thin description），欠缺描述性資料與原初的解釋性評論。此外，少有一併探討社區與科層脈絡的研究（Foley, 1977）。

Foley遂建議進行更脈絡性且更經驗性的微觀研究。這可映諸他於1991年在《比較教育評論》所發表的〈再思殖民情境中的學校俗民誌：再製與抗拒的表現觀點〉一文，他進一步指出他的實務研究觀點與方向，對發展中社會之學校的人類學研究，他致力於研究權力與階層化社會結構如何影響校內日常生活。換言之，他結合了人類學研究、社會結構動力的觀點，也彰顯出他結合鉅觀與微觀取向，應用批判俗民誌、依賴理論、再製與抗拒觀的努力。其相關論述，筆者將在第四章論及比較教育學者對批判俗民誌的觀點時進一步闡述。

三 Richard D. Heyman

Heyman於1979年發表〈從俗民方法論觀點論比較教育〉（Comparative Education from an Ethno-methodological Perspective）一文，建議從知

識社會學——尤其是俗民方法論——觀點檢視比較教育。此一觀點也反映在他（1981）發表之〈課程分析〉（Analyzing the Curriculum）及其他文章中。

　　他指出許多社會科學家致力於探究「社會事實」，最廣為人知的如IEA的數學科研究（Heyman, 1979）。他批判比較教育學者從功能取向將教育體系視為依變項或自變項來探究社會事實與教育體系的關聯，藉此提出有利的資訊以供教育規劃人員、決策者與改革者參考；然而，在此二方面，比較教育學者都未能有成功的貢獻。Heyman（1979）認為缺失在於所有的研究都忽略了學校內每日生活的互動。他指出教育的比較研究多半不探究可直接觀察到之教育歷程中的因素，而採行將社會實在視為單一、穩定、永恆且獨立於每日生活之外的科學模式，從官方統計資料、問卷調查、利益團體等假定出社會實在。這樣的社會實在扭曲且悖離人們每日互動，因此他建議比較教育學者採取與社會科學家一樣的路線，轉而以適切的新方法觀察、描述與解釋社會實在。

　　與筆者於本節一開始所提出之對比較教育的觀察類似的，Heyman（1979）也提到典型的比較教育研究在其研究興趣上乃是鉅觀且全球性的（macrocosmic），在其方法上乃是量化的，其知識論則是實證主義。他批判其並未參考任何具體的經驗（empirical）觀察之例而僅依據研究者心向而提供他建構理論所需的社會意義。他指出問卷調查研究的問題如理論問題或假定乃來自日常生活的瞭解，調查法乃來自日常生活的問題提出，問卷調查假定回答者對問題的共同理解與詮釋等。他逐進一步主張應該採用微觀分析家對每日生活之微觀世界的系統觀察與分析，以瞭解實務狀況及其對參與者的意義。

　　然而，對於Foley等人倡議的人類學取向與質化研究，Heyman（1979）特別指出俗民誌在解釋學校上的三個主要問題：1.聚焦於靜態結構（structure）而非結構形成的動態過程（structuring），換言之，並不關注學校情境中創造「結構」的互動活動。2.資料代表性問題，這些研究傾向於描述軼事，卻未說明選擇這些材料的規準。3.這些研究並未提供其分析所據以進行的情況，因之後繼的研究者無法根據其所提供的描述資料予

以重新詮釋。

Heyman（1979）偏好知識社會學的概念，指出語言創造且維持了社會實在，藉由語言我們可以學習及瞭解世界；因之，研究必須透過語言與意義的運用來瞭解與詮釋語言。質言之，語言應該成為研究的主題與工具，藉此我們得以更進一步瞭解其所存在的社會。此外，他更強調俗民方法論的應用與原則，即社會實在並非常態且規律的，而是不斷創造的；若是要理解與詮釋實在，便必須詮釋與瞭解實體不斷創造的過程。他以Massialas（1977）為例，指出其也倡議研究者聚焦於研究個體，以及研究個體及其環境互動的歷程。基於上述考量，Heyman遂主張質化方法的採用，如個案研究、深度訪談（in-depth interview）、參與觀察（participant observation）等。

Heyman（1979）建議以俗民方法論觀點改善對社會實體的詮釋，尤其是實體的教育面向。他建議：1.描述生活世界中的社會（尤其是教育）實體。2.研究可觀察的、可記錄的、可再製的（reproducible）社會實體之面向。3.對社會互動的細部分析。4.進行微觀分析，透過重複性建構比較的詮釋理論。5.將每日生活的互動予以錄影或錄音，據此加以詮釋。綜而言之，他建議對教育歷程中的每日生活現象加以研究。

四 Stenhouse

Crossley與Vulliamy（1984）指出Stenhouse的貢獻在於對細節性個案研究的關懷，呈現其比較研究的特色，即主張那些論及內省洞察而非法律的描述性證據乃是比較教育的根本資料來源。

Stenhouse於1979年發表〈比較教育中的個案研究：個殊性與通則化〉（Case Study in Comparative Education: Particularity and Generalisation），在此篇英國比較教育學會（United Kingdon branch of the Comparative Education Society in Europe）的理事長就職演說中，他批判對一般原則的追尋，認為其僅是基於個人印象所做的推論，他主張個體才是核心，一般性僅是個體的背景。基於此一觀點，他認為比較教育是描述性而非實驗性

的，本質上並不關注預測與可能性，而較為重視發生在時間與空間中的
實際事件（actuality）。因之，作為理解之根基的並非法則，而是內省洞
察。

　　他認為若是期望實證主義與預測性社會科學模式能夠提供一般原則
以引導決策者或改革，便是貶抑觀察與描述的價值，而高估教育體系之
書面資料與統計等的價值。相對於比較教育長久以來對個殊性與具體觀
察的漠視，他倡議且一直致力的是對課程與教學的田野實地觀察（field
observation），以及奠基於田野實地工作以研究教育歷程與機構的個案研
究取向。他建議採取兩種方法，其一為俗民誌傳統的參與觀察，另一則為
歷史傳統，透過訪談蒐集口述證據。

五　Crossley & Vulliamy

　　Broadfoot（2000: 362）曾指出Crossley與Vulliamy的個案研究提供了
重要的比較洞察。Crossley與Vulliamy（1984）發表〈個案研究方法與比
較教育〉（Case-Study Research Methods and Comparative Education），文
中倡議對研究個案的描述與觀察。然而他們並不否認量化與鉅觀研究的價
值，而主張對學校層級的細節性研究並不意味著將學校置諸隔絕於社會脈
絡中來研究，也非無系統性的田野報告。

　　Crossley與Vulliamy（1984）先指出比較教育通常研究政策，少探究政
策與實踐，也未質疑政策與學校實際間的關係；繼之提出傳統實證方法的
問題，尤其是問卷或實驗很難精確描述自然情境中的教學實際，因之難以
獲致對教育現場的真正理解。復以其時學校課程革新正在進行，對其歷程
以及對教育政策之實踐結果等的深入分析都有待進行，學界認知到調查實
踐的重要性。基於上述觀點，以及希望研究者能對教育實踐與決策做出更
有意義的貢獻，並提供機會以挑戰實證主義者的認識論與意識型態宰制，
提醒鉅觀取向的比較學者不要忽略微觀層級的議題，個案研究在比較教育
的潛能因之受到重視。

　　Crossley與Vulliamy（1984）主張個案研究可以帶給比較教育研究的

益處在於，其立基於對日常實踐之瞭解，揭露政策與實踐之間的落差、連結理論與學校制度之歷程。此外，個案研究作爲研究方法論之優點在於其具有生態學效度（ecological validity）。生態學效度的概念乃由Glenn H. Bracht與Gene V. Glass（1968）提出，意指在某脈絡中觀察而得之行爲用以推論至其他脈絡的程度。Paul Atkinson（1979）與Martyn Hammersley（1979）則進一步闡述其在俗民誌與個案研究方法論上的重要性（引自Crossley & Vulliamy, 1984: 198）。

他們也指出個案研究的限制，尤其當代著重於評鑑性個案研究（evaluation case-studies），因之較爲著重於評鑑而非對個案的瞭解，而較少運用俗民誌者已經發展出的三角檢證（triangulation）或反省性（reflexivity）等精煉信度與效度的技術，因此較欠缺嚴謹的資料蒐集與理論架構，而較多描述性、情節性研究。

而對於單一個案研究的代表性與推論問題，Crossley與Vulliamy（1984）指出比較的個案研究可用以增進研究發現的概括通則性（generalization）。他們舉在巴布亞紐幾內亞的個案研究「中學向社區延伸方案」（Secondary Schools Community Extension Project, SSCEP）爲例：他們對五所先導實驗學校進行六個月參與觀察，包括校內文件研究、無結構訪談、對資料的三角檢測、觀察與直接投入SSCEP課程發展過程、學校投入的細節描述（包括背景、脈絡資料、重要事件的說明、投入者的多種觀點說明）。他們於1979年先進行對第一個學校的參與觀察，1982年針對同一個學校又進行參與觀察，以檢證之前的觀察所獲得的假設；繼之則是對其他學校採用相同的研究設計。此一研究獨特之處在於他們將個案置諸巴國學校制度之社會、經濟、歷史等脈絡來考量，連結了微觀與鉅觀議題。

他們復又比較巴國與坦尙尼亞，發現兩國的課程革新政策類似，脈絡卻迥然不同，也有著不同的態度（方式）；但是，社會學限制卻一樣地發揮影響。由此例觀之，個案研究不必然是純粹描述性的，也不限於微觀層級，不需忽視比較分析。

六 Diane M. Hoffman

　　Hoffman一直致力於文化與教育議題的探究，尤其是不同文化中「自我概念」的形成過程，諸如1996年的〈多元文化教育中的文化與自我：對論述、文本與實踐的反省〉（Culture and Self in Multicultural Education: Reflections on Discourse, Text, and Practice），2000年〈美國與日本幼兒教育中的個人主義與個體性：回顧與批判〉（Individualism and Individuality in American and Japanese Early Education: A Review and Critique），同年的〈自我概念形成之教學法─美國與日本幼兒教育：批判概念分析〉（Pedagogies of Self──American and Japanese Early Childhood Education: A Critical Conceptual Analysis）。其關於比較教育的文章主要為1999年的〈文化與比較教育：邁向去中心化與再中心化的論述〉（Culture and comparative education: Toward decentering and recentering the discourse）。

　　在該文中，基於在教育之文化脈絡中研究其實踐與觀點的重要性，以及文化脈絡組成了物質的、社會的、經濟的、政治的與時間的細節（specificities）此一概念，Hoffman（1999）指出比較教育在應用「文化」上的問題，即未投入人類學在文化相關討論中的一些核心理論論辯，以及文化在比較教育研究中的邊陲性。她遂主張再度將文化置諸核心論述，承認文化研究的價值，尤其是文化研究作為打破固著的、視為理所當然之類別、再現與真理的價值。藉由此，比較教育可對文化概念有更深的批判、對文化概念更有生產力地應用，將文化從決定論的與物化（reification）的地位中予以去中心化（decenter），因其侷限了人類理解與能動力（agency）。因而提供比較教育一條路徑以質疑整體化與「形塑他者」（other-making）；也鼓勵比較教育從事有關本土文化、其在全球化社會中復興與轉化的議題。

　　Hoffman（1999）強調每日生活、教室中的互動與其他學習場境，建議採取俗民誌研究，因其強調每日生活中局內人對其每日生活與文化的建構─局內人內位觀點（emic perspective）。她並回顧1980年代，肯定人類學觀點對比較教育之益：1.有助於瞭解教育問題的文化面向。2.揭露在建

構類別與概念時潛藏之偏見的有價值來源。3.文化變異性常對抗發展理論中的普遍主義。4.對文化多樣性的注意乃是對未檢視之我族中心觀點的批判來源。5.批判取向之益：將區分應然與實然之關係拉至前景來探討，讓我們得以探究比較教育主流研究中視為理所當然之背後的價值觀。6.鼓勵研究者間批判性地自我反省，關於其所運用之概念、檢視所服務之利益。

Hoffman（1999）指出比較教育研究較少論及階級與文化，因此欠缺有關其他文化之實體的相關知識與討論。她亦援引Welch的觀點，指出Welch發現比較教育存在著二問題，1.文化並未被置諸研究議題的核心；2.這導致對文化的靜態、客觀化與無生產力的應用，偏好客觀性知識、而非個人中心的知識。Welch建議採取一種文化觀點，強調相互性、開放心靈的對話（引自Hoffman, 1999: 470）。

Hoffman（1999）遂建議批判地檢視比較教育研究對文化的概念有其必要，她進一步指出在比較教育的兩大主流中，功能論將文化視為整合的整體，衝突論將文化被視為社會競爭的場域。對此，她分別從下述幾個向度質疑這些文化概念的應用與可行性：1.本質化的問題：對社會生活的概括或抽象化問題，其與個人生活、多樣性、不一致性、變遷等實體相扞格。她建議採用實用主義的考量，以減少此類問題。2.差異建構及相關權力的問題：文化成為一種形塑與維持他者面貌與處境的工具，意即區分了不同的文化、區分出他者；而且協助建構差異，將層級節制、權力不平等帶入與他者的關係中，置其於臣屬地位與他者處境（making other）。此乃因在論述殖民宰制、權力、威權時，雖已談殖民宰制，卻欠缺全球權力結構考量；且藉由保持距離（distancing）而建構他者、維持觀察者的優越地位（觀察者/被觀察者）。3.本土文化與「真實性」（authenticity）之建構：有關傳統與遺產的論述已經成為服務復興本土文化的要素，以對抗不可欲之外來文化入侵；但也有學者將之貶抑或嘲弄為「創造傳統」，而進一步談真實性乃作為現代西方世界之文化建構的問題。

既然比較教育的重要性在於促進教育的瞭解，而文化的理解是其中很重要的一環，Hoffman（1999）指出應用「文化」概念的困難與可應用的方向，將文化視為差異、變項、生產產品、抗拒、多元文化主義來予以

應用，如瞭解差異需顧及脈絡性與情境性；僅將文化當成影響社會生活的一個變項、而非改變社會與政治條件之整體中的整合部分，也忽略文化內（intracultural）變異的議題等。

她進一步建議比較教育邁向文化的再中心化（recentering），含括：

1.重新思考對「差異」：破除比較教育傳統上對「文化」的固著用法；檢視類別（category）；挑戰既有的關係與內位/外位觀點；將俗民誌者的文化置諸與他者之文化一樣的分析框架中，在此中，外來化的（exoticize）、客觀化（objectify）的乃是俗民誌者的文化。從內瞭解他者的架構，並從之鏡射自身；此讓我們對他者的世界有更正確的再現，並且做出更好的理解根基與必要的變遷。

2.重新思考實踐、論述與經驗：強調以實際文化實踐為分析單位；教育乃是社會鑲嵌的，因此必須透過社會關係進行，既整合脈絡中的特殊性，卻又超越特定脈絡；鼓勵對學習的深度俗民誌探究。

3.重新思考「人」的認同與其他：教育與特定的、規範的、置諸情境的自我是相連結的，人類的認同如何與社會、政治、文化承諾相關聯，有待從文化概念來探究。

要言之，Hoffman（1999）希冀打破比較教育的固著，而這帶來想像的另類可能性，並且從這些差異中我們可以獲得更豐富的意涵。此外，她仍希望建構超越文化的理論與概念，也同時採納文化的特殊性與人類真實經驗。

 七 P. Broadfoot

Broadfoot自1977年的〈比較貢獻：一個研究觀點〉（The Comparative Contribution-a Research Perspective）便已試圖結合微觀與鉅觀、質化與量化研究。之後便身體力行，其個人及其同僚進行了許多教師相關議題的大規模質化研究，且結合量化研究方法，如1992與Marilyn Osborn合作的〈進步的學習？英法小學教室觀察〉（A Lesson in Progress? Primary Classrooms Observed in England and France），1993年同樣與Osborn合作的

擔任教師與身為教師：國家脈絡的影響〉（Becoming and Being a Teacher: The Influence of the National Context）等。其他相關文章如1999年的〈並非脈絡，而是生活方式〉（Not So Much a Context, More a Way of Life），2000年的〈邁向二十一世紀的比較教育：回顧與展望〉（Comparative Education for the 21st Century: Retrospect and Prospect）則是對比較教育發展的反省。

早期，Broadfoot（1977）主張比較教育並非學科，而是一個脈絡，其使得來自許多社會科學學科、各國背景的各種觀點可以互動；且透過分析各國個案研究之類似與不同教育結果，其得以對教育變項的相互關係有更清楚的瞭解；此外，其提供決策者有關規劃與政策的脈絡。她更於1999年重申此觀點，指出比較教育有三種角色可扮演：1.提供國際一致性資料，以瞭解不同教育實踐的效果。2.提供有關教育體系內部之動力的個案研究。3.質疑最根基的、視為理所當然的。

基於此一觀點，她批判大規模的量化研究可能僅呈現現象的單一向度，而建議採行俗民方法論比較研究，因為其將教育體系當成個案研究來探討母群體對教育體系運作的影響，檢視教育體系運作中個別參與者的詮釋、或者影響決策之落實的權力結構。換言之，她認為俗民方法論是一種結合鉅觀與微觀、質化與量化取向研究的方法。

Broadfoot（2000）強調對質化研究重視，根據其對教師、學童、系統整體運作的研究發現，指出深植於於國家教育優先順序的、認識論、機構傳統、專業價值觀的差異。它們提供極有力的證據以支持文化在形塑教育組織與歷程的重要性。而她們有關中小學校的研究則顯示文化驅動的期望如何深嵌於學生自身，如何影響學生對教師之特定介入的回應。更為重要的也許是，這些研究顯示了文化影響如何顯著地呈現在兩國學生的學習本質本身、不同的優缺點、態度與技巧。

也因此，在回顧傳統教育、展望新的教育提供模式之際，Broadfoot（2000）倡議新比較教育（neo-comparative education），即她所謂的「新比較學習學」（new comparative learnology），其聚焦在學習及其與文化的關係，將學習視為一種複雜文化因素之綜合的產品，不僅考量國家文

化，也考量次級文化個人身分認同（如性別、階級、年齡、族群）等的影響。而藉由形成更好的比較學習學概念，提供方法以瞭解個體如何被鼓勵去投入標示著新千禧年特質之新的學習機會形式。質言之，她聚焦學習歷程研究的重要性，而非以往的聚焦於教育組織與提供。

Broadfoot（2000）指出，這些更爲質化的比較研究，認知到文化作爲形塑學習之特定場域的關鍵影響力。若是量化取向國際成就研究彰顯出我們對目前之成就的集體瞭解，質化研究則提供一種獨特的方式達成對各種因素之相互關聯性的集體瞭解，也瞭解「政策借用」的危險。而其最終目的在於解放，以打破既有的疆界、喚起新的問題、關懷與內省洞察。

八 Joseph Tobin及其團隊

Joseph J. Tobin、David Y. H. Wu與Dana H. Davidson（1989）的《幼兒教育與文化：三個國家的幼教實況比較研究》（Preschools in Three Cultures: Japan, China, and the United States）結合視覺俗民誌與多重意義俗民誌（multivocal ethnography）方法進行比較教育研究。此一方法也同樣爲人類學者George Spindler與Louise Spindler運用跨國家的比較研究。而Tobin也在1999年《比較教室俗民誌中的方法與意義》（Method and Meaning in Comparative Classroom Ethnography），討論其方法論與研究方法的應用。

在1989年的研究中，他們先在美國、日本、中國大陸拍攝學前教育機構（幼稚園）的一天，而在三國的拍攝內容都含括家長接送、遊戲時間、用餐、上課等可資對應的片段，並將之剪輯成二十分鐘的內容描述。其次，引導幼教學校的教師、家長、行政人員來描述教育觀，並針對Tobin等人對該校各種活動所做的提問與解釋提出討論、解釋、批判。該校的錄影帶也在該國的其他幼教學校中播放，以從其他校長、教師與家長等的回應中進一步瞭解拍攝該校教學活動與教育觀點的代表性。藉由上述歷程得到「局內人」的解釋（Tobin et al., 1989）。

而局外人的判斷則來自Tobin等人將某國的錄影帶在他國播放，之後

進行討論，以瞭解局外人對特定國家幼教情況與教育觀所持的觀點，藉此突顯出不同文化間的不同觀點與假定。局外人的觀點也包括了Tobin等人融合相關文獻閱讀與觀察所做出的解釋。

此外，為避免俗民誌僅作為一種再現模式的靜態與反歷史性，以及太過強調機構組織內的秩序、功能、和諧對稱而忽略衝突與失能，Tobin等人引入局內人與局外人對學前教育機構的觀點與批判，以擴展觀點。此外，為補充這些靜態敘事的無時間性，他們納入對時間、空間與社會階級的介紹（Tobin et al., 1989），且深入剖析三國不同的文化內涵及其對當代學校教育的影響。

Tobin在1999年一文中則反省比較教室俗民誌中的方法論議題。他分別論述四議題。議題一為「俗民誌」在教室俗民誌中的意義：Tobin認為俗民誌若僅是等同於Clifford Geertz的厚實描述，俗民誌便很不幸地變成「個案研究」或其他質化研究方法的同義詞。他主張俗民誌的意義遠深於此，而認為俗民誌的關鍵特質之一乃是局外人進入他者團體中一段時間，而被視為能夠提供局內人觀點之解釋的專家訊息提供者（expert informant）。研究者與觀眾都是局外人。其特質之二乃是其建基於局內人/局外人對話基礎的方式——其致力於從局內人意義瞭解局內人文化，並將之披露於局外人。而因為研究者為局外人，因此有著對其他文化的好奇與無知，且導向在動力與權力關係中互為主體的對話。此一過程的目標則在於「化熟悉為陌生」，因此使我們視為理所當然的假定因之去熟悉化（defamiliarity）。

Tobin探討的議題二則為人類學的殖民主義與帝國主義性格。基於對此一人類學基本性格的批判，他希望進行一個沒有人類學的俗民誌研究，拋除人類學單邊俗民誌權威的傳統權力，併入對俗民誌者之澄清、命名、描述與詮釋其他文化之權力的檢視。方式之一便是對研究的回還往復式檢視：1.將自己的文化信念與實踐暴露於俗民誌檢視中。2.不僅是三國文化的學前學校，也是從三種文化觀點來看學前學校。

議題三則是比較研究在人類學中的問題性（problematic）位置。Tobin指出比較俗民誌極少，此乃人類學研究的獨特理路，因為人類學原本即是

比較的研究。他援引人類學在比較俗民誌研究時的錯誤而提出對比較教育研究的建言，而建議比較教室俗民誌者：1.遠離人類學早期的演化論假定。2.遠離當代教育發展領域中協助第三世界教育體系更現代化、理性化的作法。3.質疑採用自然科學「自然實驗」模式而尋求普遍法則，尤其質疑對俗民誌資料的科學性與統計性應用，因其將文化分割成幾個部分，打破整體；也因為其以局外人外位的（etic）資料類別套用於局內人內位的、具有文化獨特性的資料。4.人類學有其文化批判的功能，即運用其他文化的訊息以影響與批判本國文化，但此往往容易落入過度簡化、去脈絡化詮釋與再現所研究之教育現象的陷阱。議題四則是教室俗民誌對教育實踐或政策與閱聽大眾的影響，尤其其使得化熟悉為陌生的可能性被擴展。

　　綜觀上述比較教育學者對質化取向的論述，可以發現論者多半援引人類學俗民誌的方法取向或微觀社會學方法論，批判實證主義與功能論取向對每日生活與歷程的抽離，但也認知到俗民誌取向在脈絡理解上較為欠缺，或對鉅觀權力結構或跨文化共通性有所忽略。植基於此一不足，論者或採取批判俗民誌，或進行跨文化俗民誌比較研究，或採取俗民方法論。

 第三節　批判俗民誌vs.比較教育研究

　　基於前一節一開始筆者所論及的比較教育特質，即進行跨國與跨文化比較時對鉅觀脈絡、跨國或文化之通則性差異與類同的關注，比較教育的質化取向研究因而不僅關注微觀的每日生活與實際歷程，也考量鉅觀脈絡的動態影響。筆者遂主張批判俗民誌更適合應用於比較教育研究，一方面得以以其質化取向的實地研究補強比較教育研究長期以來偏重文獻分析與量化取向所致的侷限，一方面兼具微觀與鉅觀取向、量化方法與質化方法。以下便進一步闡述筆者的觀點。

　　Rust等人（1999）指出比較教育研究者有一些共同的哲學假定：1.對

於實在，比較教育學者傾向於將實在視為某種主觀的、多元的東西，而非客觀的、單一的。2.認識論而言，比較教育研究者傾向於與所研究者互動。3.價值論而言，他們認為研究乃是價值負載的、包含研究者偏見的。質言之，這些特質與質化研究者的特質類同。

復觀諸俗民誌者，其結合了第一手經驗以及對非自身之社會生活的知覺（awareness）。其最好的結果是：1.對某社會之所有基本組成面向的更為精確的描述，將社會視為整體來描述，參照其他社會整體來描述。2.從社會學與民族學觀點建構對社會整體及其部分的更系統的界定。3.對於「陌生奇異」的習俗提出較不我族中心的解釋，從他們在該社會中的智識功能與意義來描述（Erickson, 1984）。此處有幾個俗民誌的要點：將社會視為整體、比較觀點、第一手經驗、精確、基本面向需納入、非我族中心觀點。很多都與比較教育的觀點不謀而合，如第一手經驗、比較觀點、社會整體觀、非我族中心觀。

這些特質亦與比較教育研究相似，因此其較容易與比較教育研究觀點契合且應用於比較教育研究中。但是其對於第一手經驗的強調更勝比較教育研究，對微觀事件的關切亦是。尤其是比較教育先驅所強調的「在現場」、長期旅居外地的要求，其是比較教育研究的特質，也是更貼近地發現與瞭解教育現場與其所置諸之脈絡的方式，卻似乎較少在比較教育的研究與論述中凸顯。Rust等人（1999）的研究發現比較教育研究有較大的比例僅是進行文獻分析，而忽略了「在現場」，這也使得比較教育目的之一的「化熟悉為陌生」（making familiar strange）與「化陌生為熟悉」（making strange familiar）更加難以達成。此外，一如第一章中所指出的比較教育面對全球本土化脈絡的挑戰，全球化下跨國相互影響與各類活動跨國串連現象，跨文化瞭解的重要性日益增強，學校俗民誌可以用來進行本土化教育現象的參與式研究或田野調查，增加跨文化與本土化教育的理解；較為長期的研究則可更進一步分析出教育場域中全球本土化所帶來的影響。

批判俗民誌不同於俗民誌之處主要在於其批判性，而其批判性展現在幾個向度，其一乃是貫串整體研究歷程的批判性反省，無論是研究者自

身對於其研究目的、方法、資料詮釋的持續反省與檢視，或是研究者與參與者（一般稱爲被研究對象）共構的反省活動。現今全球市場化意識型態當道之下，強調對「運作性效能」（performativity）與績效的要求，更凸顯其對抗資本主義、「批判」、「解放」、捍衛本土知識與弱勢群體的需求，批判俗民誌因此有其必要。

筆者之所以採取批判俗民誌，一方面來自對本土知識建構的關懷，以及置諸全球化脈絡中本土與弱勢社群的教育危機問題、面對之道與生存之路，抑或本土語言教育面對英語帝國的論述等。再之，則是教育改革的意圖、打破再製的意圖。凡此種種，「運用批判」較諸俗民誌更爲適切。

其二，相對於俗民誌的無時間性、欠缺對結構的動態理解，尤其欠缺對鉅觀脈絡的理解與考量，批判俗民誌更適合於比較教育研究之處在於其對權力結構的分析與批判，換言之，乃是將研究者自身、參與者、研究議題置諸更大的環境脈絡中加以檢視，尤其是權力結構。也因此，批判俗民誌的研究往往聚焦在弱勢群體的相關議題，批判其所處的不平等權力關係。

換言之，此乃是對鉅觀脈絡的檢視，並且考量鉅觀脈絡中之因素對研究個案的影響。而在此全球化世紀中，此種分析向度更有其重要性。一如Anthony Giddends（1990: 64）對全球化的界定：「世界各地社會關係的強化，而這種社會關係乃是與遙遠地方相連結的，地方性事件由遠處發生的事件所形塑，反之亦然。」全球儼然已經成爲一種生命共同體，雞犬相聞，牽一髮而動全身，不僅是經濟、政治、生態，社會、文化上亦是如此。也因此，將含括全球、國家等鉅觀脈絡與地區等鉅觀與微觀脈絡對研究個案的影響同時分析，將更貼近今日現象的眞貌。此爲批判俗民誌適用之另一因素。

其三則在於實踐問題。批判俗民誌與俗民誌的另一差異，在於批判俗民誌的實踐性，批判俗民誌較諸俗民誌更適合比較教育研究。其較能符應比較教育學者所持世界改善論的核心關懷，且切合比較教育的實用性格。承襲Karl Marx的實踐（praxis）概念，批判俗民誌將其「批判性實踐」進一步擴展，在教育領域中，批判俗民誌的轉化性實踐可以加以運用，在教

室中加以落實。而在政策領域，可以透過政治性行動來推展，透過點滴工程，而非大規模的社會改革，從點狀的教學改革開始，當成效開始出現，會有越來越多的觀摩者與採用者。

　　Adorno則指出實證主義者忽略了社會之主客體兼具的二元特質，他更進一步指出，批判理論與社會學最重要的差異便在，批判理論將社會觀念視為主體，社會學則採取物化（reification）（引自Adorno et al., 1977/1969: 33）。本章便旨在論述一觀點，實證主義觀點影響下的量化研究取向與相對主義（建構主義）觀點影響下的質化研究取向，各有其適用與侷限之處。而為符應第一章述及之全球本土化下之教育改變，也因為比較教育研究中長久偏向量化研究與文獻分析，忽略對微觀教育現場及其意義的理解，尤其忽略對教學與學習相關議題的探究；復以批判俗民誌兼具微觀與鉅觀現象之探究，與比較教育研究方法與方法論較能契合，筆者倡議此一研究方法與方法論的取向。下一章則詳細介紹批判俗民誌的方法論及其優勢與問題。

第三章
批判俗民誌方法論 —— 發條橘子

　　依據《文化人類學辭典》（陳國強主編，2002：48）的界定，「俗民誌」乃是記述與介紹世界各民族基本情況的學科。以對具體民族的具體情況，進行實地考察和詳實記錄，即以系統地蒐集有關民族的資料為主要任務，亦稱記述俗民誌。研究方法的特徵在於：通過長期的個人接觸（通常是由瞭解被研究社會的風俗和語言的觀察者進行參與觀察），而對一個社會進行深入研究。若參考甄曉蘭（2000）所歸納之批判俗民誌特點，「批判俗民誌」乃是採「局內人的內位」立場去瞭解研究對象（本地人/當事人）的語言或行為結構上的特殊意義，以再現他們所處生活世界的「觀點」，而非一廂情願地採取語言或行為表面特性上的「局外人的外位」觀點，忽視當事人感受。同時它並未忽略整體文化的情境與結構，從整全性觀點（holistic view）看待並掌握研究對象生活世界中的重要儀式、表徵系統、文化意涵、社會結構以及價值體系。如此在微觀與鉅觀的視野兼具之下，應可避免自我與他者間由於位置問題引起落差，造成對當事人在道德、倫理與政治權力上的斬傷。

　　誠如前一章多位比較教育學者所論述的，俗民誌方法論與研究方法欠缺對社會結構的參照、無時間性的描繪、欠缺描述性資料與解釋性評

論、少探社區與科層脈絡、對動態結構歷程的探究有待強化等。基於比較教育研究的特質與目的，以及對俗民誌方法論此一質化取向之重要方法論的補強，本書以批判俗民誌方法論在比較教育研究中的應用為主軸。

　　承繼上一章的論述，本章進一步討論批判俗民誌的方法論基礎與概念，及其與俗民誌的差異。繼之援引教育研究對批判俗民誌的應用，以從其實際應用中進一步帶給比較教育研究的啟發。最後則針對批判俗民誌最受挑戰的方法論議題加以討論，以期比較教育學者能更為妥適地進行比較批判俗民誌研究。而關於對比較教育或能更有啟發與應用性的多場域與跨文化俗民誌，將在下一章與比較教育研究的批判俗民誌應用一併論及，以思考批判俗民誌應用於比較教育時所需考量的事項。

本節先介紹批判俗民誌方法論的崛起，其方法論之理論基礎，如微觀社會學及其中的現象學、俗民方法論與符號互動論、俗民誌、批判理論。最後引介其重要概念，如對文化的重視、脈絡與結構的動態影響、意義的全是與理解、批判性、解放與增權賦能。

一 批判俗民誌的崛起

1970年代後人類學與社會學中的解釋學派運動（interpretivist movement）與新馬克思主義理論結合，形成一種新研究取向，此即批判俗民誌。其一方面保留俗民誌對每日生活之微觀歷程的掌握，以及對文化的重視；另一方面則因其敏於說明社會結構加諸於人類能動者之限制、人類能動力（agency）之相對自主性之間的辯證關係（Anderson, 1989），亦即其對社會脈絡與動力的理解較強，因而避免了俗民誌喪失結構瞭解的危險。

就解釋學派的影響而論，社會學中解釋學派的俗民誌學者，受到現象學、俗民方法論、結構主義、記號學（semiotics）、詮釋學、語言學、符號互動論的影響，提出有關俗民誌實踐與文化本質的根本問題；人類學中的解釋學者則從結構主義的系統維持與平衡概念，轉而分析符號體系（Anderson, 1989; Ballantine, 2001）。就新馬克思主義所主導的批判論述觀之，其對資本主義剝削式生產社會關係與意識型態再製的批判、對實證主義的攻訐，都促成了批判質化研究的發展。其目標則在於解放個人，以擺脫宰制與壓迫的來源（鄭同僚審定，2004；Anderson, 1989）。

而源於上述的思想淵源，Phil Francis Carspecken（2001）認為對於何謂批判俗民誌、應該如何進行、其結論如何獲得支持、其與其他質化社

會研究形式的差異，並未有共識，甚至並無共通的方法論。他認為形成批判俗民誌家族的不是方法論，而是作者們的價值取向以及他們偏好的資本主義、後資本主義與父權社會體系的假定。批判俗民誌者通常研究社會場域、社會歷程、教科書與影片等文化商品，以披露社會的不公平。他們假定當代社會帶有系統性的不平等，而這種不平等被文化複雜地維持與再製。他們反對不平等，希望進行研究以支持減少這些不平等的努力。

　　筆者雖贊成標示批判俗民誌特質的並非方法，卻認為其乃是一種方法論。Steven Jordan與David Yeomans（1995）亦持類似觀點而指出，過去四分之一世紀以來對批判俗民誌的界定在於其理論折衷主義（theoretical eclecticism）。換言之，批判俗民誌較少受到方法的驅動，而較常受到借自現象學、符號互動論、俗民方法論、馬克思主義、女性主義（feminism）、記號學、文化研究（cultural study）、後現代主義等之各種方法論的驅動。這亦是筆者援引批判俗民誌的因由之一：批判俗民誌乃是一種「方法論」觀點，其可運用的方法很多，重點在於其立基於批判理論與微觀社會學之理論的概念以及觀察的視野──一種批判地檢視鉅觀與微觀脈絡的視野，也反省地檢視研究者觀看世界的知識論基礎，而其研究方法的應用乃是奠基於此方法論觀點而選擇。

　　一如筆者的觀點，Jordan與Yeomans（1995）亦標舉出批判俗民誌特質作為方法論之檢視的崛起背景與功能。他們指出，傳統俗民誌與後現代俗民誌在理論與方法論上的精進，對於挑戰實證主義作為主宰質化研究中之實踐的模式是很重要的。對於傳統俗民誌，批判俗民誌特別論辯它忽略了資本主義下政治經濟的相關問題。再者，雖然傳統俗民誌開始質疑它的關鍵概念，如效度、通則性等，這些質疑常回應來自實證主義的問題與論述。而這也是批判俗民誌所批判的。

　　雖然學校與一般人類學俗民誌研究的田野有所差異，如所研究的社會單位不同於學校；村落含括其成員24小時的生活，而且涵蓋好幾代成員，學校則否；學校內的知識並非傳統的、且是快速變遷的。但是自Bronislaw Malinowski以來對田野工作與報告所採用的一般性原則，仍是學校俗民誌者（school ethnographer）所採用的範型（model）（Erickson, 1984）。因

之，俗民誌之方法論觀點與研究方法亦爲教育學者所援引，且進一步運用批判俗民誌取向。

在教育領域中，批判俗民誌出現的起源之一爲反量化方法的知識論運動，尤其是1960年代晚期、1970年代初期出現在教育中的俗民誌運動（Anderson, 1989），以及批判教育學理論、女性主義教育理論、新馬克思主義教育理論等的影響（Carspecken, 2001）。其自1970年代以來在教育領域中受到倡議，被視爲一種想像的、形塑另類教育實踐的方法（Jordan & Yeomans, 1995）。

1977年Paul Willis發表的《學爲勞工》（Learning to Labour）爲批判民俗誌的經典，其探究勞工階級男性學生（lads，小子）對其文化的反映與對學校主流文化的反抗。教育領域中繼之而起的批判俗民誌經典著述則有Peter McLaren（1993）《學校作爲一種儀式表現：邁向教育符號與姿態的政治經濟學》（Schooling as a Ritual Performance-Towards a Political Economy of Educational Symbols and Gestures），以及Carspecken（1991）《社區學校教育與權力本質》（Community Schooling and the Nature of Power）。這些著作除了記錄教育領域實際活動的俗民誌研究特質外，亦往往揭露不平等權力結構關係及其對文化的形塑力量，因之開啓了轉化現有教育場域的想像與解放之功。一如Carspecken（1996，鄭同僚審定，2004）對Willis的評論，認爲Willis不同於其他核心的結構論者，而強調文化結構的持續創造，而非結構對行爲的決定。後繼的批判俗民誌者也多半具有此觀點，筆者更認爲，唯有基於此一觀點，另類的、解放的教育實踐才有實現的空間。

Jim Thomas（1993: 47）在其介紹批判俗民誌方法的《進行批判俗民誌研究》（Doing Critical Ethnography）中提醒我們其特質：（一）批判俗民誌乃是一種價值負載的研究方案，其引導我們注意文化中的特殊事件。（二）批判俗民誌的研究過程包含兩個研究觀點：1.以不帶偏見的眼光進行文化檢視；2.投入主題選擇、資料獲得、解釋與論辯的多種面向，以尋求超越傳統觀察與敘事的蹊徑。（三）批判俗民誌研究行動乃由不同的要素所組成，而每一要素皆具有精鍊出最後產出結果的潛能。

二 理論基礎

　　此小節將引介批判俗民誌的理論基礎，亦即其研究方法所奠基的方法論觀點。藉此，讓我們更清楚掌握進行批判俗民誌研究時所採取的「價值觀」，也更意識到批判俗民誌的「價值負載性」。當我們更清楚知道自己戴著什麼顏色的眼鏡觀看世界，我們或許更能夠掌握趨近世界的真實顏色。

　　如前一節所述，批判俗民誌的思想淵源主要有微觀社會學取向中的現象學、俗民方法論與符號互動論，以及詮釋學與批判理論等影響。夏林清（1993）則指陳，批判俗民誌是批判社會理論（critical social theory）和俗民誌方法（ethnographic methods）的結合。前者表達對傳統社會學理論忽視行動者之結構論述（如階級、父權等）的不滿，運用俗民誌方法的教育工作者也不滿於詮釋現象學方法無法展現社會結構性限制對當事人眼中或口述之真實（即俗稱的故事）所發生的作用。Roger I. Simon與Donald Dippo（1986，引自方永泉，2002：149）則認為：「批判俗民誌的理論依據來自批判理論的主要論點，旨在超越對於『現實是什麼』（what is）的問題從事描寫分析，而進一步企圖將分析置入一個『現實能是什麼』（what could be）的架構中。」要之，雖然批判俗民誌受到許多思潮的影響，影響最深的便是微觀質化研究取向與批判論述。以下將簡單介紹這些理論，而將重點其反映於批判俗民誌的概念上。至於個別理論的相關論述，國內已有許多專書或專章有更為詳盡且全面的討論。

（一）微觀社會學──社會結構與能動者能動力的辯證

　　批判俗民誌的起源之一乃是微觀社會學中的社會動力觀點，其源於下述因素間的辯證；1.結構：不滿於僅從結構觀點作社會性說明，而忽略個別能動者的力量。2.人類能動者：不滿於僅強調人類能動者的文化性說明，因其忽略社會結構的限制（如種族主義、科層體制）（Anderson, 1989）。此二者的辯證，產生對社會動力的新觀點，兼顧結構與人之動能或實踐的辯證。此一教育社會學轉向質化研究取向乃由Michael Young驅

動，稱爲「新教育社會學」（new sociology of education）或微觀詮釋取向
（micro-interpretive approach）社會學（Anderson, 1989; Jordan & Yeomans,
1995）。

批判俗民誌者基於此一觀點，相信社會現象並非由結構所決定，並
非決定論（determinism）的，而是人與社會辯證而來的，人類有其主體性
與撼動現存社會結構的能動力。Thomas（1993）曾論及批判俗民誌研究
所立基的本體論觀點，其提供了涵蘊建構知識之各種社會壓迫的一套意象
（image）與隱喻：文化結構與內涵等文化動力因素使某些族群或個人的
生命承受更多不必要的苦難與匱乏，各種不同族群所遭逢的問題事實上來
自其文化地位。因此，批判俗民誌以經驗事實爲重，立基於證明社會衰頹
狀況的各種證據上，開始進行研究，致力於揭發黑暗而痛苦的社會生活。
然而，一般的本體論觀點多毫不批判地接受先前假定的世界觀，這在研究
過程與實踐外形成一種框架，因此將對分析的可能性有所限制，研究者也
喪失了對該歷程的見解與視野。

（二）現象學

Carspecken（鄭同僚審定，2004）在討論視覺知覺時有這樣的說明：
視覺知覺賦予主流知識論有關有效性與真理的觀念，因爲：1.看到眼前的
對象，以及2.同時感受到對象的存在確實如同我們看見的樣子。以上兩種
經驗都是普遍而無可置疑的常識。這種理所當然的確定性，是許多真理觀
的基礎。因此，「觀察」不斷出現在各種方法論的文獻中。我們藉著觀察
來認識這個世界，也發展出各種驗證有效性的特定形式、方法或程序，以
確保觀察的無偏誤與可重複性。他接著說明：實際上你所看到的只有一個
角度，而且在你的視野中這個角度呈現的應該會有前景及作爲背景的視野
（horizon）。視域的作用在於統覺其他周邊的事物，統覺也就是和周邊事
物一起共同形成感知。質言之，我們的感官知覺受到我們視野的框定，是
從特定的文化典型來認出這個情境。或者這可稱爲「知覺的整合性」，知
覺包括感官、認知與文化等各種面向的認知整合。因此我們可能看見朋友
臉上特殊的表情而非他更顯而易見的黑皮膚。

　　此即現象學創建者Edmund Husserl及其概念。他指出，人並不能用視覺感官看到整個物體，我們眞正看到的只是對象的某一個角度，只是對象諸多面向的一面，而且常常只是單一面向中的一部分。因此，物體如何能夠在我們經驗中成爲一個整體，要透過在意識中進行無意識的綜合活動，將各種面向關聯起來而成爲一個整體（鄭同僚審定，2004）。

　　現象學所研究的是「現象」，亦即事物本身。Husserl把意識心靈（conscious mind）的內容叫「現象」（phenomena）。他說，任何心理內涵都是某個東西的表象（appearance）；存在於心中的主要是某物的形式而非該物本身。現象學即是針對這些表象而做的系統研究（張銀富譯，1989）。回到事物本身的作法就是用「存而不論」（epoch'e）的方法，摒棄所有可能曲解眼前事物之性質的臆想，「放入括弧之中」，然後用現象學的描述法，如實描述「生活世界」（lifeworld）（張銀富譯，1989；蔡美麗，1990）。

　　Robert C. Bogdan與Sari Knopp Biklen指出大多數質化研究者反映了某些現象學觀點。現象學者嘗試理解日常人們在特定情境中的事件和互動之主觀意義。他們想要進入研究對象的概念世界，以理解他們對於日常生活當中的各種事件是如何建構出意義，這些意義又是什麼。現象學者相信當我們跟他人互動時，我們可以有多種詮釋經驗的方式，而正是我們經驗的意義建構了實在。「實在」最後說來是由社會建構的（socially constructed）。質化研究者在某種程度上都共有一個目標，亦即從參與者觀點來理解對象。質化研究者相信，接近人們的目標如果是在於嘗試去理解他們的觀點，即使不是完全的，也將扭曲資料提供者的經驗減到最少的程度。大多數不必然是觀念論（idealism）者。他們強調主觀性，但他們不必然否定有一個外在於人類的實在，能夠對抗加諸於其上的（人類）行動（黃光雄主譯，2001）。

（三）俗民方法論

　　俗民方法論研究的濫觴是Alfred Schutz。特別的是，俗民方法論將焦點放在我們用什麼方式研究世界。在此意涵下，人是主動參與的創造者：

所以俗民方法論和其他社會學理論相異之處在於「方法」的差異（Cuff,
Sharrock, Francis, 1998/1979）。首倡俗民方法論的Harold Garfinkel（引自
吳瓊恩，1995/1992：271）曾說：「我們所關注者是社會如何結合在一
起、它如何運行成功、如何做、及每日活動的社會結構。」這種分析是以
日常生活的詳細分析為基礎，探討人們各種世俗活動的秩序與意義是如何
形成的。俗民方法論學者要說明一個完全陌生者必須學習什麼，才能成為
團體、方案或文化中發揮例行性作用的一員。所以他們進行深度訪談與參
與觀察。與一般質的研究不同的是它還應用了俗民方法論的實驗，侵入現
場做一些不尋常的行動來干擾日常活動，以觀察研究對象的反映。另外，
俗民方法論學者試圖明白團體中的「無言之知」，藉著內省、和協同研究
者共同研究，來發現（吳芝儀、李奉儒譯，1995）。

（四）符號互動論

符號互動論源於實用主義哲學家，如Charles Peirce、John Dewey、
George Herbert Mead等，強調人際間的互動、運用符號於溝通與互動中、
詮釋乃是行動的一部分、自我乃是透過溝通與互動而被建構的，以及彈性
的、可調整的社會歷程。

符號互動論的基本假定是「人類經驗是以詮釋做為媒介」。客體、
人們、情境和事件並不具備自己的意義；相反地，意義是被賦予在他們之
上的。人們的行動不是基於對先前界定的目標做預定回應，而是作為詮釋
者、界定者、指示者、以及符號和信號的讀者。要理解行為，我們必須理
解界定和造成他們的歷程。研究者要理解他們的行為，只能採取參與觀察
等方法來進入他們的界定歷程。而且，詮釋不是自主的行動，個人在詮釋
時需要他人的協助，個體透過互動來建構意義。在既定情境的人們經常發
展出共同的界定，因為他們經常互動和分享經驗、難題和背景：但是共識
不是不可避免的。當有些人採取「分享的界定」來指出事實時，其意義仍
總要經過協商的（黃光雄主譯，2001）。

符號互動論有幾個重要概念：就自我與社會的關係而言，Mead主張
人們建構並選擇他所成為現在的樣貌的（what he does）；他的行動並非預

先決定的回應；但是個人的回應並非全然與更廣社會的影響分離。而且，此派論點強調人的主體性，認為人類是主動感知的。因之，在互動中，成員先詮釋他人的目標與意圖，根據自己的目標或行動計畫評鑑他們，之後建構他自己的回應，因此形成持續詮釋與決策的動態歷程。我們對他人的感知也受到我們自己的目標或角色所影響。因為我們有種種差異，我們發展對情境的互為主體（或共享的）瞭解。這並非意味著我們的界定、對我們角色的定義是一樣的，而意味著：隨著時間，我們協商出共同界定的情境，所有人被當成合理的（Blackledge and Hunt, 1985: 240）。

（五）批判理論

批判理論的傳統可回溯至出現於1920年代末期的法蘭克福學派（Frankfurt School），是一群強調同樣特性的理論：1.假定：主張實證科學為再製現存社會關係與阻礙社會責任之工具，而當代資本主義乃是穩定化與社會控制的形式，聚焦於增加一致性及削減個人自主性與民主參與，以形成宰制性關係的意識型態與實踐。2.動機：對社會的批判立場，來自對個體的倫理關懷，以及尋求更好世界、拒斥所有造成飢餓、宰制、羞辱、不正義的可能原因（Blake & Masschelein, 2003; Cuff et al., 1998; Giroux, 2001/1997）。3.對「主體性」的重視：批判理論重視主體的闡揚，因此對於任何形式的宰制都予以批判，因之對權威主義、科技理性、文化工業等的宰制性予以探討與批判（林瑞榮，1993）。4.重視實踐性：批判理論將人視為各種社會實踐中的行動者，從這一概念出發，來克服主客觀對立的問題，認為人是主動的操作者，不斷提出新的假設並積極地加以檢驗，不斷接受批判，以改造自身與環境（林瑞榮，1993）。5.研究：批判理論認為研究是一種「倫理與政治的行動」，總是使一特定團體受益。批判理論學者則寧可使社會中那些被邊緣化的人受益，因為他們相信現今社會的運作方式是不正義的。他們同意研究應該「使沒有權力的人增權賦能，並轉化現存社會的不平等和不正義」（黃光雄主譯，2001）。

1960年代以後，受到批判理論的影響，教育研究有一股指向社會、科技與主體批判的新導向（楊深坑，1988）。受批判理論影響之質化研

究者深感興趣於社會價值和組織如何在學校和其他教育機構中「再製」，或是人們如何在社會中產出他們的選擇與行動（黃光雄主譯，2001）。此外，正如批判社會學強調社會實踐，批判的教育科學也強調實踐的優先性，但不像精神科學教育學那樣從一種不可改變的評價出發，也不像實證主義的教育研究把實踐作為理論的技術運用。而是檢討教育實踐所處之政治、經濟、社會、科技條件之可能的錯誤發展，而思有以矯正（方永泉，2002）。

批判理論的明顯特色在於與「研究實踐」的緊密連結，而此類研究實踐則導向於解釋性詮釋（explicative interpretation）與比較性通則（comparative generalization）。在研究實踐時，批判理論雖然在方法論技術上採取折衷的態度，而依據研究所需來運用經驗研究的方法或其他分析方法，但其理論建構的策略卻維持其一貫的基本主張（Morrow, 1994）。

承上所述，儘管批判教育學各家說法不一，但大體上均基於下述的方法論預設：1.教育學上的命題須反省其政治、社會與文化條件；2.任何科學實踐之內在均有其充滿意義之先決假定，科學實踐與科學內在條件須加以分析與討論。3.透過對於問題選擇與評價背景之社會批判性的分析而討論詮釋學和經驗科學的認知興趣。4.理論是批判理論：教育實踐應自我啓蒙，在啓蒙中科技宰制力量與意識型態扭曲透過理性討論分析，而教育目的與責任也依此而衡量。5.主導教育的興趣是解放的興趣：探索教育領域和結構化，以助長受教主體的理性（楊深坑，1988）。

立基於上述的方法論預設，批判理論在方法論技術的採用上呈現一種實用與折衷的特質，不僅含括了經驗主義所有可能的方法技術，而且引介詮釋社會科學相關的方法。因此，批判理論可謂「方法論的實用主義」（methodological pragmatism）。舉例而言：(1)就批判理論在經驗研究方法的運用來看，批判理論採用了觀察（參與式與非參與式兩種觀察法）、隨機性正式訪談、（半結構、非結構與深度的）訪談、關鍵訊息提供者（key informant）之證辭、個人或機構文獻之分析、大眾傳播媒體之分析、文件搜尋、官方統計資料之檢視，以及出版文獻的評論等。(2)就其他分析技術的運用而論，批判理論應用了俗民誌詮釋（ethnographic interpretation）、歷史重建（historical reconstruction）、行動研究、多變量分析、結構主義之解建構（structuralist deconstruction），以及記號學分析（semiological analysis）（Morrow, 1994）。然而批判理論在研究問題的議題與優先順序上有特別的設定，諸如弱勢群體的生命歷程、意識型態在教育體系中的再製過程等，而這也將使研究設計在方法的選擇上有所偏重，某些方法會較受青睞。

批判理論的方法論主要特質在於：在進行理論與方法之連結的選擇時，這些選擇是與脈絡結合的持續性歷程，而不是未加思索地參照科學邏輯所做的技術性決定。因之，批判理論的方法論可歸納出反省的（reflexive）與辯證的（dialectical）兩個獨特特質：1.反省：反省雖然隱含於經驗研究中，卻多受忽視，而其應爲方法論的自我意識覺醒與訓練的重要成分。2.辯證：嚴格來說，並無所謂的辯證方法，但批判理論的確有一套奠基於能動力—結構辯證（agency-structure dialectic）與探究歷史解釋之詮釋結構（interpretive structural approach to historical explanation）的方法論策略（Morrow, 1994）。

更進一步從批判理論作爲「反省社會學」（reflexive sociology）的意涵來看，反省的運作乃在兩種脈絡中進行：1.後設理論反省：作爲批判後設理論下的一種自我探究的形式；2.應用性實踐：運用一般後設理論時，此種應用性實踐的反省形式乃是介入研究產出的全面過程中（Morrow, 1994）。

（六）俗民誌

R. Williams（1983，引自Jordan & Yeomans, 1995: 391）指出民族學（文化發展理論）與俗民誌（對一個文化的描述）都來自希臘字「ethnikos」，意味著異教徒、未開化者。族裔與俗民誌都意味著他者性（otherness）、臣屬性、邊緣性。俗民誌就字面意義來說乃是「撰寫有關民族（nations）的事物」。Graphy的希臘字義乃是撰寫。對俗民誌者而言，分析單位不必然是民族、語言團體、地區或村落，而是任何社會網絡，其形成一個共同體，在其中社會關係乃是由習俗所規約的。延伸至當

代社會，在當代社會，家庭、學校教室、整個學校、工廠裡的工作小組、整個工廠，都是社會單位，都可以採俗民誌方法來加以描述（Erickson, 1984）。

有這樣的字源，俗民誌不令人意外地發展自19世紀出現之人類學。俗民誌乃是經過田野研究後，將某一個特殊文化當成整體來記錄與分析，而且俗民誌描述的事件，至少部分乃是從行動者參與在事件中的觀點來進行的。這強調地方意義（local meaning），即Malinowski所界定的俗民誌的本質（張恭啓、于嘉雲譯，民78；Erickson, 1984）。其研究包括參與和非參與的觀察，聚焦在自然情境（natural settings）、運用參與建構要素來結構研究，而且調查者避免有目的地操弄研究變項（LeCompte and Goetz, 1982）。Clifford Geertz從哲學家Gilbert Ryle那裡借用「厚實描述」（thick description）來描述俗民誌的任務。俗民誌學者面對一系列生活的詮釋和常識性的理解，其目標是要分享那些文化參與者視為理所當然的意義，然後為讀者和外人描寫新的理解（引自黃光雄主譯，2001：42）。

來自人類學領域的俗民誌逐漸成為合法的教育根基，有許多相關研究。雖然有些工作乃連結社區文化與特定語言模式到教育實踐，多數仍然將疆界設定在教室範圍內，建構在早期微觀俗民誌研究方法（microethnographic methods of studying）運動與語言中。這些教室微觀俗民誌（classroom microethnography）乃是對教育之文化瞭解的轉捩點，但是微觀俗民誌指稱的文化仍然相對狹隘、行為層面與靜態的（Stairs, 1994）。H. F. Wolcott（1973，白亦方主譯，2001）有關教育俗民誌的重要研究《校長辦公室裡的那個人：一種民族誌》，其著重於瞭解實際運作與每日生活，而他進行研究後發現有所不足，而提議可建基於脈絡來進行整體關係的檢視。

就教育研究而言，俗民誌開展出開啓學校黑箱的可能性，因此揭露教育內涵以接受批判檢視。俗民誌對馬克思主義傳統的吸引力有二：1.它允許在每日生活世界中對當代資本主義社會關係與實踐的探究。2.其對壓迫與剝削場域有著進行實際觀察的獨特能力，研究者不僅有著對其形式、他們如何被組織的第一手經驗，也在建構解放實踐上占有優勢地位（Jordan

& Yeomans, 1995）。基於此條件，後續的批判俗民誌遂有發展空間。

批判俗民誌承續傳統俗民誌的某些方法論與方法特質，兩者共通的基本特質如依賴對資料的質化詮釋、俗民誌方法與分析的核心規則，以及信奉符號互動論典範與偏好發展「紮根理論」（grounded theory）（Thomas, 1993）。但二者亦有其差異：

1.**研究假定**：俗民誌傳統上一直與潛藏的批判命令（mandate）相連結；批判俗民誌乃是鑲嵌於傳統俗民誌中的一種分析與論述（Thomas, 1993）。質言之，俗民誌承襲了來自人類學的殖民主義與帝國主義傳統，將其自身置諸於有如公正的、科學活動，致力於由專家所施行之研究的模式（Jordan & Yeomans, 1995）；批判俗民誌則有其來自批判理論的批判與分析傳統，挑戰宰制與視爲理所當然的假定（Thomas, 1993）。

2.**研究性質**：傳統俗民誌指稱一種藉由意義詮釋彰顯意義的文化描述與分析傳統，批判俗民誌則是一種反省的選擇歷程，在概念另類選擇與意義之價值判斷和挑戰研究、政策、其他人類活動類型之方法間做選擇（Thomas, 1993）。

3.**研究者與參與者的關係**：俗民誌爲他們的研究對象向其他研究者發言，研究對象是沈默的，且俗民誌者在每日生活的機構或物質立場極少與他或她研究對象之生命實際（lived actualities）有所連結，或將其生命實際視爲有問題的而加以挑戰；批判俗民誌則是提升研究對象的聲音以向代表他們研究對象的聽眾發言，以透過給予這些研究對象之聲音更多自主權的方式作爲增權賦能他們的工具，也藉由修正意識或喚起社會轉化之倫理行動來運用知識改變社會（Jordan & Yeomans, 1995; Thomas, 1993）。

4.**研究文化的目的**：俗民誌爲了描述文化而研究文化，後者爲了改變文化而研究它（Thomas, 1993）。

5.**對價值觀的態度**：俗民誌認知到免除規範性與其他偏見是不可能的，但相信這些偏見可以被壓制；批判俗民誌讚揚他們的規範性與政治性立場，以之爲喚起社會意識與社會變遷的手段（Thomas, 1993）。

6.**研究者的觀點**：傳統俗民誌的「敘事寫實主義」（narrative realism）特質使其致力於呈現現況，當其他意義可能存在時確認原先假

定的意義，極少顯現研究對象對研究者的觀點（Jordan & Yeomans, 1995; Thomas, 1993）。

7.**研究脈絡**：俗民誌傾向於僅掌握每日生活的現象與靜態結構，未瞭解內在關係、因果歷程、對行動者而言常是隱形未見的誘發（generative）機制。批判俗民誌研究鑲嵌於更廣的資本主義政治經濟以及結構的動態交互影響中（Jordan & Yeomans, 1995）。

俗民誌等此類質化研究與量化研究的差異在於，質化研究的觀察對象在於個案、日常生活，其關注焦點在於能動者（agent）及其發揮的能動力。雖然其並不追求普遍推論、也不認為普遍推論是可能的，但這並不意味著不試圖在其中發現「模式」，而且亦不拒絕此類「模式」可以適用於解釋其他對象的「可能性」，重點在於這樣的模式套用是否適切、是否能夠與從其日常生活中所獲得的觀察相貼合。此外，能動者既然生存於「社會生活」中，而非封閉於其單一且隔絕的社區生活，那麼整體社會結構與生活的影響便無法忽視。社會結構與行動者的所有狀態，都是相互關聯與重疊的，其並非單純具有一種特質的。

三 重要概念

Thomas（1993）如此界定批判俗民誌：一種反省，其檢視文化、知識與行動。藉由迫使我們在政治議題脈絡中發展與按照價值承諾行事，而深化且加重我們的倫理承諾，它擴展我們的選擇視野，開闊我們看、聽與感受的經驗能力（experiential capacity）。批判俗民誌者描述、分析與詳審那些約束、壓制與限制的潛藏議題、權力中心與假定，也質疑常識性假定。而就批判俗民誌的方法觀點而論，Thomas（1993，引自方永泉，2002：150）指出，批判俗民誌當然是一種俗民誌方法，但它不同於或是超越傳統俗民誌之處在於批判俗民誌帶有批判精神與批判態度，除了想瞭解「現狀」是什麼之外，更試圖釐清「現狀」之所以如此的成因，尤其是社會中種種不平等現象的原因。批判俗民誌因此可以視為帶有政治目的的傳統俗民誌。

　　而此界定有其前提：知識是一種有力的來源。而新的思考方式，可以作爲一種工具，藉此，我們可以對我們的世界發揮作用，而非被動地被影響。一如James Joll（1978：119，引自Thomas, 1993: 61）所提醒的，只有當我們對我們的文化本質與行動的可能性有清楚的視野時，我們才可能影響自己的發展與我們周圍的環境。

　　Masemann（1982）對批判俗民誌的界定則是：運用人類學、質化、參與觀察的方法論，其理論則來自批判社會學與哲學。Anderson（1989）則指出批判俗民誌強調符號行動（symbolic action）的重要性，將人類行動者及其解釋性、協調性能力置諸分析的核心。

　　甄曉蘭（2000：375-376）亦提出批判俗民誌的主要特徵：

　　1.研究者「身歷其境」成爲研究對象生活世界的一份子，「入境隨俗」地直接參與，長期而深入的觀察與對話互動，並從事詳盡的實地記錄。

　　2.觀察的重點爲研究對象日常生活事件與行爲，無論大或小、正式或非正式、神秘的或俗世的，都可能是研究者關心的焦點。但著重於情境中人、事、時、地、物所構築的整體意義，而不是零碎的現象。

　　3.特別重視研究對象（本地人/當事人）對於他們所處生活世界的「觀點」，以發覺「局內人內位取向」的語言或行爲結構上的特殊意義，而不是探詢語言或行爲表面特性上的「局外人外位取向」觀點。

　　4.將研究的觀念架構與詮釋方法，視爲一種不斷發展演進與建構的過程，並以「磋商」的方式與研究對象（本地人/當事人）進行意義的建構與詮釋，儘量以「擬情的理解」從被研究者的角度來思考一切。

　　5.注重語言的再現性（representativeness）與「對話語料」的分析，以掌握語言所反映的意義系統。

　　6.對所蒐集的資料，諸如田野札記、錄音、文件資料等，進行深入地解析，以厚實描述方式處理所有的認知線索、隱喻和意義，而非表面上事實的陳述或浮光掠影似的描寫。

　　7.重視整體文化的情境與結構，從整體的觀點看待並掌握研究對象生活世界中的重要儀式、再現系統、文化意涵、社會結構以及價值體系。

8.去除研究者個人的「我族中心主義」，體察研究者的歷史、文化與研究傳統及其對自身與對他人的概念在研究過程中可能產生的影響，以及反省研究目的與研究過程中可能衍生的倫理課題與政治議題。

9.尊重、保護被研究者的權益，除了視其為重要資料的提供者外，並與之「平等」相處，獲致研究上的「互惠」與「雙贏」成果。針對被研究者平常「習焉不察」的知識、行為、態度及價值觀等，採以「啟蒙」的方式協助其產生「自覺」，而不是以「解救」的心態來「揭露」或「宣告周知」。

10.將真實的「故事敘述」（realistic story-telling/narration）與批判反省（critical reflection）加以適當的折衷統合後，提出具建設性的研究報告與改革建議，一方面藉之復甦研究參與者（研究者與被研究者）的概念架構與方法論架構，另一方面提升其在研究上和社會行動方面的應用價值。

從上述界定以及之前對批判俗民誌的論述，可以抽繹出幾個重要概念：承襲俗民誌與批判理論傳統而以文化探究為核心，以生活世界之歷程為關懷焦點，從互為主體觀點來理解與詮釋參與者之觀點與行動之意義，分析影響現狀之因素與脈絡，以批判觀點揭露不平等政治權力關係與視為理所當然的假定，促成弱勢群體之增權賦能的社會實踐任務，研究者的自我批判與反省等。以下便針對文化、脈絡化、理解與詮釋、批判反省性、社會實踐（解放、增權賦能與社會行動）加以論述。

（一）文化

俗民誌源於人類學，對文化的整體性描述與理解原本即為其核心。而俗民誌運動與微觀社會學取向引領研究者將焦點轉向意義性生態與社會層級、文化協商等面向。Arlene Stairs（1994）指出其初始探究人與環境在行為層級的溝通與互動模式，繼之逐漸關注社會行為之文化意義、以及特定文化互動型態的研究，強調描述、文化特定性學習風格的教育應用等。

一如之前所論，若要理解單一教室脈絡，須探究的不僅是該教室中的微觀脈絡，還有Sadler所提醒的來自學校外事物的影響。誠如B. Rogoff（1992，引自Stairs, 1994: 157）所闡述，即使研究主要乃在微觀俗民誌層

級進行，對鑲嵌於文化中之學習歷程的探究必須進行組織/機構分析，以獲致深入詮釋。Willis（1999/1978）則提醒我們，並非物質的、機構的力量決定了勞動文化的形成，而唯有在其自我基礎上才可能。他強調的是，文化形式不能假定其受鉅觀決定要素（階級、地區、教育背景）所決定。質言之，單一場域內文化的形成乃是微觀與鉅觀脈絡互動交織的結果。

學校文化與教室作爲文化景象（cultural scene）皆非新概念，然而在某些教育研究與比較教育研究中的確忽略此一面向。Carspecken對探究文化面向的重要性有這樣的論述，他指出，許多質化研究僅透過訪談來研究人們的態度、信念與經驗，然而，目的是要探求研究對象在許多社會情境中所慣常運用的文化基模（schema）。這些基模關聯著個人如何實際參與各種活動。實際上，經驗中一定會有文化基模之運用，且這基模與社會行動之脈絡息息相關（鄭同僚審定，2004）。

至於對「文化」的概念，Tylor的經典概念乃是文化整體觀（引自Erickson, 2002: 299）。而且他主張人類學應該關注「社會」與「文化」兩者，因爲他們都跟人類行爲有所關聯、並且反映在人類行爲上（引自Eggan, 1954: 745）。Frederick Erickson（2002）則指出現在對文化的概念有所改變，因爲今日的後現代與全球本土化情境，多元文化性逐成爲今日的文化概念。而此一文化觀點的改變對人類發展的意涵有二：1.文化的習得包括在特定實踐社群中的學徒式互動。以及2.文化習得之研究中的分析單位乃是個人在其每日周遭中與各種特定實踐社群的遭遇（Erickson, 2002）。

批判理論則帶來對文化與權力關係的內省：1.有關社會關係如何在階級、性別、年齡、種族、族裔的形成中建構而產生依賴與壓迫形式此一問題，乃與文化的概念密切關聯。2.文化不僅被視爲一種生活方式來加以分析，也將之視爲含括不對等權力關係的一種生產形式，而且位於主宰與從屬地位的不同團體在此種生產形式中界定與瞭解他們的期望抱負。3.文化被視爲鬥爭（struggle）與社會差異的場域，在此場域中，特定形式之意義與經驗的生產、合法化、與流傳乃是衝突的核心（Giroux, 1989）。

綜上所述，若立基於批判俗民誌取向的觀點以及現今全球化與本土

化辯證的情境下，文化協商視野下的文化不僅需要涵納影響文化的微觀、鉅觀及其互動的脈絡，敏於文化與權力關係不可避免的交織，也須超越表面行為，而進入意義的詮釋領域以及思維的文化模式，將教育場境的現象視為個體與脈絡持續互動的動態參與歷程，以之作為一種瞭解教育的路徑。此外，尚有相關的擴展概念必須論及，如脈絡、意義與詮釋等，其亦為瞭解教育文化所須涉及的面向。一如Willis（1978/1999）的建議：要進入更深層的對文化的瞭解，必須透過對「滲透理解」（penetration）與「限制」（limitation）概念的研究。滲透理解意味著指出文化形式中的推進力，其朝向滲透進社會整體中其成員及其位置處境之存在條件，但是其並非核心的、本質論的、或個人主義的；限制則意味著指出那些阻礙、轉移、意識型態等的影響，其混淆且阻礙這些推進力的完整發展與表達。筆者將進一步論述。

由於文化不是僅受鉅觀結構影響，而且易受到來自行動者的影響，此外，筆者認為應該還有文化內在動力或生成的影響。也因此，在探究置身於文化影響下的教育議題時，要分析的不僅是結構，尚有行動者及其與結構的互動。

（二）脈絡化─結構

當批判俗民誌取向應用於比較教育研究時，必須認知到與教育場域相互關聯的脈絡。Stairs（1994: 157-158）指出四層環繞教育的組織脈絡：教室/教師脈絡、學校/社區脈絡、地區/教育體系脈絡、州/國家脈絡。Stairs所指的乃是國家內部的組織脈絡，而在此組織脈絡外，比較教育學者早已洞察世界體系的影響，尤其在今日全球本土化的脈絡中，跨國教育組織與全球教育趨勢的影響更不可忽略。甚且，將教育現象放在脈絡中瞭解時，此一脈絡不僅是當前的脈絡，更必須是歷史化的，而非與歷史切割的（ahistory）。

McLaren（1993）也指陳脈絡研究對教育現象理解的重要性：意識型態、文化、儀式與象徵符號必須與經濟領域與階級相抗衡，以瞭解當今的宰制與鬥爭。Thomas（1993）強調透過發展出對差異的欣賞與理解、顯示

這些差異可能反照了宰制文化中社會問題、權力、控制、反諷與鎮壓，我們開始進行批判俗民誌，而且偶爾得以發現直接應用知識於行動的方式。

　　當Carspecken（1996，鄭同僚審定，2004：38、50）論及「置身於社會中的行動」，亦揭示了脈絡的影響性。他主張社會行動和人類經驗無論在任何情況下，總是高度脈絡化的；對於不同的社會脈絡情形中做普遍推論因此是非常危險的。進一步說，行動與經驗的脈絡背景是整體的，亦即整體性的脈絡在本質上並不是一堆可解離的因素或從而可以輕易被轉譯成相對應的變項，其結果便會扭曲我們對事實的理解。他更以其所進行的學校批判俗民誌為例來說明，研究目標可以描繪成一個焦點區域，在這個區域中，各種自然發生的社會生活互相串連，包圍並從外影響這個焦點區域的則是一個複雜的社會脈絡。周遭區域則包括了更廣闊的地理區域內的文化和社會活動，同時也包括非地理性的結構──如經濟、媒體及政治系統──這些結構影響了小學及其所在社區。

　　然而，在考量微觀與鉅觀脈絡的影響之際，也必須避免結構主義將人類與人類社會視為被結構所決定的論點，而理解行動者並非完全被條件迫使而行動。反之，Carspecken主張，行動者是在社會系統的強烈影響，或是社會系統的資助/約束等條件下，而產生可以概括預測的行動。資助與/或約束行動的條件乃是從外部而影響行動者的決斷意志。還有內在條件，內在條件是從內在影響行動者的決斷，協助構成其價值、信念與身分認同。行動者在每一次行動中，套用熟悉的文化氛圍，伸張個人的特定價值，維持一貫的特定信念，然而一再重申自我的特定社會認同（鄭同僚審定，2004）。

（三）意義的理解與詮釋

　　批判俗民誌思想淵源之一的微觀社會學，注重參與者對意義的理解與研究者的詮釋，以在理想言說情境（ideal speech conditions）的溝通中建構互為主體的共識。Rosalie Wax從理解來討論俗民誌的任務。根據他的主張，理解不是在人們之間的「神秘同理」，而是一種意義分享的現象。「當他開始分享時，他開始『理解』。他擁有了一部分的『局內人內位觀

點』。」（引自黃光雄主譯，2001：42）

　　在意義的理解與詮釋議題中，關於跨文化理解的可能性常受到討論。個殊文化決定論（particularistic cultural determinism）甚至主張文化的不可共量性（incommensurability），認為文化彼此間存在著差異且影響人們，因此非文化成員不可能瞭解它，遑論進行有關教育變遷的研究（Hoffman, 1999）。Carspecken（鄭同僚審定，2004：25）則提出單一社會與文化實在的存在以支持跨文化理解的可能性。他指出，多元實在的觀點意謂一個人永遠無法達至另一個文化實在的局內人觀點。如果真是如此，我們又何以能夠知道其他文化實在的存在？難道不是由單一實在衍生出的想法嗎？如果說，這想法在於我們只能獲得對其他文化實在的部分理解，那麼還是必須有一些跨文化的標準存在，然後透過這些標準，才能加以判斷出這些部分的理解是確實如此的。這獲得不同團體間想法的過程，意味著存有跨文化情境中人類彼此溝通的原則，意即有一個跨文化的單一實在。

　　W. von Humboldt在語言哲學的架構下來研討理解之可能性與限度。他主張每一種語言活動都摻進個別的世界觀，這個世界觀可能是理解者所無法參透，因此使得理解的活動益形困難。克服此困難的契機在於人性的普同性，而且，對於其他個體之理解，只有理解者本身開展了與理解對象相近的整合動力才有可能。對於他人的理解可以促進人類思想之自由開展，理解因而是教育過程中的基本要素，語言教育也因此而應特別強調。然而，由於每一個個體的開展是無限的，因而理解總是有其限度，甚至於在其中已隱含著某種程度的誤解（引自楊深坑，1988：128、129）。

　　而語言的意識型態負載性亦受到批判俗民誌者的關注。Thomas（1993）指出，語言是一種權力的類型，因為事件的符號化乃是獨樹並溝通一組意義而排除其他意義的過程。擁有為界定事物名稱的權力，便是具有將經驗予以組織並賦予意義的力量。職是，所有語詞上的交流（也因此含括了所有的互動）都伴隨了符號宰制，在這種宰制中，在命名之前便已構塑了認知與論辯。批判俗民誌學者的目標乃是：檢視表達資料的語言，以及我們用以講述資料所用的語言，以辨識出其中所蘊藏的文化傳統、規範、習俗、加工品及其他特質——這些文化要素提供了進入世界之道，以

破解各類隱喻與意義。

在質化取向的研究中，意義的理解，涉及研究者與參與者的對話與詮釋。無論研究者或參與者，都受其所負載的文化脈絡與個人經驗所影響，在其所共同置身的脈絡中，進行現象意義的詮釋與理解。如何建構互為主體的對話與理解，乃是進行批判俗民誌研究時極大的挑戰。

詮釋學者Richard E. Palmer在論及「意義」時指出，意義是一個語境的問題；說明的過程為理解提供活動的場所。一個事件唯有在特殊的文本之內才有意義。換言之，關係決定意義，而說明則具有歷史性（嚴平譯，1992）。詮釋學者Gallagher（1997）亦主張，研究者需要意義賴以建構的框架、問題與觀點，而這些框架、問題與觀點又會受到興趣、先前知識、詮釋之經驗與語言能力、個人社會與文化與經濟等背景的限制與支援。

Morrow（1994）指出所有的科學知識皆立基於生活世界、常識、日常生活。但是，正如詮釋學者Hans-Georg Gadamer所主張的：我們的詮釋技巧乃立基於經驗與先見。因此，立場理論建構（standpoint theorizing，或內部知識）也可運用於任何社群，支持其所做的宣稱。更進一步來說，知識的詮釋特質的確有產生「詮釋循環」的弔詭，而認識論的差異性更增加了詮釋的複雜性。但Gadamer指出：這樣的詮釋差異並不會阻礙「視野交融」（fustion of horizons）的可能性，視野交融允許了將各種不同觀點達致一種共同分享的瞭解，而其為社會科學的根基。確定的是，實證主義那種純粹而不顧史實的、解脈絡化的、形式的、不變的社會理論夢想，無法瞭解社會研究的基本歷史特質。

Thomas（1993）則從批判的觀點出發，將詮釋視為一種「解熟悉化」（defamiliarization）的過程，在其中，我們修正我們所見並將之轉譯為新的事物，亦即遠離我們視為理所當然的面向，而得以更批判地看待我們所見。透過對資料的持續反省，以及對適應個別熟悉主題並在新社會觀點中重構之映像與隱喻的不斷尋求，詮釋挑戰了、也求助於研究者的創造力。詮釋過程所產生的附加價值為：找出新的方式以顯現不同文化符號的解釋。職是之故，解熟悉化是一種研究者將創造不對稱權力關係、限制性意識型態、信念、規範的文化符號加以解碼，也解碼其他不平等分配社會

報酬、維持特定人群之不利、阻礙對我們社會環境之完全參與或理解的動力。

透過對資料的不斷反省、常態性地重新適應個人熟悉之物體並從新社會視野給予新框架的意象與隱喻，詮釋喚起並挑戰研究者的社會學想像（Thomas, 1993）。此外，語言本身亦是宰制與社會權力的媒介與意識型態，詮釋的理解因此必須加入主體性的自省與意識型態的批判，才能在無宰制的溝通與論辯中，達致真理的共識。Habermas遂建議研究者基於批判的科學理論與認知的解放興趣，透過理性的自省與意識型態批判，釐清糾結在社會中的語言、媒介、分工以及宰制的情形，規劃一種理想的言說情境（引自楊深坑，1988：258）。如此方能對微觀現場的意義有更貼近真實的理解與詮釋。

（四）批判反省性

批判性在批判質化研究中乃是一個極重要的特質，甚或超越其質化研究的特質。而批判俗民誌乃是此一研究取向，亦以批判性為關懷，且其批判性不僅著重於對不平等權力關係中宰制──被宰制關係的批判與揭露，更著意於對研究者與參與者之間關係的反省，以及研究者自身的反省；而且此二者往往相互關聯。因之本小節論述批判性與反省性。

批判取向研究者共享某些相同的價值取向，如關心社會的不公平與不正義問題，且都會將研究成果指向積極正面的社會改革，致力於運用研究來改良社會與社會理論，而非只是用來描述社會現象；也都留意從19世紀以來爭論不休的社會理論與基本論題，如社會結構、權力、文化及人類主體性之本質（鄭同僚審定，2004：4）。此為筆者的核心關懷，亦為筆者主張批判俗民誌的原因之一，因批判俗民誌特別適合研究弱勢群體、不平等權力關係下的現象，但此並非意味著批判俗民誌僅能用於相關議題的探究。

一如之前論及的，批判研究與批判俗民誌強調平等的權力關係與發聲權利。筆者認同Carspecken對真理的觀點，而其也類同於Habermas的「溝通行動理論」（theory of communicative action）。Carspecken（鄭同僚審

定，2004）論及批判取向者的基本想法，指出：任何範疇的眞理宣稱，其有效與否，乃是取決於團體的人們，該團體有潛在而普遍平等的成員關係，贊同此眞理宣稱。眞理的宣稱最終還是必須奠基在彼此的共識上。不平等的權力關係會扭曲眞理的宣稱。批判知識論者必須對於權力腐化知識的諸多面向十分敏銳，因爲這些面向大多是非常幽微不顯的。Habermas（引自Blake and Masschelein, 2003: 44-45）則認爲只有致力於理想相互理解之參與者的對話（以及瞭解對成功對話適切之動力）才能企求解放主體，不受無意識監督所控制。

　　爲了達成上述的理想情境，批判俗民誌採取批判態度，主張批判意識型態與「視爲理所當然」，因爲兩者皆導致蒙蔽，而強調教育的解放（emancipatory）角色（Blake and Masschelein, 2003; Thomas, 1993）。許多批判取向學者認爲資本主義乃是萬惡之源，如McLaren便主張改造教育的重要方法是摧毀資本主義的價值法則。他認爲除非對資本主義的價值法則提出挑戰，否則就維持了主導與扭曲教育本質的意識型態，而所謂種族歧視、性別歧視和階級剝削根本上與資本主義價值法則下的更大的政治和教育議題密切關聯（蕭昭君、陳巨擘譯，2003：中文版序）。

　　筆者對McLaren等學者的此一論點有所質疑。的確，當今資本主義（或後資本主義社會中）的確存在著種族歧視、性別歧視與階級剝削，而這或許眞與資本主義價值法則「部分」相關，基於此，批判研究在此資本主義驅動的全球化世代中，更有其必要性，批判俗民誌因此更爲適用與重要。然而，筆者並不認爲我們僅需要對資本主義採取批判態度，而是對於所有意識型態、習以爲常與理所當然皆持不斷批判的態度。筆者教授的課程之一爲「多元文化教育」，其反映筆者自身對「多元文化主義」的認同，但筆者甚至認爲多元文化主義這樣強調尊重差異與他者的觀點都是一種意識型態而可能造成對其他觀點的壓迫，因此需要常常檢視與批判。

　　Thomas（1993）指陳，批判思考開始乃在於認知到「觀念」擁有控制與解放的雙刃能力，其追隨者透過挑戰傳統與視爲理所當然之世界、我們該如何思維之概念，以超越「是什麼」而至「可能是什麼」。批判是活動、也是意識型態：1.就其社會活動性而言，其從再思令人自在安逸之思

想到更直接投入政治活動主義（activism）等活動的呼籲；2.就意識型態而言，其提供關於知識、結果、學者之社會義務之關係的一組原則系統。其目標在挑戰所有研究規範與被研究之實體間的關係，以推翻視為理所當然之思維方式來挑戰「真理」（truth）。批判思考意味著對研究、政策與人類活動之意義與方法的評估性判斷，也意味著一種自由——其來自辨識出社會存在（包括我們對之的知識）不僅是由某種力量加諸於我們的給定狀況所組成，其導向超越現存社會情況之可能性；更意味著透過思考與對世界付諸行動，我們可以改變主觀詮釋與客觀情況。而自由，連結了批判思考的解放、規範性與評估性特質。

就研究主題與內容而論，所有的俗民誌研究都需要系統的知識以及對主題的投入。而反省，便是嚴格的檢視行動，以檢視研究者的這種投入對資料蒐集、分析、以及最後公布於視聽大眾之前有何影響。透過反省，我們希望對知識產生的過程與結果有所覺知。在研究中，難免摻雜個人的情緒與觀點，這未必造成問題，只要我們察覺觀點的改變如何形塑研究結果，便能避免必須放棄研究主題或將主題予以浪漫化的局面。在反省中，可以兩個面向作為指引：1.研究的真理商數為何？亦即檢視我們的價值觀與意識型態對研究工作的影響。此可透過挑戰我們自身之權威來解除知識製造過程的迷思；2.檢視研究結果的社會意涵及呈現方法（Thomas, 1993）。

就研究者與參與者的關係而論，反省性（reflexivity）意味著關注研究者的反省性，以及他/她與研究對象之關係的社會立場採取（social positioning）。Hammersley與Atkinson（1983，引自Jordan & Yeomans, 1995: 394）而言，反省性意味著需要明確認知到這個事實，即社會研究者與研究行動本身都是所欲探究之社會世界（social world）的一部分。反省性常被誤解為僅是研究者的自我反省（self-reflection），反省性真正植基的是與認識論、當代詮釋學相關的問題。反省性代表俗民誌企圖解決當代社會理論的二元主義（dualism）。它藉由主張研究行動及其產物乃是由每日世界組成，而非與之分離，而尋求克服之道。反省性因此奠基在研究者、研究歷程與產物間之辯證的基礎。

　　而從批判反省觀點分析教育場域，或可以Giroux的觀點為例，以彰顯出運用批判反省性於教育研究與教育現場的概念與重要性。Giroux（1989）指出學校文化中潛藏的政治力與意識型態，因此將學校制度視為一種文化政治（cultural politics）的形式；在此脈絡上，作者進一步論述「關於差異的」與「為差異而建構的」教育學（pedagogy of and for difference），一方面清楚揭露學校對政治權力、意識型態與階級等再製的角色與功能，認識到除了此種主宰觀念外尚有其他面向的觀點是被權力所壓制而不得見的；另一方面提出將學生經驗、教師的反省、歷史脈絡、語言等納入教學的論述中，以使教育學不再是普遍的、單一的呈現，而納入各種族群的、歷史的差異。

（五）社會實踐：解放、增權賦能與社會行動

　　Thomas（1993: 5）將批判俗民誌的解放視為一種文化解放行動，認為其不僅是批判，而是將限制思考或行動的模式（其限制了對實現另類可能性之感知與行動）予以隔絕，因之鬆綁了限制感知、詮釋、論述與行動之符號限制。它改變我們，讓我們知道事情並不總是如它們看起來的樣子。更進一步觀之，它是帶有政治目的的俗民誌。其不僅研究明顯受到壓迫或社會邊緣的團體，而是所有遭受某種程度不必要壓制之文化成員經驗。其目標在解放。

　　但亦有學者對批判論述有所批判，指出其僅致力於理論的建構或意識型態的批判，卻未能發展出改善社會不平等狀況的實踐。如Anderson（1989）指出批判論述未能發展反霸權的行動；而批判俗民誌僅企圖為實踐者闡明意涵，但卻少有將批判實踐者當成研究對象。

　　就其社會實踐而言，批判俗民誌可以發揮之處可從幾個向度來論述：首要在思想面向，批判俗民誌者對意識型態、視為理所當然、不平等權力關係的披露，為其批判性格的主要貢獻之處，亦即作為「研究實踐者」的具現。此一面向可以有其對研究參與者的直接貢獻，換言之，藉由與參與者互為主體的對話、以及批判性回饋談話，可以共同建構出對該場域的創新與改革可能。其次在行動面向，或可與行動研究、參與行動研

究（participatory action research）、批判教育學等結合，進一步將其「解放」與「賦權」的理想落實在行動層次。而批判俗民誌取向應用於比較教育研究則更有其發揮空間，因爲教育研究本身便有其回饋教育實踐的價值導向，而比較教育更以教育與世界改善爲其核心關懷。

Donald A. Shön的說法或可視爲上述觀點的支持，他指出，研究與實務工作者對實踐之合作所反映的不同樣貌，無論他們是否與學校有關，都在意圖上、有時在結果上深具教育意義；此外，正如Kurt Lewin所指出的，爲了讓此種研究產生實效，研究者必須成爲教育工作者——即具有下述特質的實務工作者：在其探究中進行反映、也對其探究加以反映，且將其反映加以援用來爲他人設計教育經驗（Shön, 1991；夏林清、洪雯柔、謝斐敦合譯，2003：10）。

除上述外，Thomas（1993）在論及批判俗民誌的可能行動時，也建議幾種可能的方式：1.改變認知、呈現新思考方式。2.絕不低估與他者互動的力量。3.互動能夠導向網絡的建構。4.將批判思考與課程結合。5.批判思考有助於社區組織、法律改革或政策形成。

此外，他更建議將參與研究、參與行動研究、行動研究等與批判俗民誌結合，成爲「參與俗民誌」。此乃因各類參與性研究以不同的行動導向方式挑戰常態（norm）科學，推翻創造中立且抽象知識的宰制科學實踐，將研究對象併入以更接近平等，研究者更積極面對影響研究對象之問題。每個研究取向都假定研究對象有能力形塑方法論、理論與實際結果。他主張參與研究者受到下述承諾的導引：知識產生應該被應用於研究情境中的問題，因此參與研究者關切其研究對象、調和研究與行動。研究者可進行的參與研究有三：1.參與行動研究：其主張，在「科學並非將自己與世界遠離」的前提下，在可能的情況下，研究者聽從研究對象的輸入，因爲相信「同時追求眞理與具體問題的解決之道是可能的」。其企圖界定一般被排除於決策過程處之團體的需要，但極少挑戰現存權力關係，而是作爲一種有權者與無權者間的溝通媒介。參與行動研究提供將關注從有權者轉向承擔其權力結果者的路徑。2.行動研究：其不同於參與行動研究之處在於研究者運用他們的問題、難題與發現結果，建構描述與理論，之後並從研

究情境中檢視它們。結果乃透過田野研究中的「介入實驗」（intervention experiment）來檢驗。3.參與研究：其乃特別由成人教育家發展出來，具有明顯的激進性格。參與研究反對研究者在建構與指引研究議題上的首要地位。參與研究者目標在消除允許研究者因其地位獨攬知識製造的「位置財產」（property of position）。參與研究源於概括研究「歷程」而非其結果的企圖。Friere的激進教育理論作為第三世界社會變遷的方式影響最大（Thomas, 1993）。

 第二節　批判俗民誌取向的教育研究

比較教育研究中較少運用批判俗民誌的研究，因此本節引介運用批判俗民誌取向於探究教育議題的研究，以利於對批判俗民誌應用的瞭解。以下舉較為重要的批判俗民誌著作，分別為Willis《學為勞工》、McLaren（1993）《學校作為一種儀式表現：邁向教育符號與姿態的政治經濟學》與1998年的《批判教育學導論─校園生活》（Life in Schools-An Introduction to Critical Pedagogy in the Foundations of Education）（蕭昭君、陳巨擘譯，2003）。此外，則是筆者（2006b）〈原住民母語教學省思──一個布農族國小族語教學的觀察〉一文。

實例一　Paul Willis的《學為勞工》

Willis的《學為勞工》被視為批判俗民誌經典作品。該書乃是Willis在1972-1975年間對Hammertown勞工階級中學生從在校最後一年追蹤到他們畢業後開始工作，藉由研究勞工階級文化最顯露的外顯形式來檢視勞工階級文化最重要與核心的向度。此乃因他認為檢視年輕的、非學術性且叛逆的男學生（小子）以及他們對工作的調適，此乃為勞工階級文化形式在社會結構中之持續再生的關鍵時刻（Willis, 1978/1999）。質言之，Willis乃

在探究勞工階級小子如何學習與轉化勞工階級的文化，及勞工階級文化如何在學校與職場中再製。

　　該書分爲兩部分，第一部分呈現該研究的實徵資料（empirical data）與主要發現。基本上是學校俗民誌，是對小子在學校之語言與行爲表現的描述。Willis認爲其中的反對性勞工階級文化形態（oppositional working class cultural forms），對於勞工階級學生從學校過渡到工作之過程的理解有所助益。第二部分較理論，乃在於分析前述之文化歷程的內在意義、合理性（rationality）、動力（dynamic），以及他們有助於一般勞工階級文化以及維持與再製社會秩序的方式（Willis, 1978/1999）。

　　依其自述其所運用的方法包含個案研究、訪談、團體討論、參與觀察（Willis, 1978/1999: vii）。該書對個案的研究方法與設計包含學校與工作地點兩部分：1.學校：運用觀察與參與觀察方法以瞭解教室、學校周圍環境、休閒活動等的進行；規律地紀律團體討論；非正式訪問與日記。作者參與所有的不同科目的教室，而且選擇不同時間進入，並且進入完整循環的生涯課程（career classes）。對於主要團體之家長、校內資深教師、主要資淺教師、來到學校之生涯輔導人員的長時間討論予以錄音。較爲特別的是，他研究了一個主要的個案與五個比較研究。分別比較：(1)同一年級的一組Hammertown乖乖牌（conformist）小子。(2)一組Hammertown鄰近地區勞工階級乖乖牌小子。(3)一組Hammertown文法學校之勞工階級非乖乖牌小子。(4)類似的孩子，但是是在綜合中學。(5)地位較高之文法中學的混合階級男性非乖乖牌小子。2.短期觀察（到工作地點）：作者追蹤主要團體中特定的12個男孩以及比較團體中的3個男孩到工作場域，進行短期觀察。訪問他們，也訪問工頭、經理、服務員。

　　就全書結構觀之，Willis先鋪陳該鎮之發展史，尤其是工業革命對該鎮興起與衰微的影響。此鋪陳的是該研究對象所置諸之大社會歷史、周圍環境與歷史。繼之置諸勞工階級文化此一脈絡來瞭解勞工階級小子的反學校文化，以瞭解其真正本質與重要性意涵。再次則是分析小子們在學校內所表現出的文化特質與口語、行爲表現。

　　Willis本書之所以被視爲批判俗民誌經典，或許源於他以下的觀點，

因而使其論述與分析方式不同於傳統俗民誌，而轉向批判俗民誌。他認為階級文化並非中立模式，而是一種「心靈」類別，一組從外面引入學校的變項。它包含經驗、關係、各種關係之系統類型的集合，其不僅設定了在特定時間的特定「選擇」與「決定」，也結構了這些選擇在一開始時如何發生與界定。Willis關切勞工權力（labour power）以及它如何在社會中被加以準備以申請勞動工作（Willis, 1978/1999: 2）。

基於此觀點，他的分析乃是將勞工階級青少年的文化置諸更廣大的社會結構與階級文化中來理解與分析，尤其是不平等的權力關係、資本主義中資產階級藉由學校歷程達成社會階級與文化的再製。此外，作者的觀察有幾個比較關注的面向：行為、言語；至於時間、空間等則比較不強調。文化與社會是兩個主要範圍。

實例二　P. McLaren《學校作為一種儀式表現》

McLaren（1993）《學校作為一種儀式表現：邁向教育符號與姿態的政治經濟學》旨在論述以下的重要性，即從文化與表現觀點來瞭解學校制度，此一觀點則源於將儀式概念運用於學校場境的實徵性運用，尤其是提供教室教學之脈絡的那些事件與條件情況（condition）。他希望揭露看似熟悉的怪異且陌生的事件，以及看似怪異陌生的熟悉事件：帶來痛苦的宗教儀式（Rites of passage）成為廣布的文化劇碼（cultural drama）；抹去天主教價值觀與資本主義價值觀之區隔的課程；因基督而受苦的學生；無意識地將基督形塑成世俗社會控制與精神死屍的能動者（McLaren, 1993: 1）。

該書運用參與觀察與訪談法研究加拿大多倫多城區天主教中間學校三個八年級的班級，針對學生狀態、在家狀態、街角狀態、聖潔狀態，McLaren指出其透過特定圖像（icon）展現、教師談話、禱告、設備空間擺置、權威性身體姿勢（authoritative bodily gestures）等顯示出其意識型態訊息與物質實踐（material practices）（Giroux, 1993）。其研究此一場境中的社會再製歷程，援引的觀點有批判社會學（critical sociology）、符號人類學（symbolic anthropology）、禮拜研究（liturgical studies），以及

儀式與表現研究（ritual and performance studies）。他批判微觀社會學對教室的研究，因爲其忽略階級、性別、權力動力，他主張將結構與能動力視爲文化領域的相關聯面向來加以探究（Lankshear, 1993）。

作者對儀式所採觀點：其所採的儀式觀點，乃在嚴肅認眞地看待權力與宰制的概念，並且論述作爲文化再製的儀式，其被建構爲一種團體之社會階級的符號與安置（situated）經驗。因此儀式被視爲一種政治事件，以及將學校宰制性文化資本（如合法化現存學校秩序的意義、品味、態度、規範體系）予以客觀分配的一部分（McLaren, 1993）。

從McLaren上述對階級、性別、權力等鉅觀動力關係的關注，以及將之與文化相連結的作法，可以看出其不同於俗民誌之靜態結構觀的作法，而顯示出批判俗民誌的核心關懷。Giroux的分析更突顯出本書的批判俗民誌政治性目的與批判意識型態，他指出本書的政治性籲求在於，一方面挑戰這樣的傳統假定：學校乃是發展民主與公平社會秩序的主要機制。另一方面，關注的焦點在於將此書視爲發展學校制度之批判與解放理論的表達。針對鑲嵌於各種顯現於學校生活各方面之儀式的意識型態，McLaren希望擊退與限制賦予該校勞工階級葡萄牙裔學生之生活意義的各種實踐，因而提供了對之的內省洞察（Giroux, 1993）。

全書架構如下，教育作爲文化體系、場境、順從之結構（the structure of conformity）、抗拒之反結構、形塑天主教（making Catholics）。第一章〈教育作爲文化體系〉乃以儀式與教育爲主軸，探究儀式、儀式與教育的關係；另一個重點在探討符號象徵。第二章〈場境〉則提供背景資料，鋪陳由大到小的場境，由較爲鉅觀的脈絡到微觀的，介紹教育與國家、與宗教的關係，在此大範疇下，進一步仔細檢視天主教對教育的觀點、天主教學校的特質等。而且試圖將學校置諸社會脈絡來檢視，如葡裔移民及其社會處境。

第二章中的「教育現場」小節，作者以其田野日誌鋪陳出研究學校的場境，包括宗教的符號、雕像，學生的問題、教師的嚴格、行政會議、教師觀點，學校含括的年級與制服、紀律問題等。「互動狀態」一節對各種狀態出現的時間、地點、表現出的形態、互動的方式，作者都詳加描述，

並且試圖解釋其意義。而且多半利用其田野日誌來具體呈現出其內涵。作者記下的通常是特殊事件，但是也有一般事件，特殊事件的部分通常會詳細記述，一般事件則陳述，偶爾舉例。第四章〈抗拒之反結構〉先概括性地論述「抗拒」以及教師觀點，繼之討論學生的外在表現，包含各種儀式、空間、時間、空間安排等，繼之分析其意義。

本書值得注意的觀點除上述的批判論述外，乃是McLaren主張的「自視為傻瓜的研究者」。他宣稱該研究的根基乃置諸於傻瓜脈絡（context of foolery），因為傻瓜經常協助我們瞭解極為顯見的事情。其更以Alfred Whitehead的話來說「傻瓜依據想像來行事，而非知識。」以及Enid Welsford所言「傻瓜的存在就是對事實之最終性的懷疑」（引自McLaren, 1993: 2）。這的確是很重要的一個角色，尤其是對批判俗民誌意欲打破視為理所當然之假定的目的而言。對比較教育研究者尤其重要，因其為比較教育的特質之一——去熟悉化。

此外則是他對「意義」的檢視。他主張，一如Geertz，本書要檢視行動的意義，而非其決定性因素。將儀式置諸其符號象徵行動的脈絡來檢視，也因此必須將儀式視為一種文化符碼的載體（carriers of cultural code，文化符碼如認知與姿勢訊息），其形塑學生的瞭解方式與感知。它們描繪的是學校文化的「表層結構」（surface structure）與「深層文法」（deep gramma），而這些象徵符號體系乃是由廣大的社會與宰制文化所滋養（McLaren, 1993: 3）。

實例三　McLaren《批判教育學導論－校園生活》

McLaren（1998）《批判教育學導論－校園生活》乃由蕭昭君、陳巨擘譯（2003）。該書乃是McLaren以往在加拿大一所小學任教時對教授班級所做批判俗民誌研究，其中記錄了學校與班級的師生互動。他則在此次的版本中加入了批判教育學的相關理論。

在本書中，McLaren主要將生命賦予學校，這個生命充滿所有各種動力與矛盾；充滿經濟根基，因此是具有階級面向的存在；具備政治的支持，因此跟權力結構關係密切；附著清楚的性別痕跡，因此在男性化、女

性化的議題上，充滿獨特性與衝突；建立在底層的意識型態上，因此在所謂生活方式的表相下，隱藏著一種生命與世界觀（Lenardo Boff第三版序，引自蕭昭君、陳巨擘譯，2003）。

就該書結構觀之，第一篇「破碎的夢、虛假的承諾以及公立學校教育的落敗」著重在描述弱勢族群學生的弱勢現況，以及相關的背景，如家庭社經環境、學校經費與制度、學生就學狀況等。要言之，是對其背景脈絡的描述。藉此，才能更清楚地將弱勢學生的弱勢處境置諸脈絡中檢視。而此一脈絡乃是全球化下的市場化、新自由主義趨勢。第二篇「走廊地區的吶喊：郊區貧民窟教學記」則是依照學期順序記錄學校與班級事件。雖然其並非詳盡與厚實的田野日誌，但卻含括了對話、姿勢、場景、互動，也包括了對學校周邊環境與家庭的記錄。雖然並非厚實的田野記錄，卻仍是讓整個教育場景的特質得以顯明化。而且作者將自己的感受也在其中一併呈現，也常常出現他的分析與反省。而且，看到的是：一個教師透過不斷的嘗試新教學策略、一再受挫，但卻開始對學生有更多瞭解，也打破既有的教育觀點框架，開展出適合學生特質的教學策略與教育觀點，例如賦予學生更多的學習責任。

第四篇「分析」可視為作者對該批判俗民誌研究的分析，包括黑人底層階級的種族階層化以及文化政治學抗拒，以及階級關係的再製。他在其中闡明「老師必須清楚地知道學業失敗，是如何受到結構性的影響以及文化的中介，這樣他們才能從學校內外一起努力爭取社會和經濟正義。」（蕭昭君、陳巨擘譯，2003）由此可觀其對脈絡之理解與分析的強調。

實例四　洪雯柔〈原住民母語教學省思——一個布農族國小族語教學的觀察〉

筆者於民國94年9月到12月間前往一所位於山區之布農族小學進行低、中、高三個年級之族語教學的參與觀察與教師訪談，該校學生98%左右為布農族。依據研究結果，該文先分析族語教學及其教學場域中的權力關係，繼之探究在此一權力關係脈絡中的母語教學困境。

就權力關係而言，族語教學的進行乃置身於種種交雜的脈絡中，該文

分爲三個層級的脈絡來加以檢視，分別爲從全球化、臺灣語言政策史，以及學校體系三個層次論述，以突顯出影響族語教學的交織權力關係。第一層次，分析族語教學在全球化中的邊陲處境與外部殖民關係，包括「經濟全球化脈絡中的族語教學—邊陲處境」與「英語帝國中的族語教學—外部殖民」兩個向度。第二層次，將臺灣語言政策歷史下的族語教學處境視爲鉅觀場境中的內部殖民關係。第三層次，學校體系內的族語教學乃是微觀場境中的內部殖民關係。

而在上述不平等權力關係脈絡中的族語教學，面臨的教學挑戰如下：族群文化的弱勢處境、族語能力認證規定的爭議、喪失文化根基的族語教學、族語特質有待凸顯的族語教學、有待符應學習風格的教學策略、師資培訓有待強化、課程規劃有待開發與統整、教材與教師手冊有待補強、班級經營有待加強、評鑑機制的建構有待考量、學校的協助有待強化、家庭與社區語言環境的貧乏。

最後筆者提出族語教學發展的可能性。此最末節並不針對族語教學的問題提出改進建議或解決之道，而是提出族語教學的可能性，亦即從觀念與實踐上提出一些筆者的淺見，希冀開展出族語教學的可能性視野與實踐，以供相關實踐人員（包含研究者、行政人員、教學者、學習者）之參考。

之所以提出「可能性」，一方面這只是來自筆者個人單向度的素樸思維，並未與其他實踐人員進行深入的「互爲主體」的對話，因此未能融合研究者、教學者、學習者、行政人員的多元觀點來建構出實踐措施；也並未將思維與實踐進行辯證性的實踐，亦即未能將思維所得加以落實或在實踐中修正的思維。也因之，筆者的素樸思維僅是一種「可能性」。另一方面，希冀藉由筆者的拋磚之舉，引發更多有益於族語教學之各種「可能性」的產生，創造族語教學的多元面貌。

批判俗民誌的方法論問題與回應—質化取向的問題與回應

在論及精神科學與自然科學的普效性時，Dilthey認為兩者的區分不在於對象範疇，也不在於認知形式，而毋寧說是兩者的內容，自然科學探討的自然事實係透過感覺經驗而指向外在之客體，精神科學所研究之精神事實係直接或間接植基於人類的內在經驗，研究內容不同，決定了方法上的不同特性。自然科學強調歸納與實驗，精神科學則重視描述、分析、比較。亦即，自然科學所研究之自然，必須先透過某種建構而探索其關係，而精神事實的關聯只能在內在經驗中直接體驗。這種體驗只有透過一種「移位」才有可能。所謂的「移位」即在他人之中複製、模仿其精神結構，也就是「理解」。自然科學與精神科學皆在於連結普遍化和個別化的知識，所不同者，自然科學傾向於通則化抽象化的認識，而精神科學則較強調個別生命之豐盈內涵（引自楊深坑，1988：134）。

Gallagher（1997）亦指出實證研究取向與質化取向（以詮釋學為例）的整體性差異：詮釋學觀點對於信度與有效性乃採用不同的規準，如強調特定脈絡、鼓勵理性溝通、整全性且整合的詮釋、建基於平衡互為主體共識上的客觀性，且強調研究者的互相會話與參與，而非尋求一種隔離的、獨立的客觀性。實證研究取向乃從特殊的教育經驗脈絡中抽繹某些變項並產出量化結果與通則，但是必須質疑這種概括的通則是否有其用處，因為它們乃是消除個別地域之特殊性的結果，是空洞的。

Margaret Diane LeCompte與Judith Preissle Goetz（1982）則更詳細地論及實證研究與質化研究的差別：

1.問題的形成

兩種研究的研究問題都包括對內容範圍的輪廓描繪、適切調查設計與

方法的選擇。差別在於趨近這些議題的方法取向，量化研究藉由控制或消除常數來檢視特定處遇的效果，質化研究如俗民誌強調在自然脈絡中各種變項間的互動交織。

2.目標的本質

質化研究強調理解，企圖系統地描述變項與現象的特質、產生與精鍊概念類別、發現與有效證明（validate）現象間的關聯，或從不同場境之可比較現象中產生之要素的比較。且通常避免假定一種先前的建構要素或關係。與上述相反的，量化研究則強調通則建構，實驗研究傾向於證立（verification）或檢驗發展自特定研究場域之因果命題。

3.結果的應用

量化研究之實驗、研究設計、半實驗研究的發現多半概括自（generalize）更廣大之母群體的隨機樣本，其結果則應用於該母群體。實驗者與調查分析員多半依賴設計控制、樣本數、相當性之假設（assumptions of equivalence）來合法化他們的推論。質化研究應用的目的在於發現結果的可比較性（comparability）與可轉譯性（translatability），而非推論到非調查的團體。可比較性與可轉譯性乃是實驗研究中有效概括推論的要素，他們對俗民誌研究的應用性也具有關鍵性。可比較性要求質化研究者必須清楚地描繪所研究團體的特質與所產生的建構要素，如此它們才能用以作為比較的基礎。可轉譯性則假定研究方法、分析類別、現象與團體的特質是一致的，以使比較得以進行。為了達到比較的目的，俗民誌選擇所欲研究的現象時，或者因為它們的相似性，或因為它們在特別的向度上有所差異。其意圖則是澄清、精鍊、有效化（validation）建構要素。

4.三角檢證研究設計

量化取向之實驗方法與質化取向之俗民誌研究的差異並未排除資料蒐集策略共享的合法性。俗民誌設計的三特質為以脈絡為焦點、理論的折衷取向、比較應用（comparative applications）。

從上述的論述以及本書第一與二章的論述，可以發現，源於自然科學與人文社會科學研究對象的差異，在進行社會科學的研究時，是否有必

要全然遵循自然科學實證主義量化研究的遊戲規則，有必要再思。此並不意味著量化方法的不可取，而是更應該考量人文社會科學研究對象的獨特性，而對研究發現的解釋有更多的背景脈絡瞭解與意義的理解。

Jordan與Yeomans（1995）等許多質化取向的學者甚至曾論及拋棄對科學的模仿，指出如果我們接受此一位置，意味著可以拋棄傳統俗民誌模仿科學及其效度、通則等相關概念的傳統焦慮。例如，與其採取紮根理論，其累積俗民誌或個案以用以產生跨社會脈絡的一般性（generic）解釋，我們能夠重新聚焦在社會關係作為當代資本主義中「一種進入體驗中（experiencing）之個體或多個個體的焦點中」。如是，每日生活的實際性（actuality），而非社會科學的概念性實踐（conceptual practices），成為批判分析的起點。

人類學家Roger Keesing曾指出，古典科學方法不適用於人類學，因人類學乃是價值觀、意識、觀察者效應、心靈的選擇性，因此面臨「互為主體性」的問題。人類學家無法使用客觀性工具（如測驗、問卷、民意調查、實驗等），他們沒有什麼好測量、計算或預測，他們的工作比較像詮釋文學作品（張恭啟、于嘉雲譯，1989）。對於田野實地研究的觀察與理解雖未必如文學作品的詮釋，但是有其不同於自然科學之處，人類學遂發展出以「真實性」作為檢視田野工作的規準之一。

Thomas（1993）則指出批判俗民誌的資料蒐集與分析有其科學基礎。批判俗民誌尊重標誌著科學特質的相同基本規則：邏輯（相同性identity、矛盾contradiction與排除中間性excluded middle法則）、可重複性、效度、信度、理論建構、其他特質。俗民誌僅是用另一種語言表達科學性，因為科學乃是一種思考的方式，而不僅是資料處理的技術。

對於批判俗民誌等質化取向方法的問題，以下將論及最受爭議的信度、效度與客觀性問題，亦針對質化取向與批判俗民誌的研究特質，探究理解與詮釋、批判反省、實踐性等問題。

一　信度問題（reliability）

　　信度與效度被視爲科學的規準。俗民誌研究者發展了一些技術，例如分析歸納（analytic induction）、理論性抽樣（theoretical sampling）、三角檢證、漸進式聚焦（progressive focusing）、反省性，以增進其資料的信度與效度（Crossley & Vulliamy, 1984）。

　　信度要求運用相同方法的研究者能夠獲得與先前之研究相同的結果。對於關切自然（naturalistic）行爲或獨特現象的俗民誌與批判俗民誌研究者來說，這是極度困難的問題，因爲資料與研究歷程的本質，因爲呈現研究發現的常規（convention）、訓練研究者的傳統模式。詳言之，其一，資料類型與研究歷程本身便排除掉在實驗研究中基本的標準化控制。實驗設計所需要的現象操控，則會扭曲自然事件。其次，研究發生在自然情境，記錄變遷歷程。因爲獨特情況無法被精確地重新建構，即使研究方法精確地複製了，仍無法產生一樣的結果。因爲事件無法被複製，其獨特性與獨有性（idiosyncrasy）可以導出這樣的宣稱：沒有任何俗民誌研究能夠被重複。但是建構要素的產生、精鍊、有效化不必然需要情境的重複。再次，俗民誌歷程亦是個人性的（personalistic），沒有一個俗民誌者工作的方式與其他人一樣（LeCompte and Goetz, 1982）。

　　雖然批判俗民誌等質化研究有上述特質，但是其仍可使用不同方法或資料來加以檢證，達成其可信度。Denzin（1978，引自Ballantine, 2001: 21）提出的三角測證法可提供研究者參考，其分爲四種基本類型：資料三角測證（在研究中利用不同來源的資料）、研究者三角測證（使用不同的研究人員或評鑑人員）、理論三角測證（使用多種觀照取向去詮釋一組資料）、方法三角測證（以多種方法研究一個問題或方案）。

　　以下，則是其他學者對獲致外部信度與內部信度的建議，也可供研究者卓參。

（一）外部信度

　　就外部信度而論，因爲現象之獨特性或複雜性、俗民誌歷程之個人

性本質，俗民誌研究只能「趨近」而非「達成」外部效度。LeCompte與Goetz（1982）指出其趨近的方式在於認知與處理五大主要問題，即研究立場、關鍵訊息提供者的選擇、社會情境與條件、分析性建構與前提、研究蒐集與分析方法。

1.研究立場

由於訊息流（flow of information）有賴研究者在所研究之團體中所採的角色、以及該角色所適合之知識，因此沒有俗民誌者可以重複另一個研究者的研究發現。Barney Glaser與Anselm Strauss（1967，引自LeCompte and Goetz, 1982: 37）指出這些資料的片段仍有助於對團體生活之全景的瞭解。由於俗民誌資料有賴研究者與研究對象的社會關係，研究報告必須清楚地辨識研究者在該受調查之團體中的角色與地位。

2.關鍵訊息提供者的選擇

不同的關鍵訊息提供者再現不同的建構要素，提供研究者接近某些人或訊息的路徑。此外，必須認知到，關鍵訊息提供者通常並非該團體的典型性人物，因為能夠訴說研究者聽得懂的語言、能夠瞭解俗民誌者所使用的分析類別、對自己生活具有回顧與洞察力的人，在團體中通常不多。處理關鍵訊息提供者偏見的方式多半是小心描述那些提供資料者，包括與研究者相關的私人向度、對該團體之關鍵訊息提供者與他人重要的面向。外部信度要求對擔任關鍵訊息提供者之類型的小心描繪，以及選擇時的決定歷程。

3.社會情境與條件

影響俗民誌資料之內容的第三要素乃是社會脈絡。如在場者的不同會影響人們所說和行動。描述資料蒐集脈絡中的物理、社會、人際脈絡乃能增加俗民誌研究的信度。

4.分析性建構與前提

重複需要明確辨識出支持分析方法與專門用語的假定、後設理論。建構編碼類別乃是資料分析的第一步，分析單位則應該清楚辨識它們從何時開始、結束，何時適合，哪些變項形成資料蒐集與分析的架構等。

5.研究蒐集與分析方法

俗民誌者試圖清楚地呈現他們研究所使用的方法、研究設計與方法論,以使其他研究得以重複。

（二）內部信度

就內部信度觀之,LeCompte與Goetz（1982）指出俗民誌者通常使用五種策略來減少其威脅,分別為低度推論的描述（low-inference descriptors）、多位研究者、參與研究者、同儕檢視（peer examination）、機械化記錄的資料。

1.低度推論的描述

田野記錄可區分為兩種方式。低度推論描述的文字要儘可能具體、精確,是所有俗民誌研究皆須達成的,其包括對人們所說話語的逐字記錄、對行為與活動的敘事。第二種類別則是混合高度推論之詮釋評論的記錄,其隨分析基模而變。

2.多位研究者

俗民誌研究通常非常耗時、耗力、耗財,對單一研究者如此,對多位調查員的小組更是如此。

3.參與的研究者

許多研究者獲得地方關鍵訊息提供者的幫助,得以確認觀察者所見與所記錄者是否與研究對象一致。有時候參與者會擔任仲裁者的角色,糾正研究者的錯誤感知與錯誤詮釋。其他研究者與參與者建立伙伴關係,保持一種二元的說明。更常見的是,研究者請特定的訊息提供者回應其分析或處理的材料。

4.同儕檢視

研究者通常有三種處理方式:(1)俗民誌者將其他田野工作者的結論與描述併入他們的報告中,當不一致性出現時,加以解釋。(2)從多場域中獲得的發現結果可能被分析與整合。獨立產生或確認的結果能用以支持觀察的信度並促進結論的跨場域效度。(3)研究結果的出版提供同儕檢視的材料。

5.機械化記錄的資料

此乃指稱以錄音/錄影等器材所記錄的資料。

二 效度問題（validity）

Shön（夏林清、洪雯柔、謝斐敦合譯，2003）指出，傳統上有三種檢驗方式被用來決定命題的效度：符應（它與事實相適配嗎？）、一致性（它是否以內在一致且強制的方式達到和諧一致？），以及實用主義（pragmatism，它是否行得通？）。俗民誌者對效度問題的經典觀點：試圖達到研究者的與俗民模式（folk-models）間最高的符應性，接著試圖找到並未扭曲原始資料的系統化。為達此要求，研究者有義務遵循某些研究實踐的規定與建議，如尋找反例。然上述這些作法並未使俗民誌取向不再受到批判，它們被批評為故事訴說、新聞報導、為前導型研究鋪路等。俗民誌者對此一問題的解決方式之一是忽略效度問題，將效度的追求視為「實證主義」執迷（Terhart, 1985）。

Ewald Terhart（1985）反對上述相對主義觀點，強調批判傳統的客觀性（objectivity）或效度概念並不意味著我們不需要找一個方法來確定研究結果並非只是夢想、主觀想像與期許，而真的對他人有價值，包括被研究對象。筆者亦持此觀點，不符應實證主義的效度觀，並不意味著質化研究不需要有一套檢驗的機制與標準。

有關效度的探究，Anderson（1989）從三個角度來檢視批判俗民誌研究的效度：1.批判俗民誌者志在產生洞察內省、解釋事件、尋求瞭解。批判俗民誌者不同於俗民誌者在於，他們宣稱研究對象的重構乃被意義所滲透，這些意義乃在維持他們的無權力性（empowerlessness）。2.批判俗民誌者致力於從家庭、階層、政治、經濟等脈絡中整體性地進行分析描述。3.批判俗民誌學者關切的是揭開宰制性社會建構及其所代表的利益、帶有轉化社會之目的的研究、解放個人使之免於宰制與壓迫之源。Lather則提出行動啟動效度（catalytic validity），從研究能否喚起Paulo Freire所謂的意識覺醒（conscientization）來判斷其效度。

　　LeCompte與Goetz（1982）則指出高效度可能是俗民誌研究的主要優點：1.俗民誌者長時間與被研究者共同生活實踐與蒐集資料，此給予研究者有機會獲得連續資料分析與比較，以精鍊其建構要素，並確保科學類別與參與實在間的吻合。2.俗民誌主要資料來源的訊息提供者訪談，其更接近參與者的實徵類別，而且較諸其他研究設計所使用的工具更不抽象。3.俗民誌者的第二個關鍵資料來源，參與觀察，乃在自然環境中進行，其反映了參與者生活經驗的實在，較諸其他經過設計之情境更為精確。4.俗民誌分析併入研究者自我監控的歷程（稱為自律主觀性，disciplined subjectivity），其將所有研究階段都披露於持續的質疑與再評鑑中。

　　以下將內外部效度分別觀之。

（一）內部效度

　　就內部效度而論，其界定：參與者與研究者之間共享對概念類別（category）的意義。Donald T. Campbell與Julian C. Stanley（1963）、Thomas D. Cook與Campbell（1979）描述實驗研究面臨的內部效度問題，其所指出的威脅也同樣出現在俗民誌研究，只是問題不同、處理方式也不同。這些威脅包括歷史與成熟（maturation）、觀察者效應、選擇與回歸（regression）、虛假（spurious）結論（引自LeCompte and Goetz, 1982: 44）。

1.歷史與成熟

　　當歷程與改變乃是研究的焦點時，受觀察之現象在初始情況與後續觀察之相同程度會受到注意。整個社會景象中的變遷乃是實驗者稱為歷史的；包括了進步發展的變遷則被視為成熟。俗民誌者假定歷史會影響所蒐集資料的本質，而且該現象鮮少是常態的。俗民誌任務在於發現資料穩定與變遷的基線。俗民誌者長期居住在田野，運用訊息提供者重建、各種文獻中的資訊等，他們可能定期重訪該場域以確證各種現象的時間依賴本質（time-dependent nature）。

2.觀察者效應

　　當訊息提供者逐漸依賴研究者而獲得地位之提升或心理需求之滿足

時，直接觀察者效應（direct observer effect）會發生，俗民誌者的處理方式是建立幾種關係、逐漸抽離與訊息提供者的關係、加入對他們田野之地位與關係的回顧分析等。然而，意圖保持一種中立立場也可能帶給研究者另一種扭曲，保持距離可能破壞和諧密切的關係，而導致訊息提供者產生冷漠或敵意。參與者可能表現失常、月暈效應、訊息提供者報告的可信度等都是研究者必須考量的。

此外，伴隨長期且密集研究的問題有二：(1)對研究場境產生研究倦怠（research exhaustion）或飽和（saturation），發生在調查不再揭露更多新的建構要素時。當俗民誌者如此熟悉情境，以至於新的或差異的資料不再可觀察到了。(2)與此相關的則是「變成本土人士」（going native）的古典問題：俗民誌者參與團體的程度如此深，使他們不再能夠與該團體維持足夠的距離以扮演客觀觀察與分析的角色。有些研究者認為此時應該終止研究，有些建議短暫撤退以去熟悉化，且重新確認原先那個疏離研究者的地位，也給參與者緩衝時間。

就研究者自身觀點的影響而論，其一為研究者必須對抗他們自己的我族中心主義與感知偏見。透過Wax所提到的研究者再社會化（resocialization），俗民誌者搜尋團體對特定現象的觀點與意義，出現局外人——局內人二元認同，其允許了對參與世界的真實呈現（authentic presentation）（LeCompte and Goetz, 1982: 47）。其二為學科偏見：雖然社會文化理論與分析模式提供俗民誌者監督自己身為參與團體一員與科學社群成員的觀點，但是來自學術訓練的偏見可能扭曲了資料。

3.選擇與回歸

在實驗研究中，對選擇與回歸效應（regression effects）的控制企圖確認處遇與控制團體間的差異乃由處遇所引發，而非團體原本具有的差異。俗民誌者的確面對由於挑選參與者與訪談訊息提供者所產生的資料與結論扭曲的問題。Rosalie Wax強調多種參與者的策略，篩選變成一個重要且嚴重的問題。對田野中次級團體、派系、事件、社會景象未能完全且適切地探究，可能導致所發現的結果僅能代表特定參與者與特殊現象。其中，邁向異國風味而非日常所見的趨勢可能影響俗民誌者關注的事件

與活動。Bud B. Khleif（1974）與Erickson（1973）建議運用矛盾個案分析（discrepant case analysis）、經常質疑共同假定的意義、跨文化資料與個案的比較（引自LeCompte and Goetz, 1982: 48）。此外則是抽樣策略，因為多數俗民誌者研究人類團體的特色與行為，而非特定處遇的效應，俗民誌對象多半因為與特定興趣的相干性而被選擇。Barney G. Glaser與Anselm Strauss（1967，引自LeCompte and Goetz, 1982: 49）運用理論抽樣（theoretical sampling，即選擇與理論建構要素相干的資料來進行蒐集）、跨訊息提供者的訪談（cross-informant interviewing）等有助於確保外部效度與內部效度。

4.虛假結論

所觀察之現象中的關係有可能是虛假的。消除多種相抗衡之假設的方法在於控制威脅內部效度的因素，也要求對俗民誌資料有效且有效率地獲致、對另類資料來源的謹慎運用。參與者對事件的解釋乃是俗民誌者檢視的重點。長時間待在研究田野可能有助於尋求原因與後續發展。

（二）外部效度

就外部效度而論，路徑問題可能排除了隨機樣本的使用，研究者只能觸及特定團體而非整個母群體。選擇場地的規準：研究者選擇場地的規準不同於那些產生代表性、隨機抽樣的要求，這些情況的目標在於發展研究發現，其用於與其他團體比較與對照（LeCompte and Goetz, 1982）。

源於上述問題，威脅俗民誌研究發現之外部效度的因素乃是那些阻礙或減少研究之可比較性與轉譯性的因素。田野工作者的問題在於闡明Wolcott（1973，引自LeCompte and Goetz, 1982: 51）所謂的現象代表性（typicality）的概念，或在多大程度上它與其他現象之相干面向間的比較與對比。外部效度有賴對這些現象之特質的描述與辨識，以與其他類似類型進行比較。一旦現象的典型性建構了，比較的基礎便可提出。

LeCompte與Goetz（1982）指出影響跨團體比較之可信度（credibility）的四個因素：

1.選擇效應（selection effects）：有些建構要素無法跨團體比

較，因爲他們是特定團體獨有的或者因爲研究者錯誤地選擇不包含該建構要素的團體。可資對應的策略是研究者一開始的任務在於決定類別與該團體之實在之間的吻合度。

2.**情境效應（setting effects）**：僅是研究某個團體、文化或情境，研究者都在某種方式上影響它。在某一脈絡產生的建構要素可能無法與其他脈絡中的進行比較，因爲它們乃是脈絡在調查中所產生的功能（function），而非只是脈絡中的一部分。反應性的觀察者效應（reactive observer effects）在跨團體比較進行時一樣嚴重。觀察者情境互動效應（observer-setting interaction effects）亦爲影響之一。對情境的過度飽和是此一問題的第二個面向。它與團體歷史有關，這是威脅外部效度的第三個威脅。持續吸引社會科學家調查的團體或文化可能會與沒有相關經驗的團體或文化不同。

3.**歷史效應（History effects）**：跨團體的建構要素比較可能因爲團體與文化的獨特歷史經驗而無效（invalid）。然而，謹慎辨識造成差異之歷史變項與後續矛盾個案的比較，都證明成效卓著。

4.**建構效應（construct effects）**：Cook與Campbell（1979）所謂的建構效度（construct validity）乃是抽象名詞、概括推論、意義在跨時間、場境、人群中共享的程度。第二個定義則是所觀察之現象的效應被理解的程度。

Carspecken用以支持批判俗民誌實踐的認識論乃來自Habermas的批判理論，其採取實用主義的眞理觀（pragmatic theory of truth）而非經驗主義（再現）理論，因此得以避開再現的危機（crisis of representation）（Carspecken, 2001: 7）。換言之，此一宣稱是否爲眞，取決於該陳述是否有能力贏得該文化社群的共識。談到「眞理」，應該關注其是否能夠取得共識所必須滿足的有效性條件。眞理宣稱應該轉爲有效性宣稱。Carspecken得自Habermas的靈感，將有效性宣稱分爲三種範疇：1.客觀性範疇（「這個」世界），各式各樣的觀察者都可以透過觀察的進路而得以觸及這些實體。2.主觀性範疇（我的、他的、你的世界），外界的觀察者對這些狀態是無法直接接觸的，觀察者能揭露的並非主觀狀態的顯露，而

是主觀狀態的再現。3.價值宣稱的合理性範疇（「我們的」世界），是與「共享的意義」有關的範疇（鄭同僚審定，2004）。

而Carspecken對增加批判俗民誌效度的建議如下：1.檢核訪談記錄的一致性：受訪者在自我陳述時是否保持一致，乃是檢視誠實與正確與否的一種方法。接下來的步驟就是回訪受訪者，看看他如何解釋。2.如果研究設計允許，對同一個受訪者進行反覆訪談，以利檢查資料的一致性。3.檢查觀察記錄和訪談記錄之間的一致性：研究者經常會針對所觀察到的事情，或是與該等觀察有關的事項，在訪談時提出來鼓勵受訪者就此談論。以檢核兩者之間的一致性。4.使用非引導性的訪談技術。5.藉助同儕檢核法以檢查可能存在的導引。6.使用研究對象檢核法。7.鼓勵受訪者在訪談與解釋時使用他們在自然脈絡裡的用語（鄭同僚審定，2004）。

三 理解與詮釋

Keesing指出，人類學與其他學科類似的處境是，「觀察研究」和事件本身的不確定性與不可觀察性有根深蒂固的矛盾之處，人類學所面臨的困境比想像的要更普遍存在於其他學科。此外，人類學的問題主要在於研究者曲解事實的問題，因為他們必須隔著一道文化鴻溝去溝通與領會（張恭啓、于嘉雲譯，1989：21-24，24-25）。批判俗民誌由於具有俗民誌的特質，因之也面對同樣的問題。尤其批判俗民誌的研究與比較教育研究一樣，往往以其他文化群體為研究對象，「跨文化」的理解與詮釋乃是最大的挑戰。

E. Tehart更進一步談到質化研究者復面對以下和理解與詮釋相關的問題：1.有這樣的論點，跟社會實在的直接與密切接觸被破壞了，因為研究者及其研究對象之間存在著先前存在的範疇分類體系（categorization system）或一套引導注意力的假定。所以整個歷程是自我賦予效度的（self-validating）。2.此種與「真正」社會生活的分隔將導致一個人工的、對研究對象之人工模式的建構。如果運用了這樣的研究結果，可能使行動者的原始生活脈絡被「殖民化」（colonize），並且破壞他們的生

活世界。3.今日少有所謂陌生文化的存在，研究因此喪失其細緻性與特質．（Terhart, 1985）。

這個框架，不僅是質化研究者的框架，也是比較教育研究者的框架。一如Neil Huffton、Julian G. Elliott與Leonid Illushin（2003）他們所說，如何界定教學的國家模式，端看你從什麼角度、切入什麼面向。如何理解與詮釋跨文化的觀察所見，因此一直是備受爭議的議題。對此，對於情境中互動的觀察，或許可以藉由與參與者（研究對象）進行互為主體性的對話來趨近，亦即，研究者將其觀察所見在平等與交融的情境中和參與者共同討論，建立共識。而對於結構面之影響的分析與理解，則可藉由多層次（微觀與鉅觀）與多角度（如經濟、社會等面向，或不同參與者之視野）來加以檢視[1]。

Terhart則從研究者觀點之必然性的觀點切入。他與許多質化研究者持有類似觀點，認為研究者並非被動的錄音機，不可能不帶任何概念地看待事物。此外，質化研究取向的目標便在於透過行動者的雙眼來觀看世界，換言之，研究者必須參與社會實體中獲得第一手資料與瞭解（Terhart, 1985）。而「參與」本即強調研究者對情境的投入與深入理解，與抽離的客觀觀察不同。因此Erickson（1979，引自Terhart, 1985: 454）提醒我們，俗民誌「只是俗民誌」。它產生對現存之微觀文化的系統化或圖像。但是它總是不同於它所描述的那個真正實在。

除上述外，研究者在理解與詮釋現象與行為時尚有許多考量面向。其一為行動者所要強調的內涵，且這並非完全等同於語言的內涵。採取適當的身體姿勢、合宜的語調、適切的手勢、運用恰當的眼神，這些組成元素都成為協調有序的一個整全且有意義的行為。其二為行動者所持的一連串複雜的假設，其中包括了對於知識、信念、價值觀等的假設，而且這些假設乃是言說行動者與互動對方所共享的。其三為角色，角色基本上是意義

---

[1] Carspecken（1996）有專書討論批判俗民誌方法的運用，乃是其與同僚多年實務經驗的分享，以及企圖建構批判俗民誌方法論的論述。國內有中譯本，鄭同僚審定（2004）《教育研究的批判民俗誌－理論與實務指南》。

的一種語用單位，對角色的理解是整全性的，而且唯有以如此的理解，才得以恰如其份地演出（鄭同僚審定，2004）。其四則是權力關係的影響。

Thomas（1993）則剖析批判俗民誌者可能面對的陷阱，並且提供一些解決之道，以對研究對象有更為「真實的」理解與詮釋：1.僅看見與目的有關者：對此，回應技巧乃是避免加諸意義於資料上，仔細傾聽資料對我們的發聲。2.運用概念陳詞：回應方式是避免行話。當撰述結果時，落入「行話陷阱」，可能導致誇張宣稱與扭曲的結論。所有俗民誌都應該闡述，而非宣稱；而最好的俗民誌僅是描述，而讓讀者在此基礎上評價結論。3.將熱情置諸科學之前：批判俗民誌的目標在帶入與主題有關的資料，而非攻擊偏好的目標。好的俗民誌允許讀者從資料中得出結論，因為除非資料能夠向議題與閱聽眾清楚發言，否則其無實際意義。4.在可論證的（demonstrable）證據外做出宣稱：解決之道在避免過度概括，但是在結論一節中謹慎結合廣博的議題與進一步研究方向則是適當的。5.以高聲大叫取代理性：應該避免強烈抨擊，而且如果一個論點無法被經驗性地闡述，則其不應該被宣稱。6.撰述對象僅為投入者：記得所有的閱聽眾，而且我們最後的報告隨著我們撰述的對象而不同。7.忘記俗民誌計畫：解決方式為理解與欣賞差異，因為其意味著打破共識與將不熟悉物體置諸新脈絡，我們便能獲得對所研究之文化的內省洞察，也激發我們以新方式思考我們自己的文化。批判俗民誌因此是解放的。8.將我們自己視為既定的（given）：技巧在於反省地發現我們是誰。研究者乃是研究歷程的一部分，而我們必須總是意識到我們如何影響與形塑我們所研究的文化，也要意識到我們自己如何被研究過程所影響。反省性理解（reflexive understanding）是一種自我對話的形式。當我們的觀點改變，我們研究的焦點也改變，因為新觀點開展了提出問題與暫訂答案的新視野。

有意義之行動所涉及的意義是在整全的理解之下被掌握。必須透過反思之類的行動，才得以將這些整全理解之中的組成元素予以區辨，成為顯明化的表達（鄭同僚審定，2004）。

Carspecken（鄭同僚審定，2004）則建議運用長期投入，以期研究者儘可能取得局內人觀點，而有更深入的意義理解與詮釋。另一個有趣問題

是權力與知識的關係。假定研究者與研究對象間的權力儘可能平衡，彼此的互動條件達到「理想言說情境」，在此情境下，雙方對於溝通互動以至於知識建構的貢獻趨於平衡。研究者必須透過與研究對象的文化視域相接觸，從而調整自己的文化視域。在此，研究者就必須進入詮釋循環，而且不斷重複這種循環，以帶出局內人觀點。

　　人際歷程回想法心理學家Norman Kagan所發展的，目的在於產生訪談性資料。除此之外，他也嘗試播放人際互動的錄影帶給當事者看，然後讓他們針對任何他們選取的事件片段加以評論，並從中探索這樣的方法在治療與教育上的各種可能蘊義。有助於釐清默會的文化材料，以及促進主觀材料的表達（鄭同僚審定，2004：237）。事實上，這就是Tobin所使用的方法，只是他更將方法複雜化，以適用於比較教育的跨文化特質，也解決代表性的問題。

四　批判反省性（critical reflexivity）

　　Erickson曾建議以批判效度（critical validity）取代一般量化研究的效度（引自Anderson, 1989: 254）。而一般論及批判俗民誌的效度與真實性時亦會論及與之相關的反省性，或反省理論與資料關係，或研究者對資料蒐集的影響，或為研究者反省其自我的偏見，或反省結構/歷史動力與人類能動性的辯證關係，或將讀者的回應納入考量（Anderson, 1989）。

　　Gary L. Anderson（1989）總結批判俗民誌中的反省，指出批判反省性包含了下述要項間的辯證關係，即研究者的建構（constructs）、訊息提供者的常識建構、研究資料、研究者意識型態偏見、形塑社會建構的結構與歷史動力。然而，如何落實反省性？他建議：合作研究方法與行動研究方法，因為研究者與被研究者間對研究結果的協商有助於反省性的進行。

　　就研究者本身而論，其工作在瞭解田野中的「他者」（the other），研究者自己的生活史將這些他者「賦予意義」（make sense）的方式便具有關鍵重要性。換言之，研究者從什麼角度去看待他者的某些事件？Lois Weis（1992）因之主張所有的學者都必須知覺到他們個人生活史與他們工

作的互動方式。她更提出，瞭解自己的觀點在任何研究情境中都是重要的，在處理與我們自己文化不同的情境中尤其如此。這是很重要的：誠實面對我們自己所來自的理論與個人來源。Carspecken所建議的同儕檢核法與研究對象檢核法都是檢查研究者之注意力與觀點之偏向的方法（鄭同僚審定， 2004）。Louis M. Smith（1978）則發展一套「詮釋旁白」（interpretive asides），是觀察記錄中的內省洞察，其不同於在現場的「田野記錄」，以區隔二者。

在關鍵訊息提供者的部分，質化研究的研究者在極高的程度上依賴關鍵局內人，但這些人必須加以慎選（Weis, 1992），研究者也必須掌握該關鍵訊息提供者在其場域中所扮演的角色、人際關係等，以更加批判地檢視其所表達的意見。

就研究者與被研究者間不平等的權力關係觀之，Carspecken建議執行研究對象檢核，其乃是平衡以平衡權力關係。其亦提出減少權力扭曲的程序：1.儘可能依循參與者的知覺來建構基礎記錄。2.事件的描述有衝突時，將所有描述都納入基礎記錄中。3.與對象研究者建立支持而非權威的關係。積極鼓勵他們對你自身的觀點提出質疑，確定這些參與者受到保護，免於因你的研究而可能會產生任何傷害，並確知他們已經知道自己受到保護（鄭同僚審定，2004）。

五 客觀性

1970年代標準的教育研究教科書指稱經驗科學方法為適當的方法論。關於經驗科學方法或傳統的重要要素乃是效度、預測與客觀性，以及對科學方法之中立性的相信，認為客觀觀察可以概括為科學法則（Gallagher, 1997）。

實證主義者相信持「價值中立立場」（value-free position）才能進行客觀觀察，Morrow（1994）將之分述如下：1.優質的社會科學是不帶研究者本身的價值關懷的。2.規範理論建構僅是信念的層面，因此與屬於嚴謹科學的經驗理論並無邏輯關係。3.社會研究的價值問題受到承認的範圍僅

侷限於研究對象之相關問題，而排除「倫理」問題豐富的意識型態意涵。因此，研究者的主體性應透過「解個人化」（depersoalization）與解脈絡化的行動來予以消除。

詮釋學者Gallagher（1997）對實證研究方法所謂的中立性提出批判，指出，研究過程中充塞了研究者的「抉擇」，這已帶有研究者自身的偏見，而研究者所接受的各種科學定義也已帶有偏見，凡此種種，皆宣稱中立性的不存在，反而因執著於中立性而阻絕了某些類型的知識。

Thomas（1993）主張「客觀性」不意味著不帶有偏見或研究者觀點，或盲目地接受研究對象所報告的心理狀況。M. Weber認為這只意味著研究者應該「中立地」接近主題，而非預先判斷或加諸意義或詮釋。而這並不意味著Weber覺得科學家不應該在形成與落實價值觀上扮演角色，他有著「責任倫理」（ethic of responsibility）的概念（引自Thomas, 1993: 22）。

Carspecken則主張中立研究指涉的是不受權力關係扭曲的經驗研究。這暗示著有人類普遍關注的臨界點（limit point），而不意味著進行社會研究就可以或應該排除價值取向。研究的行動總會受到價值觀的驅使，但是研究者對有效性的宣稱必須符合某些標準，以避免偏見（鄭同僚審定，2004：11-12）。

Carspecken（鄭同僚審定，2004：129-130）亦建議支持研究者客觀性觀察的技巧：1.三角檢證法：利用多種記錄的設施及多位觀察者，如筆記、錄音、另外一位觀察員。2.使用彈性的觀察時程表：如優先觀察法。3.運用長期的投入以減少霍桑效應：經常回到研究場地，多花時間在那裡。有助於客觀宣稱，因為研究對象習於研究者的存在，比較能夠適應並表現得自然。4.撰寫記錄時使用低度推論的詞彙：如使用括弧及觀察者評論。5.同儕檢核法—檢查在注意力與遣詞用字上可能發生的偏向：開始基礎記錄不久後，就可邀請一位研究伙伴或同儕閱讀你的紀錄資料，檢視你是否忽略了某些特定的人，或是對某些人投注太多關注，或者使用了高度推論而不恰當的字眼。6.研究對象檢核法—檢視研究對象是否同意記錄的翔實度：儘量彈性使用。

六　社會實踐性

Jordan與Yeomans（1995）指出，批判俗民誌作為一種激進教育實踐形式，其落實是有問題的。他們因此提出反省性唯物論（materialist）取向，其尋求揭露與投入當代資本主義每日生活中的「真正有用知識」。Philip Wexler（1987，引自Anderson, 1989: 262）指責批判俗民誌者對其研究之生活的旁觀態度，認為應該採取行動，應用教育研究的結果以改善教育現況。

Jordan與Yeomans（1995）承認批判俗民誌對於理論生產領域的貢獻極大，且有著重要的實徵研究貢獻，且成為大學中質化傳統的一部分。然而，問題在於，它是否對於討論會議外的生活有重要影響，是否發揮其社會實踐的目標？因為批判俗民誌宣稱他們的工作必須從其在較大社會團體範圍中發展批判意識的角度來加以估量。

Jordan與Yeomans（1995）認為批判俗民誌要在落實其實踐主要有兩種困境：1.批判俗民誌者如何與她所屬之領域的其他人員進行對話，以說服他們持續運用她的方法論與田野方法。出版文章、書籍、會議中發表文章等機構實踐都有其用處，但卻也是有其限制性的策略。簡言之，批判俗民誌必須決定其所欲傾訴的聽眾，以及藉由何種方法有效地達成目的。2.更重要的是，藉由參與者──被觀察者關係所建構之對話的問題。雖然批判俗民誌者主張從由下而上之觀點來呈現事實，其實踐者卻來自學術象牙塔。對於希望投身他者以形塑、產生與傳布知識來達Paulo Freire所謂之意識覺醒（conscientisation）目的的批判俗民誌者，這帶來問題。問題在於如何確保其揭露權力與宰制源頭的研究發現並未在研究場域中受到破壞。

Jordan與Yeomans（1995）遂進一步提出兩種取向以解決問題：

其一為「有用知識」取向：此取向將19世紀初期「真正有用知識」的概念與批判俗民誌連結。此概念來自勞工階級激進份子在大眾教育出現前意欲建構獨立教育形態的概念。其有四要素：1.對立於國家教育形態。2.使得關於自我教育的另類學習實踐得以進行。3.前提乃是「教育、

政治、知識與權力」。4.焦點在於自主性教育實踐的形成。要之，其來自對每日世界之實際性的深刻內省與批判，是對立於霸權的，並提供可行的另類方案，其也允許學生知識與經驗形塑教學、學習與評量的可能性。批判俗民誌不僅尋求與建設性地投入此類實踐，也應該支持他們的傳播。此類研究具有恢復真正普及之社會意識之形態及其所產生之社會實踐的可能性，也開展出重新建構社會與政治理論、批判俗民誌的可能性。為了創造真正有用的且批判俗民誌性的實踐，僅是「鼓勵自我反省與對被研究之個人的深刻瞭解」（Lather, 1991; 引自Jordan & Yeomans, 1995: 401）並不夠。他們強調能夠維持生存之技能，因為它不僅是批判性常識的來源，也是用以生產此種知識的每日方法。

　　Jordan與Yeomans（1995）建議發展俗民誌之解放形態的第二取向乃更多來自當代行動研究的概念。他們認為行動研究最重要的要素乃是研究者與被研究者間之關係的重新界定，其將會消解兩者間的區隔，且避免了存在於某些形式批判俗民誌者中的特權。這並非意味著在行動研究中批判俗民誌者的專家技巧沒有發揮空間，而是此種專家知識不應被特權化而將其他參與者帶入教育遭逢中之技巧、經驗與知識置於一旁。

　　此外，Anderson則建議批判俗民誌發展的三方向，筆者認為這三方向或能協助更進一步的社會實踐行動之落實，或能打破意識型態而啟發意識的覺醒與解放行動，也是改善批判俗民誌研究的整體性建議。

　　Anderson（1989）的建議如下：1.擴展與改變分析的焦點場域（locus）：Wexler批判俗民誌未回應變遷、反歷史，因其未能聚焦在較廣博的社會轉變（如後工業主義）與社會運動，也無法聚焦於歷史上獨特的「地方性」制度重整。復以其太過聚焦於場地獨特性，而忽略教育基礎建設與社會制度動力等面向，也忽略現今日益重要之大眾論述、個人形塑與動機之間的關係。這些都是有待擴展的分析焦點。2.增權賦能給訊息提供者：藉由口述史、訊息提供者之敘事、合作研究等方法來達成訊息提供者之意識覺醒、發聲、對話、行動，進而增權賦能，轉化為社會實踐。3.批判性的意識型態：批判俗民誌者多探究鉅觀分析，認為微觀分析欠缺整體性觀點而未能揭露社會行動者所置身的社會情境；且批判微觀俗民誌者將

　　決策者的關注焦點導向個人變遷而非社會結構變遷。然而，批判俗民誌者的此一取向使其未能關注到語言所顯示的權力與社會變遷交織的社會現象，Anderson遂建議採用微觀與鉅觀兼有的多層次分析與論述分析，以批判地進行有關溝通的俗民誌研究。

　　本章論及批判俗民誌的理論基礎與概念、應用，繼之討論批判俗民誌方法論的問題與解決之道。

　　其理論基礎包括微觀社會學、現象學、俗民方法論、符號互動論、批判理論，並論及俗民誌方法。重要概念則分別介紹了文化、脈絡化、理解與詮釋、批判反省性、社會實踐（解放、增權賦能與社會行動）。筆者並舉採用批判俗民誌取向進行之教育研究爲例，以使讀者更易瞭解批判俗民誌的特質與應用方式。至於方法論問題，本章論及的有信度問題、效度問題、理解與詮釋、客觀性、社會實踐性等幾個面向，也一一對應地提出改善這些問題的建議。其大要則在三角檢證、互爲主體的理解與詮釋，以及批判地與研究參與者維持平等對話的關係（理想言說情境），也批判地檢視研究者本身的觀點與研究歷程。

第四章
比較教育研究中的批判俗民誌
——1984

　　承襲前一章對批判俗民誌的一般性探究，本章聚焦於探究比較教育學者對批判俗民誌的論述，且一併論述跨文化與多場域俗民誌，因為其在性質上頗為接近比較教育研究，能夠提供進行跨文化比較的俗民誌研究時的參考。繼之則以比較教育研究中的批判俗民誌與俗民誌研究為例，說明批判俗民誌可對比較教育研究產生的貢獻。以比較教育中的俗民誌為例，而非以批判俗民誌為例，乃因將批判俗民誌運用於比較教育研究者有限之故。

第一節　比較教育學者的批判俗民誌相關論述

　　繼Masemann（1976）將人類學取向引入比較教育，比較教育領域中開始有更多學者加入此一行列。Masemann從初始倡議俗民誌，繼之批判俗民誌的侷限而建議改採批判俗民誌方法；Foley除對俗民誌進行方法論論述與在研究上的應用外，晚近編輯之書《知識份子的文化性製作過程：學校制度與地方實踐的批判俗民誌研究》轉為建議批判俗民誌；Heyman亦批評俗民誌對於鉅觀與動態結構的忽略而採行俗民方法論；Stenhouse、Crossley與Vulliamy則始終如一地倡議個案研究取向，方法的部分則多採用俗民誌與歷史研究法；Hoffman亦建議採用俗民誌、Broadfoot則建議俗民方法論。這些學者多半橫跨比較教育與人類學領域，此或許可以解釋他們多半倡議俗民誌或俗民方法論，而較少論及批判俗民誌的原因。Masemann與Foley則在認知到俗民誌方法運用於比較教育研究的侷限，以及為於評鑑研究服務之俗民誌研究此一取向不再能符應深入研究與改革的需求後，改為建議批判俗民誌。以下分別就各學者之論述一一介紹。

一、Masemann

　　Masemann推薦批判俗民誌在比較教育研究中應用乃以1982年的〈比較教育研究中的批判俗民誌〉為要，此外則是2003/1999〈文化與教育〉。

　　Masemann（1982）立基於K. Marx對資產階級社會理論與實證主義社會學的批判，以及比較教育中如Arnove等世界體系分析對個人的忽視、一般研究的遠離實踐等，遂倡議自然主義與保守主義觀點的小規模、參與觀察的方法，企圖瞭解文化與行動者的文化符號生活。

　　Masemann承襲先前觀點而更進一步開展，且與筆者的觀點不謀而合

地，Masemann（2003/1999）指出俗民誌應用在比較教育上有其限制，俗民誌過於微觀、視教育爲自主且爲孤立的現象。新馬克思主義取向對民俗誌的價值在於讓研究者得以避免以下的功能論式實證主義觀點：假定中立性與客觀性，假定學校與教室的自主性與孤立性。因此她建議採用批判俗民誌於比較教育的研究中，進行微觀與鉅觀取向融合的學校俗民誌，可探討的主題如社會化研究，探究學生如何學習接受方言、國家語言、國家政治文化、菁英價值等。她更提醒我們注意，一般運用俗民誌時多僅以之爲教育研究工具，卻將其理論基礎予以排除。

而Masemann（2003/1999）對批判俗民誌的運用偏向於探究教育體系中的文化相關議題，其認爲教育具有文化要素，而不僅是訊息傳遞者，而且文化是與社會結構密切連結的。如文化價值觀乃由社會結構所構成，文化、教育哲學與社會階級間的連結，形塑孩子經驗的複雜性來源包括文化、價值觀、經濟基礎（各層級，包括鄰近地區、社區、地區、國家、全球）等。教育經驗、對教育的回應不僅根源自文化、價值觀，亦在其生活周遭的經濟情況。此觀點或可視爲Masemann對俗民誌強調微觀且視教育爲孤立現象的反動，也是批判俗民誌較爲強調之處。

而且Masemann（2003/1999）認爲「地方知識」在「發展」此一概念的崩解上扮演重要角色。她並且視之爲鉅觀思維與微觀實務之辯證中的一環，而進一步論及從地方觀點帶入不同的發展觀以及中心──邊陲的菁英。她亦論及Spindler夫婦探究不同文化脈絡之學校的多年研究經驗。緣此，可以看出Masemann對地方知識與日常生活的關注，以及對融合微觀與鉅觀取向之學校俗民誌的企圖。

此外，Masemann（2003/1999）更從批判理論觀點反省研究者的限制，指出研究者受中產階級意識型態與觀點影響，及伴隨正規教育與現代化而來之統計研究的力量將增加，都致使帶有新馬克思主義觀點之學校俗民誌發展不易。她更指出比較教育忽視的挑戰：1.忽略辯證鬥爭，僅論及東西方，未論及南北、工業化形式與地方形式等。2.文化團體的鬥爭、教育機會均等之追求的問題等。而呼籲檢視學校角色、再製、依賴關係。

Foley

　　Foley（1991）自述其實務研究觀點與方向：致力於發展中社會之學校的人類學研究，研究權力與階層化的社會結構如何影響校內的日常生活。質言之，他的研究取向結合了人類學研究與國家——社會結構動力觀。他於1991發表的〈再思殖民情境中的學校俗民誌：再製與抗拒的表現觀點〉，探討第一世界（美國）的內部殖民，乃是其批判俗民誌方法論的論述。本文爲Foley對批判俗民誌的應用，然而他聚焦於方法論的討論，以及運用抗拒、再製等理論來解釋教育現象。

　　Foley（1991）該研究結合鉅觀與微觀研究的企圖，納入了批判俗民誌、依賴理論、再製與抗拒觀，闡述殖民學校教育如何藉由再製而達成內部殖民。Foley企圖發展文化批判觀，避免經濟決定論與政治烏托邦主義，並且達成詮釋學的解放意圖。

　　就此研究的設計觀之，其由四位俗民誌者針對南德州社會與學校，進行長達15年的文獻分析與田野實地研究，其運用的方法包括歷史文獻分析、口述史、訪談、教室觀察等。最初的田野調查進行了18個月，且包括了對該郡、城鎮與學校歷史記錄（1900-1987年）的分析，也運用美國人口普查有關人口樹、農業、教育與移民等資料；6位工頭、工人與女性的生命史；數百位社區領導人、教師與學生的訪談；延展性中小學的教室觀察；擴展至社區組織與非正式政治團體的參與觀察；8個中學教室中互動現象的密集分析。此外，針對所研究的社區，進行三次夏季期間各長達6週的社區研究；亦在初步觀察的12年後繼之分析當時中學生現今的社會流動（Foley, 1991: 534）。

　　就該研究的結構觀之，其首先分析鉅觀的學校制度所置諸之脈絡——資本主義發展與階級改組的俗民歷史，包括生產模式的改變、政治模式的改變、種族隔離、墨西哥裔勞工的反抗、中產墨裔政治家的自主政治活動、階級劃分及其對學生的影響（如文化民族主義，政黨、學校種族隔離）等。此一歷史分析闡明墨裔成人與青年的取向，即文化民族主義者或合作者；也說明了教室中所觀察到之反抗現象與教育政策的混合，墨裔成

人與青年一方面對抗社會排除，且控制地方機構；地方學校卻持續潛藏地進行對社會階級不平等關係的文化再製。Foley繼之則是回顧理論以說明學校在解殖民過程中扮演的文化再製角色。

由於本研究探究文化實踐與經濟、政治秩序的交互影響及其趨勢，Foley繼之進行微觀的校內文化霸權與意識型態鬥爭的研究，從表現（performance）觀點看學校中階級再製與抗拒，探究對象則是年輕人如何發展其溝通能力、印象管理，觀察北城各校學生在三中情境中的言說表現，即社區運動競賽、學生地位團體表演、教室中的討價還價遊戲（making-out games）。他認為高度資本主義文化中的溝通與社會關係乃漸商業化、工具化、操弄化，新文化工業產生國家文化或休閒文化，因之正規、非正規現場環境皆可見社會不平等與社會化，再製仍存，而且其藉由休閒文化來傳達，其再製性更大、證據更少。而學校在其中都扮演重要角色。

要言之，Foley（1991）藉由上例以闡述批判俗民誌不同於人類學之處：其著重於歷史分析、功能分析、俗民歷史的分析，以及大眾文化的研究（日常溝通、階級體制對微觀社會研究的影響）。

除Masemann與Foley外，Welch（1999，引自李嘉齡，2002：235）也指出，比較教育在全球化經濟的壓力下，國際化與本土化的爭議始終難以平息。他認為透過批判俗民誌等在比較教育上的參與，才能真正做到兼顧二者，尊重他者之可能性。

國內亦有李嘉齡於2002年發表之〈批判俗民誌與比較教育研究〉，闡述批判俗民誌的特點與研究面向，並提出批判俗民誌對比較教育研究可能提供的啟示與參考：1.幫助比較教育研究者覺察研究中「自我與他者」的問題。2.幫助比較教育研究者覺察研究中「文化與差異」的問題。3.擺脫比較教育研究過去追求普遍化律則的迷思。4.研究即實踐，強調更深刻的批判與反省。

第二節　跨文化與多場域俗民誌

　　社會科學領域中，無論人類學與社會學往往運用比較方法以建構或證立其理論或原則的普遍性。Emile Durkheim便曾說社會學方法是比較的；人類學家也說人類學是比較的。人類學家Fred Eggan（1954: 747）便指出關於通則化的問題，無論是廣博的或有限的，都是所使用之比較方法的問題。在美國，比較方法都被Franz Boas所稱的「歷史方法」所取代。在英國，比較方法更為持續地被運用著。一如Alfred Radcliffe-Brown所說的：「只有透過比較方法的使用，我們才能夠達到一般性解釋。」

　　比較教育學者Noah與Eckstein也提及比較方法乃是跨國檢視假定的好方法，也因此被視為發現普遍法則的利器。然而，比較教育學者則不僅透過比較方法來發現法則，利於教育結果的預測，以作為教育政策建言之用；亦藉由跨國或跨文化經驗的對照，照見我國的真實與深入面貌，獲得啟發，且加深國際間彼此的瞭解。

　　俗民誌方法強調對個案的深入與長期瞭解，而且將該個案置諸其脈絡來理解其意義。如此，跨文化或多場域的俗民誌研究的目的為何？換言之，對於跨文化或多場域中個案的比較，希望獲得什麼結果？如何比較？這些都可以為批判俗民誌在比較教育研究上應用時的參考。

　　Bogdan與Biklen（黃光雄主譯，2001）對「多元個案研究」的界定為，當研究者同時研究兩個以上的主體、場域或多組資料時，稱為「多元個案研究」（multi-case studies）。多元個案研究有許多形式，有些從單一個案開始，讓原始的工作當作是一系列研究的初步，或當作一個多元個案研究的試驗性研究。有些主要是單一個案研究，但為了顧及可類推性的問題而包括在其他的場域進行較鬆散且小範圍的觀察。有些研究者做比較個案研究，對兩個或多個個案進行比較和對照。

　　比較教育研究與多場域研究較為接近，只是比較研究的多場域乃為跨

國或跨文化的場域。而一般的多場域研究通常需要多於兩個或三個以上的現場或主體，因此和多元個案研究所採用的研究邏輯不同。從事這些研究設計的人必須同時具有理論性思考及在從事研究前一些資料蒐集技巧的經驗（黃光雄主譯，2001）。在介紹跨文化與多場域俗民誌研究前，先引介Eggan的「控制性比較方法」（method of controlled comparison），其考量有助於研究者進行跨文化與多場域俗民誌研究前的準備與篩選，而他試圖結合英國社會人類學之鉅觀功能論觀點與美國人類學的微觀俗民誌研究，也可為批判俗民誌這一結合鉅觀與微觀、人類學與社會學的研究方法帶來省思。繼之介紹多場域俗民誌。

一 控制性比較研究（controlled comparison）

　　對於英國社會人類學之鉅觀功能論觀點與美國人類學的微觀俗民誌研究取向，Eggan（1954）根據田野實踐研究的實際發現，發現兩者事實上是互補的。他指出，結構取向給美國俗民誌的扁平觀點（flat perspectives）增添了新方向，也允許我們問新的問題種類。功能論給我們對某些問題的有意義答案，也使我們能夠將文化視為整體。但是我們也維持對文化地區的興趣、對文化歷程與發展的關注。他自己則在有限地區針對某些親屬問題與社會結構進行探究，運用比較作為主要的技術，企圖發現隨時間進行的改變。

　　對Radcliffe-Brown（1951，引自Eggan, 1954: 747）而言，社會人類學的任務乃在於形成與有效化（formulate and validate）有關社會體系之存在條件的陳述（statements），以及在社會變遷中可觀察到的規律性（regularities）。然而，此一對全世界各種例證的系統比較雖是社會人類學的最終目的，Eggan（1954）認為以當時有限的對社會體系的知識是難以達成的。他因此建議控制性比較方法，即運用比較方法在較小規模的研究範圍上，並且對比較架構有較多的控制。筆者認為此一考量亦適合當今的脈絡，縱使今日對社會知識體系的知識更增、量化統計方法更為精鍊、跨國研究的進行更為容易，但是各地之獨特性的披露也更為紛陳且更受強

調。小規模深入比較的逐步進行，不失爲可行之道。

　　Eggan（1954）建議使用控制性比較方法，以之爲一種方便的工具，因爲它的探究性、運用共變數（covariation）與相關係數（correlation），並且避免太大程度的抽象化。他舉Radcliffe-Brown對澳洲部落之社會組織研究爲例以更清楚說明其用法。他指出，在比較澳洲財產結構並且發現他們的起源後，他會將之與南加州印地安人之財產結構與相關實踐的研究結果相比較，其狀況相當類似於澳洲社會文化情境。此一比較的結果之後可以與西北海岸與其他類似財產體系的研究相比較，藉由共變法（method of concomitant variation）系統地檢視差異性與類似性。

　　人類學者進行跨文化與場域的比較研究，其立基的觀點主要或乃爲尋求通則。基於此，俗民誌的微觀取向似乎難以達成此一目標。Eggan便主張密集研究一或兩個選定的社會有其侷限性，他（Eggan, 1954）質疑Malinowski的傳統，指出如果每個人類學者都必須花費畢生經歷專精於一、二或三個社會，那麼比較研究如何進行？Edward Evans-Pritchard辨識出此一問題，提出實驗法（experimental method）以取代比較法。在其中，初步結論先形成，繼之在相同或其他社會人類學者對不同社會之研究中加以檢測，之後逐漸發展出較廣的、更適切的假定。

　　其他學者未必僅從通則追求的觀點來進行比較研究，如Schapera倡議，比較取向包含對既定地區進行密集研究，並且仔細比較特定地區人們中之特定社會現象的形式，藉此劃分他們的類型。這些類別因此可以與鄰近地區相比較（引自Eggan, 1954: 755）。歸類因此既是比較研究的目的之一，類別的區分有助於瞭解不同類型的存在與特質；其亦是過程，可以作爲比較的先前準備工作。

　　Eggan（1954: 759）舉Erwin H. Ackerknecht的說法：「比較方法最大的益處之一將是，在控制性實驗無法進行的田野，他可能提供某種控制。」然而控制的比較法雖然有助於擴展研究視野與對人類社會的更多理解，Eggan（1954）也認知到比較教育學者也面臨的困境之一，即對語言學欠缺興趣以及時間的有限性。Kandel、Bereday與許多比較教育學者都具備多國語言能力，尤其是被研究國的語言。與人類學者觀點相近地，比較

教育學者也多半主張在研究地長期停留，以瞭解當地文化、社會、民族性格等。

二　多場域俗民誌

（一）多場域俗民誌的興起與特質

　　1980年代前後，出現新的方法論趨勢，即多場域質化研究（multisite qualitative studies），其興起於人類學與以下幾個學科的跨學科工作的領域中，如媒體研究、科學與科技研究、文化研究。為強化質化研究通則化的能力，同時保持及深度描述（in-depth description），研究者將傳統單一場域的俗民誌，置諸較大社會秩序的鉅觀建構的脈絡中，諸如資本主義世界體系。這些多場域質化研究在數個場境中應用類似資料蒐集與分析歷程來研究相同研究問題。他們持續尋求不必然犧牲場域內（within-site）理解的跨場域比較（cross-site comparison），橫跨了「全球」與「地方」、「生活世界」與「體系」的二分（Herriott & Firestone, 1983; Marcus, 1995）。更重要的是，多場域俗民誌回應世界的實徵經驗變遷，也因之改變文化生產製造的地點（location）。追隨著文化歷程的線索，致使俗民誌邁向多場域俗民誌（Marcus, 1995）。

　　在教育研究領域，此一方法論之興乃為回應美國聯邦政府於1970年代所面臨的改革壓力，其尋找可以克服大型量化評鑑的某些缺點、但卻不限於單一場域個案研究之特殊性的研究。典型地是投注昂貴的努力以達政策目的。聯邦政府補助的教育研究一直以政策導向為主，以往關注這些方案的成果，即僅關注學生的成效；逐漸轉變為也關注方案的施行與其脈絡。伴隨而來的，是從僅運用量化研究邁向質化與量化技術的混用，甚至僅用質化研究（Herriott & Firestone, 1983）。因此，多場域俗民誌具有科際性、策略的特質（Marcus, 1995）。

　　此一關注焦點從結果導向轉為兼重歷程的改變，源於幾個因素：1.量化研究未能解釋方案的失敗，如「啟蒙計畫」（Head Start）與「繼續開展

方案」（Follow Through）等方案。2.效度：似乎有著對量化研究關鍵依變項（學生表現的評估）的不贊同。對少數族裔學生在其家庭、鄰居、學校等複雜文化脈絡中的俗民誌研究，常被認為更可能記載有益的方案成效。3.自變項的問題：對於量化研究的自變項，特別是聯邦政府補助之方案是否足夠忠於設計者的意圖，或者在各場域中以足夠統一的方式來落實，以允許對該成效的有意義檢測，這些的程度都受到質疑。4.試驗對象說明表（Clearance forms）歷程逐漸增加的問題（Herriott & Firestone, 1983）。

俗民誌的研究方法遂有所轉變。George E. Marcus細述1980年代中葉的兩種俗民誌研究模式，其皆置諸資本主義政治經濟體系的歷史與當代世界脈絡之中：1.其一最常用：密集聚焦之單一場域（intensively-focused-upon single site）的俗民誌觀察與參與，另外搭配其他方式來發展對世界體系脈絡的探究。用其他方法，如閱讀檔案，如調適運用鉅觀理論家或其他學者的工作，當成一種脈絡化的模式，在此中地方之研究對象的範圍被加以描述與分析（Marcus, 1995）。

以勞工階級的研究為例，可以檢視「抗拒」與「調適」，關注的焦點在於關係、語言。將人們併入勞工階級的歷史（殖民）與當代情勢，或將與資本主義政治經濟相關聯之鉅觀歷程化約為地方文化。諸如檢視抗拒與調適，關切概括的動力（dynamics of encapsulation），聚焦在關係、語言，以及從地方與世界團體與個人（雖然處於不同的權力位置，卻經歷從文化中互相錯置的歷程的觀點來看遭遇與回應的對象。此模式改變之處在於其分析焦點：當代俗民誌在宣稱新文化形式，在其中，殖民subaltern情境中的改變已經出現（Marcus, 1995）。

2.第二個且較少用的模式，其有意識地鑲嵌於世界體系中，隨著後現代知識資本，從單一場域、傳統地方情境俗民誌研究，轉為檢視擴散之時空中的文化意義、對象、認同等的流通與鉅觀理論概念、世界體系敘事。其研究設計認知到這類概念，但非以之為架構研究對象的脈絡結構，而是追蹤多場域內、外且打破區隔之穩定性之活動的文化形成，如生活世界與體系之區隔（Marcus, 1995）。

Marcus（1995）指出人類學家所追索的文化邏輯（cultural logics）總

是多元生產製作的，而且部分來自「體系」的建構（如媒體、市場、國家、工業、大學等的連結）。追蹤這些連結與關係的策略便成為多場域俗民誌的核心。面對歷史敘事方法的不再適切，以及含括世界體系架構、後福特主義、空間——時間壓縮、彈性專業化、組織性資本主義的終結、全球化、跨國主義（transnationalism）等鉅觀脈絡的影響，Marcus逐建議將世界體系理論納入。因為Immanuel Wallerstein之世界體系構想使鑲嵌了歷史的社會科學再度復甦，其提供了對世界體系的鉅觀體系敘事（grand systemic narrative of world system），而其也邀請了地區的、微觀地理社會史與俗民誌之生產的填入（Marcus, 1995: 97）。

復以俗民誌者關注文化與社會在當代的地方變遷，然而單一場域俗民誌無法輕易置諸世界體系觀點中，加上體系／生活世界之區別的崩解，因此，俗民誌試圖發現新的連結路線，以連結關懷能動力、象徵符號與每日實踐的傳統俗民誌，以繼續表達不同空間的能動力、象徵符號、每日實踐。新方法乃鑲嵌於當代俗民誌反省性自我呈現之論述中（reflexive self-presentation），其強調重點在於倫理、承諾與行動主義（activism），這凸顯多場域俗民誌在空間與場域的選擇、所調查之問題與書寫的認知方面，都極度政治化；雖然其架構性方法論意涵似乎近似舊實證主義形式以及價值中立之社會科學（Marcus, 1995）。比較教育的質化研究亦面對此一問題；此外，比較教育的質化研究本不該忽略脈絡的問題，尤其是世界的影響。

（二）場域俗民誌的方法論問題

然而，對於多場域或跨場域俗民誌，Marcus（1995）表達其在方法論上的擔憂，指出多場域俗民誌檢測俗民誌的限制、削弱田野調查的力量、喪失「受剝削者」（subaltern，如賤民、臣屬者等）的觀點。

1.檢測俗民誌的限制

俗民誌的焦點在於日常生活的有關面對面社區與團體的知識，其來自地方主義（localism）。而從地方主義延伸至再現，後者乃是一個透過抽象模式與集體統計來理解的體系，這似乎悖離俗民誌的本質且超出它的限

制。而多場域俗民誌雖然乃是描繪領域（mapping terrain）的一種作法，其目標並非整全性再現———一種將世界體系視爲整體來加以俗民誌描繪。其宣稱：對於任何世界體系中之文化形成的俗民誌研究，同時也是對體系的俗民誌研究，因此無法從傳統單一場域俗民誌研究的觀點來理解，而且假定文化的形成乃在幾個不同地點中產生，而非在所研究之特定單一場域中產生。「全球」乃是連結之場域中的一個面向（Marcus, 1995）。

2.削弱田野調查的力量

對於多場域俗民誌研究的疑慮之一乃是：多場域俗民誌是否可能不削弱來自田野調查的知識與能力。換言之，多場域田野調查可行嗎？對此，Marcus（1995）的回應是，傳統的標準俗民誌亦有著類同的問題。有些傳統田野調查的確在邁向多場域俗民誌中喪失其厚實度（Intensity），但是並非所有田野調查的實踐都有一樣的厚實度。多場域俗民誌不可避免地乃是各種不同厚實度與品質之知識基礎的產物。而且標準俗民誌計畫已經橫跨許多可能場域，其本身已經是多場域的。

若從另一個角度觀之，多場域俗民誌有其增加田野調查力量之處。其價值之一在於，將不同場域帶入同一個研究架構，並且在俗民誌研究的第一手研究中呈現他們的關係，對於俗民誌是極大的貢獻，無論該研究在不同場域中的不同的品質與是否容易獲得（accessibility）（Marcus, 1995）。

此外，多場域俗民誌保有俗民誌的本質，亦即從一個文化或語言轉譯成另一個文化與語言的此一功能。此一功能在多場域研究中受到強化，因爲它不再只是在主要的、二元的「他們—我們」傳統俗民誌架構中進行，而要求更多不同場域的轉譯連結（Marcus, 1995）。而論及語言與文化的轉譯，語言準備的重要性與翻譯的挑戰便再次浮現。此一條件在多場域俗民誌中仍然重要，甚至更行重要，且要求更高的嚴謹度。

3.喪失受剝削階級的觀點

俗民誌的關切對象不僅在於置諸脈絡的主體，還有位於下層、受剝削的主體，那些受到系統宰制所安置者（positioned by systemic domination，多半是資本主義與殖民主義政治經濟）。若誤將多場域俗民誌僅視爲增加

新焦點便錯了，多場域俗民誌雖然未必拋棄以受剝削主體為主的觀點，卻將焦點移至抗拒與文化生產領域，而最終可能挑戰俗民誌長久以來偏重的觀點（Marcus, 1995）。

就多場域俗民誌的比較方法而言，Marcus（1995）強調其也不是一種控制的比較。傳統的控制比較雖然是多場域的，但乃是線性空間的、通常來自相同概念單位，也通常發展自特定期間或是不同的田野工作計畫。多場域俗民誌中的比較在研究與推斷各場域間之關係、轉譯、關聯性的邏輯，比較面向並非發展成各場域中一種平面的斷裂且不連貫運動與發現。

多場域俗民誌的建構模式乃依照地方的連鎖（chains）、路徑、線索（threads）、合併（conjunction）、並列（juxtapositions）來進行，俗民誌者在其中建構文獻的、物質的呈現（physical presence），以各場域間明確的、斷定的相關聯結邏輯來加以貫串。多場域俗民誌界定研究對象的方式如下：跟著特定團體的移動（如移民研究）；透過所研究之事物的不同脈絡來追蹤流通（諸如商品、禮物、金錢等）；追蹤論述領域或思維模式，所流通的符號、象徵符號、隱喻等便引導研究設計；在單一場域田野調查架構中有著故事或敘事的述說，它們也可能在多場域俗民誌研究的建構中有著啟發性意義等（Marcus, 1995）。

對於超越特定場域之體系的概念，雖然偶然存在，但是並未被假定是需要的。當進行對特定地區的研究時，相關地區的研究有時會被納入考量。在多場域俗民誌中，關鍵問題：在地方性探討的主題中，何者乃是在另一場域中因襲或類同於那些可辨識的相似者或相同現象？要回應此一問題需含括比較翻譯與在場域中追蹤的工作，這亦是多場域俗民誌方法的基礎。單一場域關注在個體生命中每日意識與行動裡的的系統覺知。多場域俗民誌最感興趣的本土知識形式乃是自我描繪，也釐清全球與地方的關係（Marcus, 1995）。

（三）多場域俗民誌的範例

Robert E. Herriott與William A. Firestone（1983）的〈多場域質化政策研究：將描述與可通則性予以最大化〉（Multisite Qualitative Policy

Research: Optimizing Description and Generalizability），檢視多場域俗民誌研究萌發期的多個由聯邦政府補助、政策導向的研究案。以「郊區實驗學校研究」（Rural Experimental Schools Study）為例，其為聯邦政府補助的第一個、大規模、多場域的個案研究計畫。

該計畫研究在學校體系、社區、更廣之社會文化脈絡中場域的教育變遷。其涵蓋10個場域，以使描述與通則的建構得以達到最大化的程度。強調運用來自人類學領域的傳統俗民誌方法，招募社會學家與人類學者，聘請他們進行為期三年全職在各場域進行田野研究。研究者可以自由地讓他們場域中的事件成為個案研究的決定要素，也保留個案研究提供深度描述的能力。他們也必須準備詳細的每個場域的社會與教育史，以之為研究報告的一部分（Herriott & Firestone, 1983）。

隨著研究的進展，有兩個步驟用來導引通則的方向。對於各場域組織變遷的跨場域研究，運用來自各場域的研究報告作為主要資料來源，包括其關鍵依變項（各場域綜合性變遷的程度）以及對於這些變遷歷程之本質的內省洞察。一樣重要的是，從個案研究的內省洞察綜合出有關郊區學校變遷的通則。這樣的綜合採用兩種方式施行，1.請田野工作者根據共同綱要撰寫一章個案敘事，繼之請外來的專家做跨個案的結論以提供給決策者與學校行政人員。2.第二個採用傳統文獻分析，閱讀八份完整的、書籍長度的個案研究，做出結論以提供決策者與學校行政人員（Herriott & Firestone, 1983）。

多場域俗民誌的問題之一在於共同結構與可比較性的問題。多場域比較與通則化需要所有場域的研究者運用共同的對概念的界定、共同的資料蒐集程序，以確保多場域的相似性與相異性乃來自場域的特質，而非研究者偏見。然而這樣的共同界定與資料範疇也容易產生問題：1.標準化會鼓勵研究者忽略每個場域的獨特性，或輕忽可能對旨趣現象（phenomena of interest）有所助益的歷程與脈絡。2.他們也鼓勵研究者透過不成熟的概念化而強加他們對情境的界定。

傳統個案採用結構性資料與無結構性資料。高度結構化的資料蒐集乃透過封閉的、事先編碼的問卷與訪談來獲得。無結構的資料蒐集模式來自

無結構的觀察與自由訪談（schedule-free interview）。Herriott與Firestone（1983）檢視25個多場域個案方案，多半採取半結構歷程，包括用場域訪視指引（其指出哪些問題必須被詢問，但未指定特定資料來源）、開放訪談指引、聚焦觀察的教導等。這樣的方法要求研究議題必須被精細地思考，而非在場域中獲得。對半結構歷程的極度依賴乃來自傳統單一場域個案研究取向。

場域詳細報告乃是促進描述、但是傾向於遮蔽跨場域相似性與差異性的文獻，因此阻礙通則的建構。跨場域的議題報告促進通則的建構，但是犧牲場域詳細脈絡。上述研究多半同時運用兩者。

繼之則是問題二，場域數的問題。增加場域數乃會限制在每個場域能夠運用的描述與分析事件的來源，或跨場域比較的來源。有限的場域數則會影響通則的建構。另外的問題則有：1.分析可能選擇性地援引場域，縮減資料的複雜性，犧牲再現性。2.另一個可能是這樣的選擇性將質化研究量化了，透過嚴格編碼的運用，這腐蝕了質化研究的描述價值（Herriott & Firestone, 1983）。

問題三在於時間長度。長時間浸淫（long-term immersion）乃是經典俗民誌的里程碑，是確保有效描述的重要方法。Herriott與Firestone（1983）發現這些多場域俗民誌的研究案有採取一、兩次短期訪視的（10例）、間歇或週期性訪視（7例）、較連續的田野工作（8例）。

基於上述多場域俗民誌研究的優缺點，Herriott與Firestone（1983）強調研究者在質化場域中的重要性——研究者本身即工具，並且提出可行的比較不同資料蒐集模式的研究進行方式：1.單一研究者進入不同場域進行所有田野研究工作。此方法標準化了跨場域的資料蒐集「工具」，且未犧牲深度描述，但是它似乎侷限了含括的場域，不超過三或五個場域。2.另類的可能性乃是提供多場域工作者較大的資料蒐集結構，可以透過田野工作手冊（field manuals）的運用、或運用田野研究後研究者同意之共同架構來準備個案之敘述。3.可招募專業人員或當地居民，共同合作。4.另一議題：對非標準化資料的化約性瞭解，應儘量不扭曲或喪失意義。5.另外，需注意時間問題、呈現結果的不同方式等等。

　　綜上所述，人類學的研究將俗民誌研究對象置諸世界體系、殖民主義的歷史政治經濟、市場政權、國家形成、民族建構中。這些都是在馬克思主義人類學、人類學與政治經濟、人類學與歷史的路線中發展（Marcus, 1995）。這與批判俗民誌相同，其亦將俗民誌置諸較廣大的資本主義體系中，而且亦是從馬克思主義觀點出發，批判意識型態的宰制。多場域俗民誌研究或可視爲批判俗民誌的跨文化比較應用，只是批判俗民誌更強調其批判性格。此外，多場域俗民誌的研究將現象置諸全球、世界體系等鉅觀脈絡來理解，尤其適合今日全球本土化世界的特質，以及應用在比較教育的跨文化研究中。

第三節　俗民誌於比較教育研究之運用

　　此節主要依照時間順序介紹與分析比較教育中運用俗民誌研究者，此乃因比較研究多半以俗民誌爲研究方法或取向，少有運用或明言其運用批判俗民誌者。然而其俗民誌方法與比較方法之運用，亦有可供我們進行比較批判俗民誌研究參考之處。Tobin等人（1989）的《幼兒教育與文化：三個國家的幼教實況比較研究》於第二章已經論及，復以其研究方法與Spindler夫婦類似，此處不再論及。範例一是Spindler夫婦（1987）的〈德國Schoenhausen與美國Roseville中文化對話與學校制度：比較分析〉（Cultural Dialogue and Schooling in Schoenhausen and Roseville: A Comparative Analysis）；範例二是Kathryn M. Anderson-Levitt（1996）的〈時間表背後：美法教室中成批生產的學生〉（Behind Schedule: Batch-Produced Children in French and U.S. Classrooms）；範例三是Alexander（1999b）〈教學中的文化，跨文化教學〉（Culture in Pedagogy, Pedagogy across Culture）與2001年的〈文化與教學：初等教育的國際比較〉（Culture and pedagogy-International Comparisons in Primary Education）；

範例四是Karen Bogard Givvin、James Hiebert、Jennifer K. Jacobs、Hilary Hollingsworth與Ronald Gallimore（2005）共同撰寫的〈有各國教學模式嗎？1999年TIMSS錄影帶研究之證據〉（Are There National Patterns of Teaching? Evidence from the TIMSS 1999 Video Study）；範例五是Claire Planel（1997）的〈國家文化價值觀及其在學習中的角色：英法國家初等學校的比較俗民誌研究〉（National Cultural Values and Their Role in Learning: A Comparative Ethnographic Study of State Primary Schooling in England and France）。

範例一

　　Spindler夫婦（1987）的〈德國Schoenhausen與美國Roseville中文化對話與學校制度：比較分析〉，源於教育人類學與俗民誌遠離跨文化或比較焦點，而將焦點聚焦於教室、學校、與社會中之學校制度，他們此一比較研究跨文化地檢視學校制度，針對一所德國與一所美國小學進行控制的比較研究，意欲瞭解跨文化瞭解的獲得與提升。他們運用俗民誌、教學活動模式、以影片作為刺激反映性跨文化訪談的刺激物等方法。

　　由於關切的主題為文化，Spindler夫婦表達其「文化對話」的觀點，認為有一個美國文化，不認為美國文化太過多元而無法稱為「一個文化」。此因在獨立前美國已經有了關於自由與限制、平等與差異、合作與競爭、社會性與個人性、獨立與順從一致、清教徒主義或自由戀愛、唯物論或利他主義、辛勤工作或虛與委蛇、成就或失敗等對話。Spindler夫婦（1987: 5）主張：「並非因為我們都『一樣』或我們同意某些重要的事物，才有所謂的美國文化。它是某種我們同意去擔憂、論辯、奮鬥、努力的，對相同的某些軸心關懷的同意或不同意。……這是美國文化的對話。它賦予我們生活、行動為美國人這樣的意義。」

　　在許多社會中，社會行動者持續進行著文化性建構對話。此種文化建構性對話乃在行為、字彙、符號象徵中表達，也表達在文化知識應用於讓工具性活動與社會情境為一而「運作」。我們在孩童時學習對話，之後終其一生不斷學習、隨情境而改變。俗民誌者的任務便在研究行動、互動與

意義的對話，直到行為模式、對之的本土解釋出現重複性與輪廓。

頗值得注意的是，身為美國人的Spindler夫婦針對德國及此文化主題進行相關研究已久，如1968年開始前往Schoenhausen進行研究，1977、1981、1985年都進行了較為長期的田野調查。在此研究之前，他們作者先前的相關研究如：1968年到德國Schoenhausen該地的一所小學進行田野之旅，建構對該地與社區社會文化的基線。第二份相關研究則是以俗民誌與工具活動模式（instrumental activities model）方法研究、1982與1987年發表的大眾教育改革近十年之影響（1968-1977）。他們的研究指出，學校中文化傳遞的基本要素並未有本質上的改變，而且生活風格或工具性（intrumentality）之選擇並未有顯著變遷。第三份教學風格與管理研究，他們發現，雖然教師的教學風格各有不同，但是根基性的互動或文化經驗的組織仍是常態。本研究為第四份，探究深層文化結構對教室中教師與學生行為的影響。

本研究於1983與1984年秋季在美國Roseville進行教室觀察與錄影，1985年春季在德國Schoenhausen。選擇美國與德國兩地進行比較的考量在於，他們希望進行控制的比較，因此需要找一個社區、學校大小與德國學校可相比的學校、且在非都市地區，德國該地區的人口主要都是德國人。在這些類似性上，比較兩所學校的文化影響。

就其方法論而論，他們於1977年造訪德國時首度使用影片來記錄教室中的行為。影片的功能在於使他們得以進行以下的工作：1.重複檢視所觀察過的現象。2.能夠決定其他人是否注意到相同行為並且與他們有同樣的詮釋。這些影片也播放給作者們的學生與同事團體看。在記載與詮釋行為的部分，他們發現極高的一致性。3.這些影片的另一個可能用法，作者們將他們的影片播放給德國的教師看，並且將他們的反應錄影下來。教師們對觀看自己與他人的教學影片非常感興趣，但並未特別說明他們做了什麼和他們對影片的感覺。4.團體播放的產量較高。教師們興奮地評論個別孩童或整班的行為、他們自己班級與其他班級的教學方法。這樣密集的討論給作者們更多內在性地檢視教師對知識之感知、瞭解與假定的機會。雖然作者們也進行正式訪談，但是在此得到的是相當不同的內在觀點。因之他

們將此一對影片的運用稱爲誘發刺激物（evocative stimuli）以促進訪談與討論。

1985年時，作者們的程序不同。他們錄影了所有美國學校的班級，以及在體育館、操場與基督教課程、午餐時間的活動。作者們在拍攝教師教學前先進行第一次訪談，瞭解教師的課程規劃及其設計理由，以及該課程如何回應學校的課程指引；第二次訪談則在該課程的拍攝後。他們播放德國的影片讓美國的老師看，並且錄下他們的反應。對德國學校也採取一樣作法。第二次訪談教師時運用影片作爲誘發物，以瞭解對教室程序及其理由。此次訪談與之前訪談的差異在於持續比較的出現。

作者們發現一些行爲模式：德國學校中的行爲模式如學生態度積極、教師中心、專心向前的、競相爭取教師的認可；班級密集、吵鬧，教師不在時一片混亂；集體達成的一致標準；個體在教師個別幫助下須達成班級標準。美國學校中的模式則強調小團體討論與個人工作同時存在，激烈的競爭；教師的認可並非主要酬賞，而是某人可以做某件事的選擇機會；同儕互相教導，較少教師中心；較少吵鬧，教室在教師不在時仍然有序且學生繼續工作。作者們將這些行爲模式歸因於文化知識，即，1.德國的文化知識乃是「騷動兒童」的假定：孩子天生就是活潑好動的，因此需要外部權威來協助，教師因此是學習活動的領導者。課堂時間必須填滿導引活動。一致的集體成就乃是目標。2.美國的文化知識：自我控制是被期待的，因此強調內化的權威。個體乃是教學與學習的目標。這些行爲與觀念特質來自許多時間的教室觀察、重複檢視影片、訪問教師。

而質化研究常受質疑的代表性問題，作者們雖不認爲R學校代表典型的美國小學、S學校代表典型德國小學，然而他們都是文化規範性機構，負責維繫文化界定的標準與期望。教室、行政性指引、與社區互動中的對話，都是美國的對話與英國的對話。

至於比較研究的進行，Spindler夫婦同意Eggan在他經典的「控制的比較」的觀點，爲了產生更有用的比較，控制是有必要的。在他們的研究中，他們控制學校的大小、學校所在之學區人口數、郊區環境特質、學校任務、族群組成。

範例二

　　Anderson-Levitt（1996）〈時間表背後：美法教室中成批生產的學生〉本文主要從兒童年齡劃分來探究背後隱藏的假定。本研究不僅具現了俗民誌研究揭露隱藏且視爲理所當然之假定的任務，且其俗民誌的比較研究主要來自對單一現場的俗民誌研究，另一現場則求助於相關研究文獻。

　　此處僅分析1996年這份文獻，因爲其以俗民誌研究與文獻分析分別研究不同國家，繼之加以比較。這是較爲獨特之處。然Anderson-Levitt（2004）之〈幾內亞、法國與美國之閱讀課：地方意涵或全球文化？〉（Reading Lessons in Guinea, France, and the United States: Local Meanings or Global Culture?），亦是比較俗民誌研究的極佳範例。

　　她先從跨國經驗的對照來突顯出以年齡劃分教育成就與階段的不必然性，如美國小學教師以年齡、月份來評量孩子，法國亦如是。但是肯亞卻是以一段年限來劃分；西歐自己則是十六、十七世紀才開始逐漸劃分階段。她的論點則是：當代工業社會的新孩童模式，乃是聚焦在時間年齡與心智年齡的模式，而且其以月份來計算。她認爲此來自學校工廠化之特質以及學校將學生分類之需求的文化建構（cultural construction）。她乃以其在法國進行的俗民誌、以及美國的相關研究做爲證據，以及對兩國教育史的回顧，支持此一論點。藉由此一歷程，作者指出評鑑歷程如何運作，以利於中上階級的早熟孩子。作者也闡述教師與心理學家對年齡與成熟度的執迷事實上有賴於西歐與美國組織大眾化學制的方式。三種大眾化教育的機構安排允許了這種意識型態的發展，而這樣的意識型態合理化了將菁英學童與大眾學童隔離的作法。此三種機構安排包括分齡教學、強迫入學年齡，以及群組教學而非個別教學（batch rather than individual instruction）。

　　年齡的重要性披露在作者觀察到的證據，如老師對學生的形容、評價學生的方式（符合進度、未能趕上進度、進度超前之類）、學生生日名單，以及老師的觀點：老師們的預期是，當其他條件都一樣時，年紀較大（較成熟、家境好）的孩子，對學習的準備度較高。此一關於成熟度的

看法與法國剛好相反，法國鼓勵早讀，這些多半是來自專業背景家長的家庭，而且早讀的這些孩子被視為表現較好（超越進度、或是符合進度），雖然他們的年齡較小。重讀的則七成是勞工階級的孩子，重讀的孩子年紀較大，卻不被認為優於班上其他的孩子。這弔詭並不令人意外，因為牽涉到了社會階級。

美國教師關於時間（timing）與速度、法國教師關於進度的這些概念乃以下面三項機構安排為其前提，換言之，其背後隱藏的邏輯為：1.教學必須依照一系列階段或年級來予以組織。2.學生必須在特定年齡經歷各階段。3.學生必須在團體中經歷各階段，而非個人。Anderson-Levitt的論點是，大眾教育啟動了年齡與心靈年齡成為一種辨識學童的新要素。此一分析隱含著這樣的隱喻：學校即工廠，在該處，孩童乃在分齡教學的生產線上大量生產，而速度具有極高的價值。她批判此一作法的錯誤之處在於將孩子的成就予以計時化，這隱含著專斷的要素。

範例三

Alexander（1999b）〈教學中的文化，跨文化教學〉乃是方法論論述與其五國（英國、法國、美國、俄羅斯、印度）質化研究的概述，其主要探究五國文化、國家角色對初等教育教學的影響；2001年的《文化與教學：初等教育的國際比較》則是其五國質化研究的研究內容與發現，為1999年文中所提方法論的具現。此處因之以其1999年的論述為主，以2001年的研究為輔。

Alexander（1999b）針對五國的小學，作者在各國各取兩堂課，一堂為六歲班的課程，一堂為九歲班，分析該堂課的兩個面向，一為教學中的組織與行為面向，一為課堂對話面向。前者包括該課目標、學習任務、課程結構、課程階段與順序、課程要素（教學團體、任務焦點、學生活動、學生分化、教師時間、學生時間），以及從開始到結束的敘事；後者包括互動的形式（參與者、長度、焦點、特質與功能）、關鍵字詞與片語（與主題、經營管理、行為與其他價值觀相關），以及訊息與意義（亦關聯著主題、經營管理、行為與其他價值觀）。他運用的方法論包括調查與

個案研究、系統的非參與觀察、人類學田野記錄、教室論述的電腦化分析（computerized analysis）與教師自傳，希冀建構初等教育教師與教學的預測性理論。

其方法論乃基於以下的觀點：1.初等教育乃是歷史與政治建構的，亦有來自全球等的影響，只談文化並不足以瞭解初等教育的發展與現況，因此必須探究歷史與政治（國家權力結構、權力關係、意識型態、國家教育目標等）。2.反對僅能透過量化數據來建構通則的實證主義觀點，而意欲透過質化方法建構通則與可預測的理論。3.關切部分與整體間關聯的問題，因此一方面辨識教學中的要素，如形式、節奏、旋律等，另一方面則亦試圖捕捉教學的整體模式而歸納出教學模式。前者能回應決策者的關注焦點，後者則回應俗民誌的整體性觀點。4.掌握教室中語言與非語言現象、語言與互動之社會意義，因此他透過錄影帶、照片與基於田野記錄的厚實描述等捕捉教室內的影像與聲音、語言與非語言的現象，並且進行延伸分析，以瞭解鑲嵌於社會（socially-embedde）之師生論述的意義。他強調奠基在資料（dataset，包括錄影帶、照片）、並使得重訪教學有著最大可能性的重要性。5.作者根據實徵研究的結果，並不支持整合結構與意義。6.對於微觀與鉅觀問題，事實上學校層級對中央政策的施行已有差異，反映的是鑲嵌於文化的特質。他認為比較教室研究的另一籲求乃是發現連結教室與社會的方式，他採用的理論：對經濟工具主義的批判、霸權與文化再製理論。

比較教室研究對英國之政策帶來的啟發在於，不僅提供提出教育標準的指示，也挑戰現今標準所賴以奠基之假定，例如1.假定國家經濟競爭、教學、學業成就等之間的關係是線性的、直接的、因果的；2.假定整個班級教學僅與教育成功相關；3.假定對兒童發展與學習方式之關切乃是意識型態偏差；4.假定教學中的時間變項乃是花在任務上的時間，而且認為增加任務時間將提升標準；5.假定提升讀算標準的方式乃是降低其餘課程的等級；6.假定閱讀與撰寫能夠抽離談話，並且聚焦於閱讀；7.假定教室中互動的教學力量主要在於教師啟發的問題與答案（Alexander, 1999b）。

此外，Alexander（1999b）辨識出在教室研究中的六大重要議題：

1.量化與質化方法、宣稱、對立宣稱的過度尖銳的對立。2.可概括性之研究規準是否僅能是量化建構的?其他將教室資料予以眞實化、並使之可一般地應用的其他規準是否可能達成?3.平衡科學性追求和關切形式與意義事物的需求,以及尋找新語言與新分析方法以使得教學整體具有意義的需求。4.尋找捕捉更大範圍之景象、聲音、與行爲的方法。5.如何檢視與繪製文化與價值觀脈絡中的微觀——鉅觀關係。6.有關教學的基本架構(overarching)問題,如概念、界定等。

範例四

　　Givvin等人(2005)的〈有各國教學模式嗎?1999年TIMSS錄影帶研究之證據〉乃在解釋各國教學模式,意欲瞭解爲何教師以他們今日的方式教學、教學如何演化。他們採用俗民誌於教室層級,以探討上述問題。他們不同於一般親赴現場的俗民誌研究方式,而是以1999年的TIMSS(Third International Mathematics and Science Study,第三次國際數學與科學研究)錄影檔案爲研究對象。

　　對於教師教學模式的研究,作者們論述其他研究方法上的不足或限制:1.採用教師自我報告其實踐之方式的統計證據,而非直接觀察。2.他們的資料描述活動的出現與否,而非活動如何在課程中順序出現。3.Stigler與Hiebert運用質化分析針對課堂的錄影分析發展其假設。但是兩位研究者並未提供每個國家有多少課程被觀察以建立模式的統計評估。4.David Clarke及其同僚也應用錄影資料,但是他們僅包括每個國家中非常少數的「高度效能」教師,而且其選擇標準乃是依照地方規準。而且他們並未考量一國之內或各國之間的相對變異量或教學之多元面向的變異量。

　　Givvin等人(2005)本研究之方法考量:1.來自TIMSS於1995年錄影研究的資料,其包括多國的國家隨機抽樣樣本,特別有力。(1)錄影證據較諸教師的自我報告更具有有關教學實踐的有效訊息。(2)國家樣本也需要進行國內與跨國的變異量評估。TIMSS的1999年錄影研究包含了七個國家八年級數學教學的隨機樣本,很適合進行研究。2.質疑之前的宣稱:之前的研究者宣稱國家內教學的一致性大於跨國的教學。這樣的宣稱並未界定他

們所評量的一致性。

　　他們分析TIMSS錄影帶資料中的教學模式，聚焦於時間長短與順序安排，關注的教學活動包括目的、教室互動、內容活動。至於教學模式是否有著國家特質抑或全球趨勢，該研究設計以下的規準來判斷：1.依據兩個規準來評估課程間的類似性：低類似性（simple majority）（51%）與高類似性（super majority）（67%），他們檢視所有638堂課，並且檢視這些課堂在其所分析之三面向中的相似性。2.他們在所有資料中研究全球聚合層級（global convergence levels），並且將之與各國內的聚合層級（national convergence levels）相比較。作者們的假定是，因為國內的共享互動與共同歷史，他們預期國家聚合層級大於跨國的聚合性。

　　至於影片的使用，其應用於文化與教育研究開始於1930年代。但是大多數乃是俗民誌的（蒐集錄影帶片段、運用影片誘發參與者的訪談），多數乃是單一文化的，並且未曾運用國家代表性樣本。TIMSS錄影研究不同於上述所有研究的要點。TIMSS不同於以往俗民誌研究之處在於，其不尋求瞭解參與者賦予行為的意義。因此並沒有包括訪談，雖然教師的確填寫問卷。通常這些問卷的檢視是與錄影帶分割的。

　　在評估課程時間長度的聚合度方面，各國上課時間長度不一，因此他們以時間比例來計算。目的、教室互動、內容活動等三面向之事件的記錄方式則是辨識出十一個時間點，開始、結束、其他九個中間點，後者乃各自在10%的時間時記錄。他們發現國內聚合度高於跨國，某些面向有較為強烈的國家模式，而是否有全球趨勢，乃依據所選擇的面向而定。

　　對於聚合的來源，他們提出以下的解釋：1.組織與物理限制。2.國家層級的政策，或類似的地方政策。3.共享的課程。4.文化影響：國內朝向教學之國家模式的聚合乃是教學的文化本質所致。無數的研究顯示，初任教師往往學習他們以往被教導的方式。差異來源則是：1.教師的個別差異，如教學年資、教師培訓的本質、內容與教學知識、有關教學的態度與信念等。2.各國不同的迫切需求性，如教室中的日常例行工作。

範例五

　　Planel與Broadfoot共同進行多國的教學與學習研究。Planel（1997）的〈國家文化價值觀及其在學習中的角色：英法國家初等學校的比較俗民誌研究〉，亦可參照Broadfoot（1999b）〈學童成就之比較研究：尋找效度、信度與效用〉（Comparative Research on Pupil Achievement: in Search of validity, reliability and utility）及其他相關研究。

　　Planel（1997）本文論述英法初等學校學童對教育價值觀的瞭解（教育控制教育目標、如何達成目標等）乃與其國家文化相關聯，而且國家文化亦影響學生動機，而其態度決定其學習。其主張乃是，文化價值觀對學習的重要性更甚於教學風格。就該研究的方法論而言，作者立基於社會建構主義（social constructionism）觀點，對於英法的教育價值觀乃藉由教室觀察（深度質化觀察）、教師論述與學生感知（半結構訪談）來辨識。比較取向則使得位於不同國家文化中之對比性特質得以浮現，有助於揭露國家教育價值觀。學生的感知可用以辨識文化概念，其一在國內脈絡中瞭解學童感知，其二在跨文化中瞭解學童感知，可進行學童對學校態度之跨國比較。而英法的比較揭示了兩國教育價值觀的顯著差異，這可見諸於兩國的歷史、天主教與清教之不同宗教結構的傳承、教育體系的結構、教師的感知等。

　　作者認為英法學童對教育的態度與動機不同乃源於教學之影響，而教學特質則來自其文化。從比較觀點觀之，英法兩國在鉅觀脈絡上有其差異與相似之處。相似之處在於地理位置接近，共享長久的歷史連結，相似的經濟與社會問題。差異：1.法國教育體系的中央集權特質有長久歷史。2.法國的單一中心主義（monocentricism）不同於英國教育體系的多元中心主義（polycentricism），其權力傳統上乃是分散給地方的。3.英國的1988教育改革法乃朝向更中央集權的體系。4法國的天主教與階層體制、嚴謹性與秩序的連結，英國清教徒與英國體系中之自主性、啟發性相關聯。5.法國脈絡的中央集權化乃意圖建立法國的國家統一認同，而其方式乃是藉由統一的語言、統一的教育體系、統一的思維方式。6.教育傳統與哲

學：兩國脈絡中的教學都連結至該國對教育傳統與哲學的尊重。英國教育的多樣（diverse）與特殊化（particularistic）傳統使其各能對實驗性採取開放態度；法國教育體系的普遍主義與迪卡爾式意識型態，則偏好對傳統方法的依賴。法國1988-1989年的政府改革則是兒童中心取向。

　　奠基於對此脈絡的理解，作者在兩國各挑選兩校。兩國都選郊區學校，各一所學校屬於上層勞工階級，各一所屬於混合階級的學校。觀察班級包括低年級與高年級班，也藉此檢視年齡差異的影響。觀察時間則為每週一日，前往六週。訪談乃以小組方式訪談，一組3-4學生，1993-1995年共訪問共68組，共有240學童接受訪談。在校外與家長、教師與學童進行非正式的、隨機的討論。作者強調質量兼用的方法，學童訪談的資料同時以質化與量化的方式呈現。教室觀察的發現則以質化方式呈現。重要教師特質的量化與類型則在田野工作、以及經過一段時間的反省與重讀俗民誌記錄（ethnographic notes）後產生。

　　Planel下述的分析一方面結合了她與Broadfoot等人之前共同進行的有關教師教學風格的跨國研究，試圖連結教學環境中教學與學習兩者的關聯性；一方面結合鉅觀脈絡的影響與他們在現場所觀察到的微觀現象。

　　Planel（1997）指出，兩國重視的教學與學習風格並不相同。英國重視學童的差異性與個人解決問題的能力。相較於法國教師，英國教師在教室中採取更為關懷性的、非正式的方式面對學生。英國教室對學生的控制乃著重於學童對任務的控制。相較起來，法國教學被視為更強調使用外在動機引發、偏好標準化的教學方法（關注方法與學習結構），運用更權威的方式教學，從學生努力而非能力的角度界定學生成就。就本研究發現觀之，英法學生依據他們國家文化背景來瞭解他們的教學與教育經驗。法國文化背景較諸英國提供更多動機。學生動機的引發更多來自外在教育目標、教師、家長、同儕、努力工作的概念。這些增加的動機允許更多的權威性、嚴格風格的教學，以使更多法國孩童更有效地工作。而英國教師必須更努力地引發學生的內在動機，這部分源於英國文化背景中欠缺動機。因此教師們試圖使學習變得有趣。

　　Planel（1997）對於影響學習的複雜影響因素與政策的預測性抱持審

愼的態度。她主張，文化有其對學童學習之形成性影響。教學的有效性無法在未曾深入理解該國與學童文化時加以分析。而且此模式並非靜態的。社會與跨文化變遷會影響國家文化、學童文化與教學，教師也會受到變遷的影響。政策變遷也會影響國家文化、學童文化與教學。對學童文化變遷的方向無法預測。然而，國家與學童文化的形成性影響將轉變原本教學方案的意義。決策者無法預測在某國成功的教學風格移植到本國會帶來學生成就的增加。我們無法知道的是，接受該移植的文化詮釋這些教學訊息的程度與方向。

批判俗民誌運用於比較教育研究之問題與展望

前一節引介的質化比較教育研究多半援引俗民誌研究，而雖然Masemann與Foley等比較教育學者也倡議批判俗民誌的運用，但是似乎也僅止於單一國家的研究，而且關注的多半是內部殖民的問題。關於批判俗民誌在比較教育研究中的應用，筆者綜納比較教育學者、俗民誌學者與筆者的經驗，提出下述的研究步驟。基於對於批判俗民誌之應用步驟與上述俗民誌之比較研究的應用實例，以及前一章有關批判俗民誌研究的應用與問題，筆者將再進一步分析應用批判俗民誌於比較教育研究的展望與問題。

一 研究步驟規劃

此處僅概述各研究步驟的目的與任務，細節的操作則留待第五章處理。研究步驟分別為問題雛形形成、初步脈絡分析、田野實地調查（俗民誌研究）、第二階段脈絡分析、比較分析與批判反省、實踐與反省循環。

　　批判俗民誌研究者的「批判反省性」乃是貫串整個研究的核心，研究者必須時時謹記在心的是批判地檢視方法與研究對象、現場的適用性，檢視自己與研究對象的關係，以及研究對象及其與脈絡間的關係，尤其是隱微不可見的、意識型態或權力關係的影響。

　　步驟一是問題雛形的形成，此時只是初步的問題，問題的進一步釐清與聚焦乃在田野工作中不斷進行。以筆者對台灣與紐西蘭原住民母語教學的批判俗民誌研究為例，初步的問題僅是原住民語言教育。此一步驟之提出，一方面反映是質化研究的觀點—紮根理論，事實上也是量化研究的初步進行階段；另一方面則來自比較教育學者Bereday的建議。

　　步驟二為初步的脈絡分析，較為著重在鉅觀脈絡的理解，如政治、經濟、社會、文化、教育制度、研究現場等較為概括的瞭解，以作為進入田野研究前的先前理解。尤其比較教育學者進入的是跨文化或跨國的教育現場。但也保留空白與彈性空間，以利於減少特定框架對田野調查帶來限制。如筆者對台灣原住民教育問題與母語政策的探討等。

　　步驟三則是進入田野實地調查，此時採用的便是俗民誌的研究方法，如參與觀察、深度訪談、延伸性觀察與訪談、詮釋方法等。筆者的研究問題乃是進入台灣母語教學現場進行參與觀察後，進一步發現與釐清問題，也逐漸聚焦。也在此時因為看到權力結構的不平等影響，開始思考運用批判俗民誌研究母語教學的困境。這部分用到質化研究的技巧，如文獻分析、參與觀察、訪談、初步分析等。

　　第四步驟則是意義的詮釋與理解第二階段脈絡分析。此時進行意義的進一步理解，繼之將先前鉅觀脈絡分析與田野調查的研究發現、詮釋分析加以結合，鉅觀與微觀脈絡的分析兼具，以更清楚解釋在微觀現場所觀察的現象或訪談到的觀點。此步驟與前面三步驟事實上都是Bereday所謂的比較教育研究的描述階段與解釋階段。

　　第五步驟乃在進一步形成比較教育研究的架構。此時研究問題已經釐清，開始做初步的各國原住民語言教育的檢視，進一步鎖定以紐西蘭作為研究的對象，進入另一個田野，開始進行第二個案的第二個步驟，即初步鉅觀脈絡分析，接著進行田野研究。進入田野之後，接著在分析資料時繼

續進行鉅觀與微觀脈絡的分析。

　　第六步驟則是比較研究，反省與批判同時在此出現。在待比較的兩個個案研究完成後，便進展到比較。事實上，比較在第二個個案開始進行時便已經開始開展，此階段則是系統地比較兩個案。在比較進行時，差異與相似因此凸顯，對其意義的詮釋、脈絡的瞭解與影響因素的分析也在此時用以支援對這些差異與相似性的深入瞭解。雖然批判反省乃是貫串批判俗民誌研究的研究者態度與觀點，值此之際，緣此差異，對自身文化與教育現象的反省與批判更為凸顯與成熟；也源於對他國教育現象的更清楚掌握，以及來自不同文化背景之兩個案的對照，對他國的反省與批判也出現。

　　最後則是實踐與反省循環的開展。上述的批判反省出現後，之後便是進到社會實踐，將前一步驟出現的反省與批判回饋給參與對象以及決策者，展開對話，甚至進入研究對象的實踐中。在此部分，反省的不僅是對於「教育實踐」，而且也是針對「研究歷程」與研究者本身。

二　比較批判俗民誌教育研究的問題

　　在比較教育研究領域中，諸如Masemann與Foley等學者雖然倡議批判俗民誌在比較研究中的應用，然而其實徵性研究多半聚焦於單一群體的批判俗民誌研究，並未進行到最後的「比較」分析，而且多半以「本國」為研究對象。這並非意味著批判俗民誌研究無法應用於比較教育研究。然而，其應用性確有幾個議題需要審慎思考或瞭解。

　　針對Masemann所提出的客觀性與中立性問題，以及其他應用批判俗民誌於比較教育研究時的問題來探討，分成研究者的立場與盲點、強調權力結構而忽略其他脈絡、田野研究進行的問題、比較研究的問題、代表性問題、社會實踐與研究實踐問題。

（一）研究者的立場與文化盲點

　　進入其他文化或國家教育現場的比較教育研究者，是個流浪的外來研

究者，在研究過程中因此需要認識自己的立場與文化框架、身爲外來者的困境與利基、破除我族中心主義、達成跨文化理解等內在問題。

　　Lois Weis（1992）曾反省自己身在多元文化場域中且遠離本身背景的研究者立場，而舉出幾個關鍵要點：1.進入田野前便先瞭解自己；2.尊重別人；3.隨時統整自我到最大極限。其建議提出之原因在於跨文化研究乃是寂寞的過程：一方面因爲獲得進路的困難，也因爲個人自我與個人以各種方式獲得此一進路之能力的交互作用。田野雖然令人著迷，但可以是非常寂寞的地方，在那裡，人們不認識身爲研究者的你，而研究者的工作不必然要他們認識你並且接受你的本然面貌。人們會爲研究者分配其位置，這通常源自他們自己的社會定位（social location），因此對他們而言，你成爲那個人，無論你如何認定你自己，你對此沒有任何控制的力量，因爲你進入的是他們的文化整體。因此在進入田野前，你必須瞭解你自己。對於同樣進行跨文化研究、微觀取向研究的比較教育學者而言，這樣的現象與過程尤其明顯。

　　進入田野最迷人的一件事是我們與不同的文化情境互動時對我們自己有更多理解（Weis, 1992）。而且，重要的是，我們應該更爲瞭解自己的文化框架，知曉自己從何種立場與觀點來看待所研究的現場與對象，也更敏於查知我族中心的思想，如此或能更深入達成跨文化理解。

　　此外，McLaren（1993）將俗民誌視爲流浪學（nomadology），此意味著批判俗民誌不僅將生活經驗視爲文本而已，而能夠辨識與採取他者的立場，進而瞭解與尊重他人。因爲，身爲批判實踐者與能動者，我們需要確保我們的工作不致淪爲形式主義，而使人類受苦、使受壓迫者沈默。依據筆者的經驗，質化研究實踐者乃是流浪至其他文化的流浪者，流浪的身分使得研究者更能從「局外人」的身分瞭解「邊陲者」的處境；也因爲流浪至異文化，更能跳脫原有的文化視野，重新檢視既有的或新接觸的文化對象。

（二）批判俗民誌較為強調權力結構的不平等，較容易忽略其他脈絡

批判俗民誌的重點在於揭露不平等權力關係的存在，並在此種意識的覺醒上，進一步開展出打破不平等關係的實踐。因此，批判俗民誌本身即關注鉅觀脈絡性，但是其脈絡性較聚焦於政治權力結構，比較教育的研究則關注全面性，可以補批判俗民誌的不足之處，這也是比較教育研究在應用批判俗民誌時需要注意之處。所有的面向皆是相互影響與連結的，尤其在全球本土化世代。就比較教育研究的進行觀之，當跨文化或跨國的對象進行比較時，其源於文化背景與國家背景的差異更易凸顯。

（三）田野研究進行的問題

在田野實地調查中，首先遇見的困難在於進入現場的困難。為研究而要尋得通路進入他人的生活是極為困難的，尤其那些位於貧窮地區的多元文化情境，其長久以來受壓力與宰制階級成員的壓迫以至難以接受任何進路，也不信任研究者（Weis, 1992）。筆者進入毛利教育現場亦遇見同樣的困境。這也是進行批判俗民誌之比較研究的困境之一，因為著重於批判性，以及對弱勢群體的意識覺醒之目的，進入少數群體的場域是很重要，但卻是極度困難的，因為他們已經被過度研究與傷害。

另外則有性別偏見的問題。此一問題亦有其利基，因為一般人不會認真看待女性研究者。而一方面由於作者個人的人格特質，一方面由於女性身分，有些人並未意識到女性要在這領域出頭必須極為優異，因此也較願意接受她成為他們生活的一部分（Weis, 1992）。但是女性研究者也可能因為其性別而處於某些不利處境，或成為性別歧視的受害者。

與被研究對象與社群建立關係有其困難性，Weis（1992）便建議花費一段長時間，至少花一年時間。如果認為研究者可以進入田野並馬上開始訪問那些對象，而這研究者是他們不認識的、他們的文化他並不共享的、他通常被視為具有敵意的；這種訪問是不可能發生的，而且所獲得的訊息通常不正確在兩個研究中，Weis每週都前去教室三次，直到三個月後才開

始進行正式的訪談。在訪問前先讓自己成為一個令人信賴的社群成員，這是很重要的。而作者所知道的任何事情都不會洩漏出去。這當然也會引發道德兩難的問題。當身為研究者時，我們只是客人，而不是警察成員中的一位並且扮演介入的角色。但這並不意味著，在個人層級上，研究者不該試圖運用他的接觸與技巧去協助他人。

（四）比較研究的問題

比較研究是重要的，一方面有助於掌握類型，一方面作為對照，讓研究對象的特質更容易突顯出來。然而一般對可比較資料存在著誤解，Farrell（1986）指出如下：1.誤以為相似才可比：事實上，相似性來自觀察者的界定。2.決定「比較點」的是資料：事實上，這是研究者本身的或研究的假設。3.可比較性等同於相似性，即認為資料應要對應（equivalence）：他認為問題在於「測量」的問題，以及來自未控制之變項的問題。他認為可透過統計方法來過濾，此外，「社會不同，不能比較」並非真源於社會的不同，而是納入太少社會的現象，應擴大研究的範圍，廣納各地各國。

在不同的環境脈絡下，無論是對教育體制的理解或是教育措施的落實，都需要將環境脈絡的獨特性視為一種架構，透過此一架構真正理解其教育現象，也確保教育措施的落實不致落入盲目移植的後果。而批判俗民誌的俗民誌取向更是強調「文化相對性」，在此前提下，「比較」的意義並不在於基於共同基準來比較優劣、進行排名；而著重於透過「比較之眼」更深入理解自身的盲點與特點，以及相互啟發的獲得—從他者的經驗中，獲得更多的「可能性」、另類發展的空間。

質言之，在比較教育研究中，無論是量化或質化研究，跨國或跨文化研究的重要意義並非在於教育政策或措施的借用，而是以他人為鏡，從不同的觀點照見自己的樣貌，為我們視為理所當然的現象開啟出不同的可能性。此外，則是從別人的多樣性與可能性中帶來啟發。從此觀點出發，「比較」的意義並非在於決定優勝劣敗，也非僅是差異與相似性的歸納，而是對於差異與相似性更進一步理解其置諸於其脈絡中的意義以及背後的

影響因素，以及這樣的比較經驗、差異與類同性等所帶來的啓發。基於此目的，比較點的意義較類似比較的向度或項目，而非規準。

（五）代表性問題

對於批判俗民誌的代表性問題，俗民誌者提出之解決之道已在前一章中論及，如Crossley與Vulliamy（1984）強調生態效度等。而比較教育對此的解決之道或可用Joseph Tobin的視覺俗民誌與多重意義俗民誌來因應，其主要用以解決俗民誌研究「眞實性」充足、卻「代表性」不足的問題。

三 優勢與展望

比較教育批判俗民誌的應用上，有其需要特別注意之處，例如對脈絡的解析、比較點的建構、意義的理解、從意義理解出發而引發的啓發性意涵。然而，批判俗民誌運用於比較教育研究可有的展望與優勢有從對人的關懷出發，糾正以科學方法與客觀性爲尙、強求方法論一統性的比較方法，進入教育現場瞭解其獨特性，批判俗民誌方法的應用，對意義的詮釋與理解更加發揮，批判性之提升及對權力關係的知覺，結合微觀與鉅觀，落實社會實踐角色。將之分別介紹如下。

（一）從對「人」的關懷出發，以人為研究主題

批判俗民誌強調人的主體性，將人置諸關懷的核心，也相信人的能動力得以解放自我與轉化契機，也致力於揭露教育體系中的不平等權利關係與剝削。比較教育長久以來或聚焦於量化研究、或政策或教育體系之結構性議題，目的雖爲改善教育，卻忽略教育現場中人的經驗及其意義。筆者（2002a）便提出「以對實際生命與生活的關懷爲核心」，以回應比較教育長期以來的方法論論爭或比較教育研究方向。

以McLaren爲例，他強調學生經驗的優先性而指出：「我倡議的教學觀，是將學生的問題與需求，當作一切的起點。一方面，以學生的經驗爲基礎的教學觀，鼓勵我們進一步分析形塑學生經驗的主流知識形式。另一

方面，企圖提供學生一些方法、途徑，得以檢視他們自己特殊的經驗和附屬的知識形式。」（蕭昭君、陳巨擘譯，2003）雖然此處他論及的是教學觀，然而，在教育研究領域亦然，他致力於探究學生在教育現場中的經驗。Willis亦關注學生，Wolcott的俗民誌研究則以校長為對象，Broadfoot的研究團隊則以教師為研究對象。

　　將批判俗民誌取向應用於比較教育研究，其帶來的展望之一便是將人置諸研究的核心關懷，相信與尊重人的主體性與力量，也讓研究擴展出學術象牙塔，與社會實際相互對話與連結。

（二）糾正以科學方法與客觀性為尚、強求方法論一統性的比較方法

　　如前所述，標榜客觀、寫實的自然科學都已認知到研究者、社會與物質條件對科學理論的影響，而因此更沒有所謂的不變的知覺、知識與事實存在，推而論之，更否定了不變的理論典範，也否定了永恆法則、原理與方法的存在。

　　而科學尚是如此，更何況由人類意志與行為所形塑的種種社會現象。社會與人為現象存在著更大的變化與變異，那麼，要如何以齊一的、科學的方法來研究呢？要如何強求其達成以往所追求的實證主義式客觀呢（洪雯柔，2000a）？而在當今本土化運動勃興、全球本土化特質日益凸顯的脈絡中，實證主義量化研究之解釋性有待納入更為微觀的、對本土的理解。質化取向方法的採納，有助於此一目的的達成。

（三）進入教育現場，瞭解獨特性

　　承襲上述對人的關懷，批判俗民誌傳承自質化取向傳統的是親赴現場的微觀研究。這也是比較教育學者們長久以來強調、卻較為欠缺的研究。

　　從鉅觀脈絡著手，的確可以瞭解各國教育體系的整體抽象性面貌及其背後的影響因素。如Sadler強調學校外鉅觀因素的重要，Geertz主張學校文化乃受到較廣社會之階級、意識型態與結構決定因素所影響（引自McLaren, 1993: 5）。然而，也如前述俗民誌比較研究的範例所示，各國

教育政策兼有全球趨勢與國家文化模式，而各地各校亦有其因應政策的不同方式，而展現出其本土特質與地方文化特性。對教育現場日常實踐的瞭解，唯有透過進入現場才得以深入體會。

此外，進入教育現場的研究通常有助於對教育「運作歷程」的理解，而或許更利於實踐建議的提出。McLaren（1993）有類似觀點，指出對儀式如何運作有所瞭解，則有助於教師修正那些規定了教室互動之霸權模式的文化規則，並且改善與學生的溝通。

（四）批判俗民誌方法的應用

批判俗民誌作為一種方法的應用，對比較教育研究已有其貢獻。此外，批判俗民誌對比較教育的啟發，其中之一是揭示了研究方法的非中立性。此外，如Erickson（1984）指出的，藉由呈現研究結論為「可能性的」而非「確定性的」，我們能夠獲致可信度（credibility）而沒有神秘化（mystification）；且對於行動中的人們而言，俗民誌研究有其助益，可提供反省的新立場，一個較為謙虛但是誠實的目標。

俗民誌傳統中「使自己成為笨蛋」是個悠久的光榮傳統（賴文福譯，2003），這亦是比較教育研究者該具備的觀點，其提醒我們儘量避免帶著太多假定進入研究現場、打破我們對世界既定的認知，而重新開始學習。

而人類學對田野研究者的理想訓練，與比較教育類似，亦可給帶來啟發：Evans-Pritchard（1951: 76-77）描述理想的情境，學生通常花兩年時間在它的第一個田野研究，包括學習該被觀察團體的語言。再花五年時間出版研究結果，如果他還教書，那麼需要更久（引自Eggan, 1954: 754）。

然筆者也發現，語言的瞭解很重要，但是語言的不瞭解也有其優勢，對於互動與非語言行為的觀察更為細緻。

此外，如McLaren提及對研究現場周邊地理環境的理解、俗民誌者對地圖的繪製（賴文福譯，2003：x），這樣的練習幫助建立明確的地點及時間觀念。這似乎是比較教育學者比較欠缺的對空間的概念與時間的觀察。而在比較教育的應用中，更廣大的地理概念與地緣政治理解很重要，例如King便曾指出地理環境對巴黎與倫敦的影響，而進一步影響兩國的政

治統治方式，一集權、一分權。

（五）對意義的詮釋與理解更加發揮

在批判俗民誌的研究中，「理解」的重要性更形凸顯，因爲「意義的理解」、意義在「脈絡中」的理解較諸以往的因素分析更受到強調。以往的因素分析著重的是對因果關係的瞭解，是實證主義思維的具現；將質化研究觀點放在比較教育觀點中落實，強調的是不僅是掌握影響教育現場的因素，也強調對該文化群體對這些因素之意義的解讀，以及其所產生之影響、其影響對該群體的意義。「理解」的角色因此更爲深入，詮釋的理解也更有其發展空間。

Gallagher（1997）指出，教育經驗、相關機構組織、溝通模式等都是詮釋性現象；這也意味著整個教育研究事業（其方法論、目標、研究內容）都是詮釋學企業。而教育研究本身也不可避免地帶有詮釋現象，因此教育研究帶有雙重詮釋的特質。Carspecken（2001）則強調「詮釋重建」在批判俗民誌研究中的重要性，並藉由採取行動者與地方觀眾立場（position-taking）的詮釋學方法來獲得行動的整全性（holistic）意義，亦即含括發現與連結那些建構了意義場範圍（boundaries of meaning fields）的文化規範、信念、價值觀等，而非僅是瞭解每個有意義的行動。

比較教育研究的對象乃植基於不同文化、社會、政治、經濟等脈絡的各國教育，職是，更需要運用詮釋學方法以釐清各要素間複雜的詮釋關係，並提醒研究者在進行跨國研究時能覺知自身的詮釋觀點，或透過研究社群間的理性對話來進行反省。此外，筆者雖在前述論及語言的障礙或能強化對其他互動的觀察，然而透過翻譯來瞭解語言的確有其問題，來自各自文化框架的限制的確可能使得研究者與翻譯者無法眞確掌握語言的意義。而跨文化理解的障礙除存在於語言問題外，也因爲不同的世界觀與文化背景。在不同語言結構中，尤其是當進行比較教育研究時，即使我們對某種語言的掌握再好，仍有許多的文化意涵是我們無法掌握的。在筆者的毛利母語教學研究中，這點更是明顯。因爲筆者完全無法瞭解毛利語，因此其語意結構、語用結構，都無法成爲意義重建的一環。理想溝通情境的

營造、詮釋的互為主體性理解因此更為重要，也許或能稍補意義理解的落差。

（六）批判性之提升及對權力關係的知覺

McLaren（1993）田野不僅是場地，亦是地緣政治。緣此觀點，批判俗民誌提醒我們對政治權力關係的批判分析有其必要性。Bereday認為比較教育甚至可以視為地緣政治學，其他比較教育學者也強調對社會、政治等脈絡的瞭解，這是兼具微觀與鉅觀視野之批判俗民誌類同於比較教育之處。不同之處在於，批判俗民誌從批判觀點檢視這些關係、披露潛藏的意識型態與宰制關係，這是比較教育學者可以酌參之處。

此外則是在研究現場中建構互為主體性的對話，一方面減少研究者與被研究對象間的不平等關係、避免剝削，一方面更易掌握現場的真實意義，也更容易在對話中讓研究對象的增權賦能得以落實。

Habermas的批判路線使其認為語言乃受語言外的經驗所侷限，詮釋外之因素（力量、壓迫等）使詮釋扭曲變形的要素。Habermas認為語言是一種後設制度（metainstitution），所有社會關係皆依賴此，語言本身依賴語言外的宰制、組織動力、生產模式、科學技術進步等社會歷程。他提出深度詮釋學來批判意識型態，詮釋學反省加上後設詮釋解釋，以透過自我反省來提升解放（引自Gallagher, 1992: 17-18）。而其批判的規準在於對於可能性真理和正確生活的預見，而這只有在一種毫無宰制的溝通中才有可能。共同承認所謂的「共同意識」之獲致是詮釋學的最終過程。Habermas試圖以溝通能力理論來達成共同意識。他設定所謂的「理想的言說情境」。這個理想的說話情境不受外在制約，也不受內在於溝通結構的束縛，同時又不偏不倚的分配給參與者同等論辯的機會。質言之，Habermas以為真理的規準見諸由毫無宰制的溝通過程所獲致的共同意識（引自楊深坑，1988：141-143）。

（七）結合微觀與鉅觀

就比較教育研究而言，鉅觀與微觀的研究觀點是相輔相成的，他們各

提供了教育─社會現象的不同面向與深度。而這點也早在比較教育研究中受到重視與肯定。這也是批判俗民誌較諸俗民誌等其他質化研究適合比較教育研究之處，因為批判俗民誌結合鉅觀取向與微觀取向，其微觀取向乃是比較教育研究較為欠缺、而近十年開始出現更多研究，而二者的結合更是目前比較教育學者正努力的方向。

一如Crossley與Vulliamy（1984）指出個案研究不必然是純粹描述性的，也不限於微觀層級，不需忽視比較分析。類同於Broadfoot、Planel等結合俗民誌與比較研究，比較教育的批判俗民誌設計可結合教學觀察等微觀研究與國際脈絡的探究。

（八）落實社會實踐角色

批判俗民誌的目的之一乃在解放受壓迫者。比較教育長久以來則強調其改善教育與世界的角色，然比較教育較為著重在鉅觀的政策與機構層次，對於微觀教育現場與個體的關注較少，對弱勢群體的關注也相對較少。

Carspecken（2001）提出批判俗民誌的實用視野（pragmatic horizon），指出他所謂的實用視野是完全意義視野（full meaning horizon），強調意義性行動之完全實用性的基本特質，其從語意內容、實用結構、分析上具有區隔性但經驗上融合的有效性視野等的匯集而成的意義的整體性本質。

此外則是「詮釋實踐」。筆者將詮釋學理「詮釋實踐」的概念視為批判俗民誌之社會實踐的一種。此任務乃在提供詮釋一種具生產性的前見、消除不具生產性的前見（Gallagher, 1992: 12）。筆者認為對研究對象的真正理解，乃有賴貼近真實性的、互為主體的詮釋，此種詮釋則不僅增進我們對研究對象的理解，也能深化我們對自身與母文化的理解，更是彼此進一步邁向解放的基石。

首先，理解就像「行動」一樣，都是一種冒險，而且絕不只是將有關規則的知識應用於陳述、文本的理解上；再者，理解不管其進行的成功與否，都意味著我們內在知覺的成長，這就好像新經驗進入我們心靈

經驗的文本中一般。奠基於語言內在的、所有理解的「共同體（性）」（communality）才是關鍵點。當我們擁有共同語言時會形成一種共同觀點，投入我們經驗世界之共同體的主動參與者也是這般（Gamader, 1987: 335-6）。

比較教育的研究在「比較」時，對研究過程的後設思考與分析、對各種現象成因的歷史與情境分析，都是使其足以成為一種「實踐哲學」而非僅是「實踐」的重要歷程。

（九）比較研究對批判俗民誌的開展

1.批判俗民誌的批判性，在比較的參照架構下，將有更大的開展——因為比較視野的開展，讓共同參與人員從一種「局外人」的視野重新檢視自身所處的脈絡；也透過來自不同文化體之參與者的相互對話，加深批判的深度。

2.批判俗民誌對脈絡的檢視著重於權力結構關係，此與其打破不平等權力關係的核心關懷緊密連結；而在比較教育研究中應用批判俗民誌，其在脈絡的分析上並不侷限在權力關係，而是更廣袤的脈絡中來檢視，包括文化、社經等，而這將加深與加廣對議題的理解，有助於提供更為周全的解決之道。

3.承襲上述，批判俗民誌在比較教育研究的應用，便不侷限在弱勢群體的議題上。然而它的確非常適用於弱勢議題的探討。

4.強化對我族中心主義的破除：此點與第一點乃是相關聯的。長久以來，俗民誌的研究一直以異文化為主，強調的是以局外人的觀點去理解「異文化」。雖然此一傳統已開始轉變，人類學者將研究對象加以擴展，納入自己的母文化為範圍，但是強調的仍是一種從局外人觀點檢視的訓練與能力。然而，在研究者身處的文化脈絡中，其所研究之「異（次）文化」仍是其文化脈絡中的一部分，有著相對於主流文化的地位，且有著共同的一些假定或特質，而這些（包括次文化、共同假定或特質）包括或許仍可能對研究者產生影響；而比較教育研究的範圍往往跨國或跨文化區，此對「我族中心主義」與我族中心的文化視框將有更大的衝擊，有助於更

進一步、更深層地打破我族中心主義的觀點，更有助於批判性的開展──無論是對母文化或異文化。

第五章
批判俗民誌於比較教育研究之應用──桃源二村（Walden 2）

前一章簡單介紹過筆者所提出的比較批判俗民誌研究的步驟，此處更進一步論述各步驟之任務以及注意事項。繼之以筆者在台灣與紐西蘭所進行的比較批判俗民誌研究為例，此一嘗試不同於第三章中應用批判俗民誌取向於「教育研究」，也不同於第四章應用俗民誌於比較教育研究，而試圖進行比較的批判俗民誌研究。最後則是對方法論與研究方法的反省批判。

第一節　研究步驟介紹

　　本節先分別討論比較研究與批判俗民誌研究的方法步驟，復論筆者所提出的研究步驟。

一　比較研究

　　Mattei Dogan（2002）將比較策略分爲十五種，如單一國家研究，依據理想典型或實際類型來比較，比較對立國家，比較類似國家，異質領域的概念同質化（conceptual homogenization of an heterogeneous domain），世界性統計數據比較，對國內差異性之跨國性比較，長期追蹤、縱時性、同時性比較，時間因果關係的比較，混合選項的比較，排序的比較以代替統計數據，比較生態環境，比較迷你國家與巨型城市，比較觀點中的不規則、偏差、例外、獨特性等。其顯現出比較研究的多種目的與類型。比較教育研究一般多是單一國家或跨國（區域）的比較研究；類似或對立國家的比較皆有；歷史的比較雖不被視爲比較教育研究的類型，但卻被視爲「解釋」當代教育現在的背景脈絡；用以排序的、時間因果關係的比較等，也都是比較教育研究中常用的。

　　而關於比較研究的進行，不同學科或目的的學者卻有著類似的步驟。

　　如人類學的比較方法一般分爲三步驟：1.找出同類現象或事物。2.按照比較的目的將同類現象或事物編組做表。3.根據比較結果進一步分析。藉此方法以探究不同的風俗、習慣及制度之間，在不同文化間重複出現（並且用來檢驗這類的理論）的關係，有助於對各種類型文化異同的認識，有助於對各民族、各國家、各地區文化起源和發展的普遍性與特殊性認識（文化人類學辭典：245；張恭啓、于嘉雲譯，1989：441）。

　　Glaser（1978）敘述用來發展理論的經常比較法之步驟：1.開始蒐集

資料。2.找尋蒐集資料中可成爲焦點類別的關鍵議題、回溯事件或活動。3.蒐集資料，以提供焦點類別的許多偶發事件，並留意該類別下的各種向度。4.寫下正在探索的類別，試圖去描述並解釋資料中的所有事件，同時也繼續找尋新的事件。5.運用資料和顯現的模式，以發現基本的社會歷程和關係。6.將分析的焦點集中在核心的類別上，且同時進行取樣、編碼和寫作（引自黃光雄主譯，2001：97）。

比較教育學者Bereday建構了系統的比較教育的研究方法架構，將比較教育研究分爲兩個主要部分：1.區域研究：區域研究係以單一國家或地區爲研究中心主題，但多國教育資料若僅是逐一做描述或解釋，也可視爲區域研究。其研究步驟又可分爲兩個階段：(1)描述階段（descriptive phase），旨在進行教育資料的蒐集，在蒐集資料之前先進行分類工作，之後才進行資料的收錄與分類編目。主要從兩個面向來進行外國學校的研究：一爲對資料的追蹤研究，一爲對學校進行訪視。(2)解釋階段（explanatory phase），又稱爲社會分析，是運用其他社會科學的方法對教育資料進行分析，檢視教育與社會的關係，以發現教育現象與社會因素間的因果關係或相關性。2.比較研究：比較研究乃是同時對多個國家或地區的教育現象進行研究，其研究步驟可分爲兩個階段：(1)並列階段（juxtaposition），系統地、條理明晰地整理不同國家的資料以進行初步的對比，以建立比較點（tertium comparationis）──即比較據以進行的規準、比較所欲檢證的假設。(2)比較階段（comparison）則是對教育所做的跨國界同時分析，透過排序的歷程更加突顯教育事實，以證明得自「並列」階段的假設（洪雯柔，2000b）。

二 批判俗民誌研究

至於批判俗民誌的研究步驟，Thomas（1993）指出批判俗民誌以經驗事實爲重，立基於證明社會衰頹狀況的各種證據上，開始進行研究。首先將各種紛陳的社會主題化約爲可處理的主題，進行的是文獻分析與主題反省；繼之蒐集資料；次之則爲形成概念，將主題概念化，以使由資料產生

的臨時、批判性的工作假設得以創立，此時進行的則是詮釋與分析。

　　Carspecken與Michael Apple（1992，引自鄭同僚審定，2004：60-64）建議批判質化研究的五個階段：蒐集獨白式資料以彙整基礎記錄、基礎記錄重建分析、對話資料的產出、發掘系統關係、使用系統關係解釋研究發現。其設計來研究發生在一個或多個社會場地的社會行動，並透過詳查研究焦點場地及與該場地相互關聯的場域和社會系統等條件來解釋行動。同時也設計來評估在場地中行動者普遍的主觀經驗，並用以發掘和研判與大範圍之社會系統相關聯的行動之重要意涵。

　　在此五階段之前，研究的最初步驟乃是創造一系列研究問題、一系列特定的研究名詞，並且檢視研究者本身的價值取向（方永泉，2002）。這五個階段並非不容變通，也不是非要依照順序單向進行，而不能返回先前階段。我強烈建議寬鬆地循環運用這些步驟，開始時以順序方式進行前三個階段，然後根據初步分析的發現，再重複先前的步驟（鄭同僚審定，2004）。

　　以下將依據上述的比較與批判俗民誌研究步驟，加上其他學者與筆者進行比較批判俗民誌的歷程，整理出各步驟及其工作內容。

三　比較批判俗民誌研究

　　研究步驟分別為問題雛形形成、鉅觀脈絡初步分析、進入田野──田野實地調查（俗民誌研究）、意義之詮釋理解與第二階段脈絡分析、比較架構形成與比較進行、反省回饋與實踐。分述如下。

（一）問題雛形的形成

　　步驟一是問題雛形的形成，此時只是初步的問題，問題的進一步釐清與聚焦乃在田野工作中不斷進行。Thomas（1993）也有類似觀點，指出主題的選擇通常開始於廣大問題或議題範疇中的某些模糊觀念，研究焦點的聚焦則有待資料蒐集的進行後。以筆者對台灣與紐西蘭原住民母語教學的批判俗民誌研究為例，初步的問題僅是原住民語言教育。此一步驟之提

出，一方面反映質化研究的觀點—紮根理論，事實上也是量化研究的初步進行階段；另一方面則來自比較教育學者Bereday的建議。

Thomas（1993）提醒我們在問題形成初期的預備步驟：列出研究問題清單、明確的研究項目，以及檢視研究者的價值取向。Louis M. Smith（1978）則強調對問題的直覺感。

筆者以為在問題形成初期應先進行自身價值取向的檢視，抑或回應Louis Smith的說法而檢視我們對問題的直覺。一如當代詮釋學者的洞察所揭示：每個陳述都是對問題的回應，而唯一理解這個陳述的方式便是抓住此一陳述所回應的問題。要獲知問題為何，不僅要瞭解背景動機，更要對問題及其相對應的陳述所處情境的意義有所理解。此外，我們必須自問為何對這個文本有興趣。因此，詮釋進行的第一步就是在對問題進行理解時先探究引發詮釋動機的問題。這是一般的實踐程序；而我們也很自然地會反省隱藏於問題中的先前假定（presupposition），這一方面可以浮顯我們未曾察覺的先前假定，一方面對問題中模糊的先前假定與意涵有所察覺。而且這種反省是無止盡的（Gadamer, 1987）。必須謹記在心的是，研究方法架構與步驟並非一成不變的，在質化研究中，研究問題亦是如此，類似詮釋循環，是不斷修正的與開展的。也因此，質化研究者必須具有彈性與開放的態度。

Erickson（1984）建議俗民誌者自問下述的檢測性問題：1.你如何獲致你的觀點？2.你省去什麼？留下什麼？3.你選擇的理由是什麼？4.在你觀察的行為場域，你可以監督多少？5.為何你監督某些場境中的行為而非其他的場境？6.你從行動者觀點來決定意義的根基是什麼？

至於研究問題的提出與研究項目的釐清，應該要一般、通則、廣泛，而且有彈性，不要太精細確切（鄭同僚審定，2004：61），繼之藉由閱讀文獻、以及反省從閱讀所得之概念觀念與從初步實地觀察所得之關聯性，找出進入問題之門的方法，學著以該場境所教導之場境合宜性問題而提出田野情境的問題，並將無限量的可能問題化約為少數幾個可處理的問題，闡述此一問題如何產生及在既定文化中如何處理此問題（Erickson, 1984; Thomas, 1993）。

從在田野中提出疑問開始，導引出對以下的描述：1.將社會場境當成整體，描述社會行為的規律性。2.身為俗民誌者，身處於社會場境中而經驗該規律性。3.他或她從全世界人類行為的廣泛多樣性觀點來看待情境與情境行為（Erickson, 1984）。其次，根據研究問題列出所需要調查的具體項目，寫下解決研究問題所需要蒐集的資訊。這份清單通常包括界定哪些社會日常例行活動需要密集觀察的記錄，哪些需要重點式報導，還包括規劃需要調查的文件、法規、媒體傳播品等，以及詳細說明如何選擇哪些訪談對象（鄭同僚審定，2004：61）。

批判俗民誌之研究問題的獨特處在於其揭露不正義（如種族主義）、社會控制（語言、規範或文化規則）、權力、階層化、文化酬賞與資源之分配，以闡述文化意義如何限制存在（Thomas, 1993）。筆者認為比較批判俗民誌研究可以不以此為限，重要的不是在於所挑選的主題為何，而是對形成批判研究不同於非批判研究的特殊層面的深入與廣博瞭解，是藉由所研究之主題開啓更廣大的視野。

（二）鉅觀脈絡初步分析

步驟二為初步的脈絡分析，較為著重在鉅觀脈絡的理解，如政治、經濟、社會、文化、教育制度、研究現場等較為概括的瞭解，以作為進入田野研究前的先前理解。尤其比較教育學者進入的是跨文化或跨國的教育現場，不僅需要將教育現象置諸國家與社會脈絡來理解與分析，亦需納入國際的影響，而更適合全球本土化脈絡的需求。但也保留空白與彈性空間，以利於減少特定視野框架對田野調查帶來限制，因此強調對脈絡的「初步」分析。如筆者對台灣原住民教育問題之全球、國家歷史、母語政策等鉅觀面向的探討等。

就比較教育研究而言，鉅觀與微觀的研究觀點是相輔相成的，他們各提供了教育—社會現象的不同面向與深度。鉅觀之國家政治、經濟、社會、哲學等因素的分析早在比較教育研究中受到重視與肯定，Sadler、Kandel、Hans等歷史因素分析時期的學者，社會科學時期Bereday、Holmes、Foster、Anderson等學者莫不關注此脈絡。Arnove（1982）、

Altbach（1982, 1991）則提醒比較教育學者莫忘國際的影響。如Arnove（1982）指出教育機構與歷程之生態學研究少觸及國際交流脈絡，因此為有必要從國際經濟秩序來瞭解國家之經濟發展脈絡；此外需注意比較與國際教育的全球面向，因為國家單位的發展與完成乃位於國際之中。Arnove（1982）、Altbach（1982, 1991）也都強調探究文化依賴或新殖民主義的影響。

　　微觀現場的研究則是比較教育研究者倡議已久，卻仍相對較少的。而俗民誌研究有這樣的信念：歷程議題（相較於結構）對教師、學校行政人員、課程發展者、我們的觀眾而言更具有重要性（Smith, 1978）。批判俗民誌的研究則在1970年代開始轉變上述的信念，結合鉅觀與微觀研究的方向，著手探討個別現象、社會結構與社會現象間的複雜互動網絡與影響。批判俗民誌對不平等權力關係的揭露則是比較教育學者較少觸及的面向，也因之有較大的發展空間。Giroux（1993: xxiii）曾說McLaren乃是一個故事敘說者，也是理論家。筆者思考的是，由於批判俗民誌的俗民誌性格，使其具有類似故事的表現方式與內涵，因此研究者本身為說書人；但是也由於其批判性與解析性，研究者也同時是理論家，至少要能從理論中來分析故事發生的脈絡與後面的權力結構。這也是比較教育致力的目標之一。

　　此外，田野研究的確很容易讓研究者只專注於在教室場境中發生的細節。將此種場境中的細節置諸該文化的脈絡中理解其意義，亦將之置諸該地區與該國的脈絡中來理解，因此有其補充的功能。筆者的觀點是，在進入前先對鉅觀脈絡進行理解，這樣在進入現場時可以對其影響進一步觀察、思考與詢問。但是對於微觀的脈絡先暫不細探，以留給自己更大的空間來進行不帶成見的理解，也避免觀察的細緻度因此減少。在第一波觀察與訪問進行後，有新的問題產生、有新的理解，再進一步探究微觀脈絡，也分析鉅觀脈絡的影響。之後再進行第二波觀察與訪談，一方面將自己的初步分析與鉅觀面向所帶來之影響進一步確認，也將此問題拋給受觀察與訪談對象，讓批判反省在雙方都產生。

（三）進入田野——一般俗民誌方法與批判俗民誌方法

　　步驟三則是進入田野實地調查，此時採用的便是俗民誌的研究方法，如參與觀察、深度訪談、延伸性觀察與訪談、詮釋方法等。筆者的研究問題乃是進入台灣母語教學現場進行參與觀察後，進一步發現與釐清問題，也逐漸聚焦。也在此時因為看到權力結構的不平等影響，開始思考運用批判俗民誌研究母語教學的困境。這部分用到質化研究的技巧，如文獻分析、參與觀察、訪談、初步分析等。

　　關於進入田野，以下從幾個面向來談，一個是為什麼要進入現場，一個是進入現場後應該注意什麼、怎麼進行研究。在此階段，為避免論述錯誤或不正確，Thomas（1993）提出幾個建議：1.小心進行觀察、記錄與資料分析；2.在證據之建構時，運用不同來源的資料與不同的資料蒐集技術；3.請訊息提供者與同僚閱讀研究報告草稿；4.他人對自己研究的複製闡明了證據正確與概念豐富的程度；5.自己對研究的反省。

　　就在場性而言，Erickson（1984: 60-61）指出：身為俗民誌者，有義務身處現場（have been there），而且身處現場意味著經驗與同樣在該現場者的關係。這不僅是質化研究者的特質，也是比較教育先驅們長久以來對比較教育學者的要求。一方面是對異文化的瞭解，以及打破既有視野——化熟悉為陌生、化陌生為熟悉；一方面是「如實」記錄，在自然場域中研究自然的行為表現，看見人的真實面貌，而不是隔著距離、帶著浪漫的眼鏡觀察與解釋。相較於在自己的文化與社會中進行研究，比較教育研究在此處的重要性得以彰顯。傳統的俗民誌、批判俗民誌強調俗民誌者進入的現場是遠離自己社會與文化的、部落的現場。現代的人類學者也進入自己的、現代社會中進行研究，但是一樣必須從一種全新的觀點來檢視社會現象。比較教育的「向外觀望」與「對照」既可以保有來自其他文化與地區所帶來的啟發、打破視為理所當然的框架，亦可提供更深入檢視的基礎。

　　在田野的實地工作是質化研究最常用以蒐集資料的方式，研究者進入研究對象或資訊提供者所處的自然情境，以被研究者感到最舒適或自然、不干預、不打擾的方式，進行研究資料的蒐集，獲得大量描述性的第一手

資料。參與觀察和訪談是實地工作最常使用的資料蒐集技術，其他資料蒐集方式，如文件檔案、個案記錄、會議記錄等，亦是有效的方法。其強調的是訪談中研究者與受訪者是平等與親近的，關係是非正式的，而不是權威、控制、正式的（黃光雄主譯，2001：107）。以下分別就進入現場的注意事項、資料蒐集的來源與方式等兩面向來談。

1.進入現場

Bogdan與Biklen（黃光雄主譯，2001：131）提及進入田野的管道，指出其有內隱式研究（covert research）與外顯式研究（overt research），亦論及研究者的特質與共融關係的特別問題，並且建議研究者要謹慎與謙虛。筆者在獲得進入田野之進路的經驗，或許也是比較教育學者、質化研究者所可能遇見的困境。許多的原住民族群有著好客的特質，或者對於局外人抱持較為開敞的態度，紐西蘭原住民——毛利人——亦如是。然而要以研究者身分進入部落進行研究，卻較難獲得進入的進路，其牽涉到的因素極其複雜，如人際關係的建立、研究者、關鍵訊息提供者與被研究對象間的政治權力關係、該族群與部落的歷史及其在紐西蘭社會的處境、主流社會與毛利價值觀及其矛盾、民族性格等。

2.資料蒐集

一般而言，研究資料是指研究者從研究領域所蒐集之初步或原始的資料，這些特定資訊形成了分析的基礎。資料的來源將會形塑分析的意義。因此，研究者的目的乃在辨識出最好的、且與主題直接相關的資料來源，其任務有三：(1)確定哪些資料才是研究所需；(2)決定可提供研究之內部知識的訊息提供者；(3)確認獲得資料可能遭遇的問題。對於在研究過程中不斷揭露文化意義與過程之細節與差異的額外訊息來源，我們的研究必須隨之不斷改變與調整（Thomas, 1993: 37）。

質化研究資料包含以下數種不同方式，其一為田野札記，田野札記又分兩種：描述式，著重於描繪觀察中的實況場景、人物素描、動作及對話；省思式，多捕捉觀察者的心理層面、想法、關切的要點。另一種形式的質化研究資料是錄音訪談的逐字稿。另一種資料形式為文件，可分為個人文件、自傳、學生記錄及個人檔案、官方文件、內部文件、外部通訊、

流行文化文件、及攝影（黃光雄主譯，2001：158）。

由於批判俗民誌的紮根理論立場，證據的精確性不如在量化研究中那般重要，因為立基的並非事實，而是自事實產生的概念範疇或其屬性。但這並不意味著對精確性的不重視。為了確保精確性，研究者必須檢視訪談與觀察之資料，並查察研究者在導引式問題與錯誤詮釋中加諸的價值觀（Thomas, 1993）。

就資料蒐集方法而論，筆者（洪雯柔，2000a）便支持多元方法論的觀點。在研究中，並無特別好的或壞的方法，無論是個別訪談、團體或焦點團體訪談、參與觀察、非參與觀察、或其他方法，只考量其是否適切於該研究目的與對象，以及研究者能否對之有良好的掌握。Thomas（1993）則指出資料蒐集策略僅是一種工具，因此在決定運用的方法時，要考慮的問題有三：1.其為達成此任務的適當方法？2.此方法能否勝任此任務？3.是否有補充的方法論工具以精鍊出研究的產出結果？最重要的，不可將資料蒐集視為中立的或不能挑戰的，而應隨時保持彈性。

至於質化研究者的調查期限需要多久，尤其在進行觀察時，學者們有不同看法。筆者認為，沒有固定的時間。有些學者認為要經歷一個完整的循環週期，經歷該田野中所有的事務，如Smith（1978）主張進行一段一般常識理解的疆界，例如學期、一年、一段計畫等。有些主張更久的時間，因為研究者進入該場域的初期都還在懵懂階段，對於當時發生的情節無法清楚掌握，因此最好能超過該週期。Bogdan與Biklen（黃光雄主譯，2001：89）則指出，質化研究者對於完成蒐集資料的標準是達到所謂「資料飽和」，即資料蒐集的訊息已開始多餘重複之際，即告停止。亦即，置身在研究中的時間越久會學得越多，但是最終會抵達開始減少的折返點。

然而，留置現場的時間有時並非研究者所能掌控。以筆者在紐西蘭進行田野研究的經驗，有些學校甚至只允許一天的時間或半天時間的參訪。就多場域的個案研究而言，在之前的參訪經驗後，後續個案研究所需的時間也許較少，但是也必須注意不要因為輕忽地推論而未能理解各場域的獨特意義與內蘊。此外，對孩子們而言，一天或半天的時間就足以讓他們習慣研究者的存在，而習慣於實習教師或訪客的學校（如附屬於教育學院或

大學的中小學）則少有觀察者效應的產生。以Tobin、PISA、Alexander等的研究爲例，以一天爲例，因爲透過比較，其特質會清楚凸顯。但是若要深入探究其意義，則需要更多的後續研究，或以不同的方法進行研究，以達三角檢證的效果。必須謹記在心的是，每一個現場或對象都有其獨特性，亦有其共通性，而對所有共同或差異現象的解釋都必須來自對該場域脈絡與文化的理解與詮釋。

Smith（1978: 333）在探討教育俗民誌進行的認知歷程時提及資料蒐集時的思考，包括浸淫於具體的感知意象中，先暫緩詮釋而將之置諸一旁，以及有意識地進行資料蒐集。換言之，實地進入田野蒐集資料，儘可能不介入地身處研究場域，運用訪談或觀察方法蒐集Carspecken所謂的獨白式（monological）資料以彙整基礎記錄。Carspecken（鄭同僚審定，2004：62）稱爲「獨白式」，因爲研究者是獨自「述說」，並未使研究對象進行深入探究性的對話。他建議透過筆記、錄音、錄影等方式，建立初始的首要記錄，針對研究焦點場地進行密集的觀察記錄。

至於觀察的對象，不同於量化研究期待樣本能夠代表母群體而做出有效推論，質化研究企圖尋找日常活動中所發生的「規律性」，這意味著必須愼選「日常生活中的樣本」以作爲觀察對象。需要重建的主要焦點應該放在研究主要場地經常發生的互動樣態，或是罕見但相對於常見的互動確有著特殊對比意義的互動。這意味著研究者必須考量要觀察什麼、觀察的頻率如何，以及何時觀察等問題。建立觀察時程表非常重要。適當的觀察時程表有助於含括充足、具有代表性而不至於偏頗的觀察，如此質化研究者才有立場宣稱不同類別的事件發生的頻率比較高或低（鄭同僚審定，2004）。

此外，研究者無論在訪談或觀察中所記錄的田野札記，其內容分爲兩種：其一爲描述式的實地札記：主要爲人物素描、對話的重新建構、描述現場實況、特別事件的記錄、活動的描寫、觀察者的行爲。其二爲省思式的實地札記：包括資料分析的省思、研究方法的省思、道德兩難及利害衝突的省思、觀察者心境的省思、待澄清的重點（黃光雄主譯，2001），不同研究者有不同的記錄方式，筆者承襲夏林清老師的方式，將田野記錄分

爲左手欄與右手欄，左手欄依照時間順序描述事件的進展、人物的對話與互動、非語言的表達、場境等，右手欄則是研究者的解讀、心境、對自身假定的反省、批判反省等。

　　Roger Keesing（張恭啓、于嘉雲譯，1989）指出，在田野研究中，研究者面臨一些侷限性：1.已有自己的母語，一套思維、知覺、行動模式。2.潛意識領域，一種無法用語言加以形容的，對景觀、人、聲、味等的知識。3.從訊息提供者口中所知道的風俗很可能不正確，而只是他們的所見、所爲、所想的片面之見。民族誌工作者從被研究者口中所獲得的有關其生活方式的知識都必須詳細記錄，並就實際發生的事件來核對、證實、補充。4.取樣與代表性問題，取樣的問題比較小，另外則是要詳細觀察、小心從實際事件中從事通則的推論。忽略婦孺、人類學者訓練不夠、大型社會的複雜性等問題。因此必須更講究取樣、統計技術、方法論上的精確性等問題。5.人性情境：因爲處於人性情境中，因此必須顧及洞察力、直覺、同理心等問題。6.文化衝擊（culture shock）與其他情緒問題。7.該民族的感受。8.倫理問題。

（四）詮釋理解與第二階段脈絡分析（微觀—鉅觀脈絡分析）

　　第四步驟則是意義的詮釋與理解，以及第二階段脈絡分析。此時進行意義的進一步理解，繼之將先前鉅觀脈絡分析與田野調查的研究發現、詮釋分析加以結合，鉅觀與微觀脈絡的分析兼具，以更清楚解釋在微觀現場所觀察的現象或訪談到的觀點。此步驟與前面三步驟事實上都是Bereday所謂的比較教育研究的描述階段與解釋階段。

1.意義的詮釋與理解—互爲主體的對話

　　對於前一步驟田野調查中所獲得之資料的分析，筆者另闢一個階段，雖然事實上在田野研究時已經開始進行意義的詮釋與理解，二者難以區分，但是質化研究更強調意義的詮釋與理解，因此筆者將之獨立出來，以凸顯其重要性以及豐富意涵，亦在提醒包括筆者在內的研究者要謹慎處理意義的詮釋與理解，檢視在田野現場中形成的初步詮釋與理解，也更深入地探究其意涵。

關於田野研究的進行與資料的分析技巧，國內已有許多質化研究的相關論述有細節性地介紹，請讀者自行參考其他書籍，此處僅摘要性介紹一些要點。

　　資料蒐集完成後的分析乃是研究者開始分析截至目前為止蒐集到的基礎記錄，以重建分析評斷場域／脈絡與社會結構、情境定義、互動型態、互動型態的意義、權力關係、角色、互動序列、嵌入意義的證據、研究對象對人們和事物的思考方式、活動、事件、歷程等，將構成人們行動的條件的非論述式思維意識，予以重建為語言文字的形式，以釐清研究者觀察中接受到的意義印象。其包括反覆讀取基礎記錄，發展編碼的分類系統，將資料依據編碼系統加以組織，交由同儕檢核者加以檢查以挑戰研究者的偏向與盲點（黃光雄主譯，2001；鄭同僚審定，2004），針對分析所揭露的論點或意義與研究對象討論或再進行觀察，以確認研究者對意義的理解與詮釋貼近其真實面貌。此一步驟不僅是藉由和研究對象與場域互為主體的對話來理解所觀察到之現象的文化意義，也是一種意義共同創造與豐富的過程，亦是一種回饋與批判的展開。

　　此詮釋的歷程一如Palmer所言，包含從初始整體的理解，而後向比較明顯而條理分明的理解模式，然後再回過頭去修正並整合先前對意義的整體把握（Palmer, 1969；引自鄭同僚審定，2004：137-138）。也如Carspecken（鄭同僚審定，2004）所說，如此的詮釋歷程中，涉及的是一種詮釋性的過程，也就是由默會（直覺而為分化）朝向顯明化（輪廓分明與分化），然後再返回整體。這就是所謂詮釋學的詮釋。而且，研究者必須成為「虛擬的參與者」才能闡明研究對象所指涉的意義場，而對意義有整體性的理解。筆者則認為互為主體性不僅意味著採取對方立場，而是當採取他人立場進行瞭解時，還必須進行對話，以作為互為主體之確定性的精進方法。此外，當研究者對研究場域或對象的理解程度較高時，的確較能掌握文化典型，但是也可能因此減弱對於其視為理所當然之假定的反省與批判，也可能減少從局外人觀點開啟跨文化對話以及提供不同視野。這是研究者必須注意且時刻反省的。

2.鉅觀與微觀脈絡分析

Gadamer的「理解」概念至少包含下述四個組成要素：1.先前結構或先前理解：它代表一種對於被解釋對象之先前認識，它是一種暫時性的判斷以及歷史傳統，它代表意義的預見，而導引理解，使得理解成為可能。2.真理的經驗：理解並不是個別生命表現的再現，而是一種真理經驗，因此理解本身是與事物之一致性。3.視野的交融：理解係在前後交互作用的歷史過程中，理解者的意識受歷史所制約，但也自覺到本身所受到的這種限制，因而能夠透過語言的運作，融合過去與現在的視野，窮究真實的意義。4.運用：理解並不是把歷史對象孤立化、客觀化以獲終極有效的知識，因為理解本身就是歷史事件，屬於整個詮釋過程不可分割的整體（引自楊深坑，1988：139）。

此一論述指出的是，研究者若要對研究對象有整體性的詮釋與理解，必須立基於對其歷史與脈絡的瞭解之上，換言之，應是微觀與鉅觀取向兼具的意義詮釋與理解。其中一個面向乃是歷史面向，White（引自Smith, 1978: 350）亦強調俗民誌研究中歷時性（a chronicle）的重要性，歷史與歷時性的差異在於它運用解釋的概念，聚焦於某一歷史之意義的主要討論。

此外則是批判俗民誌強調的發掘系統關係。Carspecken指出研究者應檢查焦點場地和其他特定相關地點之間的關係，包括一些位於鄰近場域的一些場地，以及產出文化產品的場地。以闡明他所重建的社會經驗與文化形式與階級、種族、性別及社會政治結構之間的關聯。他認為此階段的研究成果才真正賦予研究影響力，並使其對於實際社會改革有所貢獻（鄭同僚審定，2004）。就比較教育研究而言，系統關係不僅如此，而更含括筆者在第二步驟所提及的鉅觀脈絡，國家的、國際的、全球的脈絡皆涵蓋其中，而本土脈絡在現今局勢中更是不可忽略。如此兼顧微觀與鉅觀脈絡，從之理解與詮釋在田野現場中所觀察到的現象。

（五）比較架構形成與比較進行

此二步驟的進行乃是Bereday的並列階段與比較階段。

第五步驟乃在進一步形成比較教育研究的架構。此時研究問題已經釐清，開始做初步的各國原住民語言教育的檢視，進一步鎖定以紐西蘭作為研究的對象，進入另一個田野，開始進行第二個案的第二個步驟，即初步鉅觀脈絡分析，接著進行田野研究。進入田野之後，接著在分析資料時繼續進行鉅觀與微觀脈絡的分析。

　　在進行跨國或文化的研究時，Noah與Eckstein（1998）提醒我們避免三陷阱：1.Pago-Pago謬誤（fallacy）：其說每件事「多麼奇特古怪」；2.Victorian lady-in-waiting謬誤：因厭惡而皺鼻子且說「多大的錯誤啊！」；3.Judy O'Grady謬誤：「全世界都一樣」，而不考慮人類經驗的多樣性。

　　在此步驟，可採用Bereday對「並列」階段的建議，即運用雙欄的連貫式列表來並列各國的資料，將各國資料進行初步配置，以尋求一統的概念與假設，作為進行比較的預備工作。換言之，此乃是資料的系統化處理過程，在其中，教育實際中的持續性因素將被辨識出來；而相似性與差異性因素的系統變項若被辨識出來，便能建構出「類型」，若這些類型有其規律性，則其自身亦為法則。至於並列的方法，可採圖表式（或垂直式）並列，將各國資料以縱行的方式呈現，將各國的資料比肩排列以進行比較；或採文字式（或水平式）並列，將各國資料以橫列方式呈現，對於動態性資料及趨勢與變化的演變，文字式並列較能清楚呈現其演變脈絡（洪雯柔，2000b）。

　　第六步驟則是比較研究，反省與批判同時在此出現。在待比較的兩個個案研究完成後，便進展到比較。事實上，比較在第二個個案開始進行時便已經開始開展，此階段則是系統地比較兩個案。在比較進行時，差異與相似因此凸顯，對其意義的詮釋、脈絡的瞭解與影響因素的分析也在此時用以支援對這些差異與相似性的深入瞭解。雖然批判反省乃是貫串批判俗民誌研究的研究者態度與觀點，值此之際，緣此差異，對自身文化與教育現象的反省與批判更為凸顯與成熟；也源於對他國教育現象的更清楚掌握，以及來自不同文化背景之兩個案的對照，對他國的反省與批判也出現。

比較研究這一階段的運用方法可以區分為兩種：平衡比較（balanced comparison）與闡釋比較（illustrative comparison）。

(1)平衡比較

將各國研究資料做對稱而交替的呈現，每個被研究國的各類型資訊都可以與他國同類型且可進行比較的資訊進行平衡的配置。平衡比較依其比較進行的密度而有強度上的差異，例如依章或節分別比較各國在每一影響因素下的教育資料，這樣較鬆散的比較過程便近似於並列的結構；相對的，在語句與語句間進行比較時，基本上仍沿用此一相同模式，但其比較的強度則較高。平衡比較的核心方法便是系統地進行一次又一次的跨國界研究以彰顯出比較因素的特點。平衡比較又可再區分為輪流比較（comparison by rotation）與融合比較（comparison by fusion）：輪流比較是接續地列出各國資料以闡述建構教育現象之社會因素的運作狀況，融合比較則是將各國的資料同時在同一陳述中加以討論，而非分段落或語句來分別陳述。

(2)闡釋比較

著重在對比較要點的陳述，各國的資料則隨機地呈現以證明此一比較要點，此一比較方法無法概括出通則，因此不可能推論出法則。當平衡比較無法進行時，闡釋比較的採用能夠對比較資料作成較含蓄的分析，也可為因為增進社會學分析的內容與分析深度而為平衡比較奠下根基。

（六）反省回饋（批判的階段）與實踐

最後則是實踐與反省循環的開展。上述的批判反省出現後，之後便是進到社會實踐，將前一步驟出現的反省與批判回饋給參與對象以及決策者，展開對話，甚至進入研究對象的實踐中。在此部分，批判與反省不僅針對「教育實踐」，而且也是針對「研究歷程」與研究者本身。換言之，批判俗民誌不僅是一種方法的應用性實踐，其對不斷自我檢視與批判的過程也展現出其後設方法論的本質。

第二節　未來應用之可能性—以台灣布農族與紐西蘭毛利族母語教育之比較為例

　　筆者的研究以語言教育爲例，因爲語言教育所反映的是文化與社會意義。語言不僅是一套字彙與文法規則，也是一套由社會決定其意義的標誌與符號的體系、文化的載體（bearer）、文化的創造者（maker of culture）（Ovando, 1993）。N. Elias（1992/1991）指出，多組叢集的語言或對相同語言的不同觀點都反映了各社會的權力結構；不僅如此，語言也將力量加諸於個別說話者上，使其遵循社區的言說結構，其規範力量來自於：個體在傳統規範習俗所控制的言說行爲中仍享有一定的邊際（margin），在其中個體得以脫離規範而保有語言的流動性，但此種邊際語言若太大則會使同儕無法瞭解。Heyman（1979）基於知識社會學的概念，指出語言創造且維持了社會實在，藉由語言我們可以學習及瞭解世界；因之，研究必須透過語言與意義的運用來瞭解與詮釋語言。質言之，語言應該成爲研究的主題與工具，藉此我們得以更進一步瞭解其所存在的社會。除此之外，筆者則認爲，所有的教育都在其獨特的社會與文化脈絡中傳承，也反映權力結構，語言教育尤其如此。

　　面對今日的世界，Cowen（1996）則建議，好的比較教育應該閱讀全球、瞭解巨型快速變遷（transitoloties）、瞭解領會他者、分析教學論。復以之前論述中所提及的，比較教育研究中較少針對教學此一微觀領域的探究；以及影響本土教育的因素不僅在於脈絡疆域的權力，其他文化要素亦有影響（Stairs, 1994），此一研究乃從鉅觀與微觀脈絡分析台灣布農族與紐西蘭毛利族的母語教學。

　　以下僅是以台紐兩國的母語教學爲例，概述批判俗民誌在比較教育研究上的應用，重點在於方法的介紹，對於台紐兩國母語教學的探究因此僅

呈現較爲概略的內容。其中，布農族族語教學的研究已經發表；紐西蘭毛利族的母語教學則是筆者前往紐西蘭一年所進行的研究之一，在理解與論述上的深度仍有開展空間，論點也有待精鍊。

一　本範例之研究方法

本應用範例所採用的研究方法包括文獻分析、參與觀察與訪談法。

文獻分析含括台灣與紐西蘭原住民教育與母語教育相關文獻，以及台灣布農族與紐西蘭毛利族之相關背景的文獻。

至於參與觀察，在台灣的部分，筆者在A布農族小學母語課程進行爲期近四個月的參與觀察，每兩週（該班的母語爲隔週上課，一次上兩節）觀察一次，共進行八次觀察；繼之在觀察後的學期，徵得該校校長與教師的同意，拍攝母語教師的母語課程。期間筆者亦兩度參與觀察並拍攝B布農族小學的母語課程；亦獲得機會參訪另一所原住民族小學。此處之範例乃以A布農族小學的六年級母語課程爲主軸。

紐西蘭毛利族母語的參與觀察，筆者此處援引之例乃爲威靈頓（Wellington）市區一所英語主流小學的毛利浸潤班爲例。筆者對該班進行了三個整天的參與觀察，並從第一天的第二節課開始拍攝，截至第二天結束。第三天僅是參與觀察而未拍攝，因爲當天乃由代課教師上課。此外，筆者亦曾至威靈頓郊區的毛利部落進行近三天的語言巢參與觀察與錄影，一天在同一部落的A毛利語教學小學進行參訪，一天參訪北帕莫斯頓（Palmerston North）的B毛利語教學小學，一天在北帕莫斯頓的C毛利語教學小學參與觀察，兩天前往威靈頓地區之主流中學的雙語班進行參與觀察。

筆者對不同母語班或學校的觀察，意在理解母語班或學校的共同與差異特質；對不同階段的觀察用意亦是如此，也希望瞭解各階段的銜接性以及文化特質在其中所扮演的角色。而對於主流學校或班級的參與觀察或參訪，則意在掌握母語班與主流班級的差異與類似性。

因之，源於對照主流社會經驗的考量，筆者參與觀察了紐西蘭的主流

幼稚園、小學與中學。在台灣的部分則是觀看與分析B布農族小學中漢族教師之教學的錄影帶。

除上述對母語教學的參與觀察外，筆者亦參與其他毛利教育相關活動，如威靈頓地區中學毛利戰舞比賽（Kapa Haka）、毛利語教學小學的家庭教育作業之夜（Family Homework Night）、毛利語教學中學學校舞會（School Ball）、毛利語教學小學慶祝會、毛利浸潤班迎新會，也曾多次成為毛利歡迎儀式（powhiri）的主角等。筆者亦應兩所毛利語教學小學之要求前去參加部落會議（whanau hui），在會議中報告筆者的研究計畫並回答相關問題，以申請進入該部落之學校進行參與觀察與訪談。凡此種種，深耕了與毛利族群的互動與情誼，也深化對毛利文化與族群特質的瞭解。

訪談法，在台灣僅用於對母語教師的訪談，雖然亦與A與B校校長有所交談，卻未納入其觀點或進行正式訪談。紐西蘭的部分，則訪談教育部與毛利發展部（Ministry of Maori Development）的官員、中小學與大學階段之師資培育教師（教育學者）、教師。

此外，筆者有三位關鍵訊息提供者，其扮演引領筆者進入部落的角色——這是進入部落的方式。局外人若要進入部落或該部落內的學校，必須有該地的毛利人引介，或至少是獲得大家信賴的毛利人引領。他們亦回答筆者對毛利文化的相關問題。其中兩位更與筆者共同觀看筆者所拍攝之毛利教學錄影，一方面翻譯師生的對話內容，也介紹相關的文化與哲學意涵。筆者所屬的紐西蘭維多利亞威靈頓大學（Victoria University of Wellington）之毛利與太平洋研究中心（He Parekereke）與毛利教育系（Te Kura Maori）亦有多位友人成為筆者就教的對象。雖然筆者並未對這些訊息提供者進行正式訪談，但是他們的意見與觀點的確在本研究扮演重要角色。

筆者對布農族社區的瞭解相對較弱，多半來自文獻、訪談或訊息提供者的資訊。毛利族的部分，則因為筆者在紐西蘭進行一年的博士後研究，復以進行田野調查時居住在部落，對於部落生活與教育有較多的接觸面向、人物。

　　這樣的差異一方面源於筆者對紐西蘭的先前理解不若對台灣的豐富，因此系統地規劃較為全面且深入的研究進程。另一方面則源於毛利族群的哲學與文化傳統，如人際關係，毛利族群重視面對面的互動、重視人的謙虛性，因此筆者必須先向部落會議報告並獲得同意、繼之學校董事會與教職員會議（每個地區或學校稍有差異）以獲得進入學校觀察的機會；如政治權力關係與歷史因素，毛利族群受到過度研究與資料濫用，對主流族群與研究者抱持反動與歧視的態度，這使得獲得學校同意的難度增高，筆者面對過一些學校的拒絕。

　　以下的描述乃以個案為主，但是對於該個案的瞭解不僅來自於該個案現場或教師的訪談，也來自文獻，或者對於其他個案現場的觀察與訪談，以及毛利訊息提供者與翻譯員，有關紐西蘭毛利族的經驗尤其如此。

　　關於比較的進行，筆者多半是將兩者的經驗一一對照，亦即Bereday的「輪流比較」，而且採取的是Bereday所謂密度較高的輪流比較，大致是段落與段落的比較；對於部分未能對應的資料，則採用「闡釋比較」。然而亦有其他比較方式，如先做一完整的現場描述，之後進行分析，這是密度較低的比較，如Tobin等人（1989）比較三國幼兒教育的案例。此外，筆者進行的是不對等的比較，在紐西蘭部分，筆者探究的是浸潤班（immersion class），即在英語主流小學中以毛利語作為教學語言的班級；台灣的部分，則是小學的母語課。此乃因筆者強調的是從兩者的對照中獲得啟發。而對於無法對等比較的部分，筆者採取Bereday的「闡釋比較」。

　　至於批判反省的部分，筆者在研究過程中的反省可約略在本章最後一節中窺見。此外，在參與觀察或訪談過程中，筆者與參與者分享對我國母語教學的反省與批判，也適時將筆者觀察所見與反省與研究對象分享。

二　母語教學之鉅觀脈絡

　　將紐西蘭與台灣原住民之母語教育的脈絡相比較，整體而言，這些脈絡都成為兩國少數族群母語教育成功與否的關鍵因素。此外，在這些鉅觀

脈絡中，也可得見存在於主流族群及少數族群之間的不平等權力關係，以及少數族群與文化團體的不利處境。

（一）社會面向

毛利族群占紐西蘭總人口的比例極高、各部族語言相通等狀況；復以蘇格蘭人（紐西蘭的移民主要為來自英國的蘇格蘭人）較為平等的民族性格，毛利人對領導人的態度、對不正義的挑戰等特質，以及紐西蘭長久以來對人權的重視（是第一個女性得以獲得投票權的國家），相對於中國文化的威權性格與對少數族群的歧視與壓迫，都使得紐西蘭毛利族的語言復興運動較容易成功。

就種族組成結構而言，根據2006年台灣政府的統計數據，13個原住民族群占2280萬總人口的2%（約45萬8千人）（GIO, 2007）。在紐西蘭部分，占人口總數最多的是歐洲裔的移民（被稱為Pakeha），其在2003年約占總人口的75%，此類移民以英國移民人數為最多（英裔為主，其他歐洲國家則為5%）；原住民為毛利人（Maori），在2003年占總人口數的14.7%（洪雯柔，2004）。

就語言而言，毛利語和英語一樣是官方語言。而且毛利族各部落的語言乃是相通的，各部族在腔調、發音與詞彙上則存在著差異。台灣官方語言是漢語，而原住民就官方界定而言分為13族，而各族有其語言、彼此並不相通，各族內亦存在著方言上的差異。

紐西蘭是個注重人權的福利國家。其為第一個正式賦予婦女投票權的國家。社會福利制度則早在1898年便已建立，迄今除免費醫療外，還實行多種社會福利與救助，如失業津貼、老人年金、殘障補助、家務女傭補助等。社會上並沒有極端貧富不均的情況，國民大多是中產階級，且家庭觀念濃厚，娛樂或社交活動多以家庭為中心（洪雯柔，2004）。

就民族性格與社會結構而言，毛利人不同於多數的台灣原住民族群，其戰舞（haka）所顯示的戰鬥性格與冒險精神，亦顯現於許多人毅然決然投入語言巢（kohanga reo）運動，雖然擔憂自己孩子的未來—或沒有未來。毛利人以家庭、擴展家庭（whanau，近似於親族社區）、部落為核心

的社會結構，形成向心力以及母語易於保存的環境。語言復興運動後，縱使都市化與政府的同化政策打破其親族聚集的結構，毛利人也努力在都市中另闢都市whanau，形成一種以居住地爲核心、而非親族關係爲核心的另類擴展家庭。而其注重養成兒童之領導特質，強調每個人在其部落會議中皆有其發聲的權力，領導者乃是負責調和之人，而非所有人必須順服的絕對權威。

　　布農族採以家族爲集團的大家族制，然而政府政策、都市化與經濟需求破壞了這樣的社會結構。青壯人口外流嚴重，單親家庭以及隔代教養比例偏高，也往往更進一步導致子女教育問題的出現。注重個人才能的權力結構（黃應貴，民82）與毛利人類似，但這樣的結構早已受到破壞。至於民族性格方面，布農族人樂天英勇、刻苦耐勞；重視社會褒貶、巫術與宗教有極大的制裁作用，養成族人重視榮譽、集體負責、嚴守規範的習慣（黃森泉、程健教，民87：39）。筆者（洪雯柔，民2005b）的觀點與許多學者相近，認爲「內斂與沈默」乃是布農族最爲核心的特質。

（二）全球化與經濟結構

　　就全球化的影響而論，毛利人一方面緣於紐西蘭長久以來與澳洲的密切關係，一方面因爲經濟全球化對紐西蘭經濟型態之轉型的影響，而出現大量流向澳洲、英國或加拿大等工作職場的現象，都市化以及跨國流動使得文化保存以及與社區關係的維持更爲不易。都市化的影響極大，導致毛利人與台灣原住民離開原居地而移居到都市，打破既有的生存方式與相依存的文化傳統，也破壞原有的社會結構與族群關係。

　　Tauni Sinclair、Selwyn Muru與Moana Sinclair（1998）拍攝的《全球化與毛利族》（Globalisation & Maori）影片，以追溯歷史與訪談專家學者的方式，討論毛利人在全球化下所受到的經濟衝擊。其中提及在全球化的大纛下，開始有許多人失業，或者被迫降低工資，毛利人占其中一大部分，其失業率高達18.5%，而身處於貧窮線（poverty line）之下的毛利孩童高達32.6%。在移民人口增加、市場開放、土地開發、外商開放等情況下，毛利人越來越邊緣。

台灣原住民也受到經濟全球化的影響，在政府為因應國內產業發展之需要，以及全球勞動市場之出現使得跨國勞工流動更為頻繁，開放外勞進入國內就業市場，受到衝擊較大的便是原住民族群的工作機會減少；此外，尚且受到國內英語學習潮的衝擊，這些都影響到家庭結構、親子關係，以及母語傳承（洪雯柔，2006a，2006b）。

（三）政治

無論在紐西蘭或台灣，同化政策的影響都是致使原住民族語言逐漸萎縮的關鍵要素。語言復興運動則是對同化政策的反動。

紐西蘭在1980年代語言復興運動之前，英語長久以來幾乎是學校脈絡中唯一使用的語言。教導毛利學童英語乃是學校的主要目標之一，此一政策也被強力推展，甚至透過體罰的方式來迫使毛利學童遵守。英語也被許多毛利人視為邁向財富的關鍵而強化了其地位，復以毛利族群從原本的郊區遷移至城市以獲得更多工作機會，亦因星佈政策（policy of "pepper-pot" state houses），此一都市遷移使得許多毛利家庭定居於非毛利地區，進一步致使毛利族群在1930-1970年間從毛利語的使用轉變為英語為主要語言（Te Puni Kokiri & Te Taura Whiri i Te Reo Maori, 2003）。

毛利語言復興運動乃在1980年代早期由毛利人發起，繼之而起的是毛利語教學小學（kura kaupapa Maori）、毛利語教學中學（wharekura）與毛利大學（whare wananga）。其他的毛利語言教育也開始逐漸發展，如雙語與毛利語為媒介之學前教育服務，主流中小學中的雙語班（bilingual units）（Ministry of Education, 2007a）。直到1987年，〈毛利語言法〉（Maori Language Act）通過，毛利語正式成為紐西蘭的官方語言，也促成毛利語言委員會（Te Taura Whiri i te Reo Maori, Maori Language Commission）以及毛利發展部（Te Puni Kokiri, Minister of Maori Affairs）的成立。1840年由毛利部落（iwi）酋長與英國皇家代表簽訂的《窪坦頤條約》（The Treaty of Waitangi）（根據毛利語發音），也再度確立其乃是貫串紐西蘭當代政策的核心精神，承認毛利族群為紐西蘭的原住民，確立且保障毛利語為毛利人珍貴的文化遺產，並強調毛利族群對政治與政策的

參與（Te Puni Kokiri & Te Taura Whiri i Te Reo Maori, 2003）。

觀諸台灣語言政策的歷史發展，從日治時期的皇民化政策、國民政府時期的國語同化政策，其形塑族語為低階的、不雅粗俗的、未開化的語言，也縮減了族語的使用空間，使北平話為正式語言、普遍流通的語言，所有公共機構、大眾傳播媒體所使用的語言皆為國語，族語的生存空間則侷限在家庭與社區生活。族語遂在台灣語言政策的歷史中成為內部殖民的具體範例，不但被以扭曲的觀點來教導與看待，也長久處於邊陲位置。族語教學因之也有相呼應的處境（洪雯柔，2006a，2006b）。

更甚者，教育部與行政院原住民族委員會共同宣布，96學年度起，通過原住民族語認證考試的各級考生，升學時將享有35%的加分比例，若未通過或未參加考試，96到98學年度仍可加分25%，但99學年起將逐年降低加分比例。此一宣布既出，引起許多討論，或認為能提升原住民族的族語能力、也減少關於加分之公平性的爭議，或認為將導致原住民族學生語言學習負擔增加、進一步強化原住民學生的弱勢處境（洪雯柔，2006a，2006b）。

此外，現今的政治體制中，關於原住民語言教育政策的制訂，乃是一種統稱式的、將各原住民族群視為整體的政策取向；而且政策的制訂掌握在當權者手上，這個當權者，或者是漢人，或者是原住民族群中某些族群的政治菁英。在政策制訂過程中，在為原住民族群教育問題謀求解決之道之際，若未能納入不同族群的聲音，那麼無論當權者為任何一者，都可能再製鉅觀之內部殖民的、不平等的權力關係（洪雯柔，2006a，2006b）。

（四）母語教育的問題

在紐西蘭，毛利語教育的範圍頗廣，包括以毛利語為媒介的教育（Maori-medium education）、毛利語言教育（Maori language education），以及毛利語言巢（kohanga reo）、毛利語教學小學（Kura kaupapa Maori）與毛利語教學中學（Wharekura）中所進行的教育。此種教育乃相對於主流教育（Mainstream education），其指稱以英語提供的教育。

台灣則自90學年度開始，九年一貫課程綱要正式在中小學階段推行後將母語教學納入語文領域中。各班一週約有一個小時的母語課程。

就台灣的母語教育問題而論，筆者（洪雯柔，2006a，2006b）認爲有幾點：族群文化的弱勢處境、族語能力認證規定的爭議、喪失文化根基的族語教學、族語特質有待凸顯的族語教學、有待符應學習風格的教學策略、師資來源有待增加、師資培訓有待強化、課程規劃有待開發與統整、教材與教師手冊有待補強、班級經營有待加強、評鑑機制的建構有待考量、學校的協助有待強化、家庭與社區語言環境的貧乏。

上述這些問題，除族語能力認證的爭議外，多半亦是毛利母語教育所面臨的問題。兩國的差異在於推行母語教育時間的長短（紐西蘭從1970年代，我國從1990年代開始），因此各種母語教育問題的性質或輕重緩急亦有差異。目前紐西蘭母語教育的重點置諸母語教學品質與有效性的提升以及社區對母語教育的投入。根據2007年新頒布的《2008-2012毛利教育策略草案》（Ka Hikitia-Managing for Success: The Draft Maori Education Strategy 2008-2012），強調部落的責任、學生參與教育的益處，以及在家閱讀與書寫活動之重要性。希冀在未來五年內獲致三項結果：1.更加聚焦於建構強固的學習根基，以使學生得以善加利用其進一步學習的機會。2.確保毛利青年留在學校獲得在高等教育所需的知識，並且爲紐西蘭經濟轉型付出貢獻。3.建構強壯且品質良好的以毛利語言爲媒介的教育（MOE，2007b）。

美國少數族群所面臨的困境，一樣出現在紐西蘭與我國原住民族群身上，即教育成就雖然穩定成長，但經濟進展欠缺、生活品質與經濟地位腐蝕的緊張狀況仍存（Grant and Sleeter, 1997）。從鉅觀脈絡觀之，兩國原住民族群在經濟、社會、教育等各方面之處境都有改善，但是仍處於隱微或顯明的內部殖民關係中，受到主流族群意識型態的宰制或影響。

三 母語教學之微觀脈絡

下述乃是就筆者所觀察之台紐兩國之母語班級的概述。筆者介紹的

是兩國之高年級班的觀察經驗,紐西蘭的部分是涵蓋四至八年級(Year 4-8)的高年級班(senior class),台灣的是六年級班。

(一)學校

此處所論及的紐西蘭毛利語浸潤班所屬的學校乃位於威靈頓市區,不同於一般位於郊區中部落內的毛利語教學學校。而從筆者無須經過部落會議觀之,毛利社區與該校、該班的關係並不緊密。該校周圍環繞了醫院、醫學院、中學等,但卻被視為威靈頓市區中治安較差的環境。學校被歸為第四級學校(Decile 4),在教育部依照學校所在之社區社經條件所劃分的十個等級中,屬於社經地位中間偏下的學校。學生人數約230名,浸潤班(含低年級與高年級班)學生約35人。布農族學校位於較為貧窮的縣市,距離最近的市鎮約20分鐘車程,學生人數在100人左右。

根據紐西蘭的一些相關研究(如Bishop等人2001年的研究,Gardiner & Parata Ltd.於2004年提出的研究報告),校長的態度扮演關鍵角色。筆者在台灣的發現似乎也是如此,支持的校長似乎較能將母語教師視為學校的一體而給予較多支持。無論是紐西蘭或台灣,有較高比例的校長乃是主流族群的成員,在紐西蘭為白人,在台灣則為漢人。筆者觀察的此兩所學校亦是如此。

(二)母語班在學校體系中的定位

就筆者所觀察之英語主流小學內之浸潤班觀之,其在學校體系中仍處於隱微的內部殖民關係中。之所以稱之為「隱微的」內部殖民關係,主要因為紐西蘭強調對人權與族群的尊重,種族歧視態度較不明顯,然而這並非意味著種族歧視或白人中心主義不存在。毛利教師在學校中乃是專任教師,與其他教師享有一樣的權利與義務;然而,其所教導的課程內容仍遵從主流教育體系的白人中心知識體系;此外,浸潤班乃是一個獨立於其他班級的單位,所有教學活動都是在自己班級中由毛利教師指導,甚至新生的歡迎會(pohiri)與期末毛利傳統餐會(hangi)也是如此;但是體育課與學校集會仍是與其他班級一起進行的。

觀諸筆者所觀察之台灣族語教學的微觀場境—學校體系，可以發現母語教學同樣處於內部殖民關係中，是位居邊陲的、受到主流團體所宰制的。就學校體系而言，學校中的族語教師多半是兼任教師，他們並非學校教學與行政體系內的主流份子，也不具有發言權、決定權，反而是被決定的、是順應於學校管理系統的；也因此，學校若有需要便可能要求族語教師調課或停課，而且族語教師往往是片面地被告知所需的訊息，其他的訊息或對有助於其教學的資源並不清楚。此外，就教學而言，族語並非主流學科，其相對於其他學科，乃是弱勢的、不受重視的，學校給予的支持與支援較少；而且族語課往往是附加式課程的、族語老師並非「真正的老師」，對學生而言，是一門可以不用認真對待、不用付出學習心力、不用遵守一般教室規範的課（洪雯柔，2006a，2006b）。

（三）課程規範

　　母語課程在紐西蘭為選修，台灣為必修。前者為彈性課程，依據國定課程綱要與新公布的課程綱要草案，教師依據課程綱要的規範與學校整體課程計畫，自行規劃課程內容、選擇教材。台灣與紐西蘭類似，但是教育部與原住民族委員會公布了考試的字彙範圍，以供教師教學之參考。

　　雖然母語課程在紐西蘭為選修，但是家長們為孩子可選擇語言巢、毛利語教學小學或主流小學中的浸潤班或雙語班、毛利語教學中學或在主流中學中選修毛利語。但是由於中學階段的國家考試，使得多數在就讀毛利語小學或浸潤班的孩子在中學時轉讀主流中學。

四 母語教學現場

　　就在學校中的處境而言，與之前論及的微觀脈絡相對應的，無論毛利浸潤班或布農族語班皆處於相對孤立的情境，與主流班級的互動較少。由於語言上的隔閡、教學內容上的差異，而台灣更加上母語老師的兼任教師身分，母語老師也較常孤軍奮鬥，獲得的協助較少。但是紐西蘭的狀況稍好。筆者所觀察此一浸潤班通常是在該班上課，僅有兩節體育課、一節高

年級集會是與其他高年級合班上課的。台灣的母語班則是老師獨自上課，並未與其他母語班有所交流，也似乎少有與非母語教師的交流機會。

就老師而言，兩國皆是原住民老師教導自己的母語，而且都是四十歲左右的中生代教師，對自己母語的掌握較弱，對文化的背景知識也較弱，是受到語言同化政策影響的一代。但是毛利教師爲校內的專任教師，負責帶班；布農族教師則爲兼任教師，一星期僅有一節該班的課。

學生的語言狀況則兩國有所差異。毛利學生的母語能力較佳，因爲他們是母語復興運動下成長的一代，有較多機會在語言巢受教。但是一般進入語言巢受教的學生多半在小學階段會選擇進入毛利語教學小學就讀。而浸潤班通常在都市，筆者觀察的浸潤班便位於威靈頓市區，他們通常也都未曾進入語言巢，在家中說母語的機會不多，因爲父母多半母語程度也較差，但是有些父母爲了跟孩子說母語而進入毛利語言班中學習母語。因此孩子們的毛利語雖然多半較父母輩流利，卻也往往在一句話中會偶爾夾雜一、兩個英語單字；學生之間的私下交談則偶爾出現英語。這種現象在筆者觀察的語言巢與毛利語教學小學中極爲罕見。台灣學生的母語流失狀況較爲嚴重，筆者觀察的學校雖然位居山區，與市區的車程約半小時，但是老師若用全母語教學，學生多半無法瞭解。筆者觀察過的兩個六年級母語教師皆嘗試全母語教學，但是無法推展。因此老師多半用國語教學，而將某些字彙轉譯爲布農族語，學生學習較多的是字彙，以及較爲簡單的句子。而學生間的交談則以國語爲主，偶爾夾雜閩南語。

在正式教學進行前，浸潤班有個擴展家庭（whanau）的聚會與禱告。對毛利人而言，所有的團體都類似擴展家庭，強調所有成員對該團體的相互支援，緊密關聯與情感支持；因此學生們對老師的稱呼一如我們的「姑、姨」（whae）或「叔、伯」（matua）。在此聚會中，浸潤班的高級班與低年級班都聚在一起，老師與當天的領導學生坐在椅子上，遵從毛利傳統，領導大家禱告。筆者在布農族母語班則見到學生對老師的敬禮──一個從日治時期流傳至今的儀式。此外，兩班都有學生領導人，毛利族的是輪班領導人，每個學生都有機會擔任領導者，負起引領禱告的責任，也必須在上課一開始背誦其族譜；台灣的則是固定的班長。

教學策略方面，筆者觀察的布農族母語課的教學方法與漢族中心的教學方式類似，採整班教學，教師講授為主，與學生的問答則多半是要求直接答案（如「鼻子」、「嘴巴」之類）的問題類型。此種教學策略與教導國語課似乎差異不大。紐西蘭的毛利教學方式亦類似主流學校的分組教學，例如一組學生學習數學，另兩組玩電腦遊戲或畫圖，老師一次只帶領一組同學進行學習。主流學校與浸潤班的教學策略在形式上類似，但是筆者認為在內涵上有所差異。

　　在主流小學，老師教導學生如何思考、用語言表達、用文字表達，如何邏輯地撰寫報告、蒐集資料，獨立完成學習。在浸潤班，老師雖然在前一堂課一開始便考試，考了數學，但是似乎強調的是知識的記憶與累積，而非思考能力的訓練。當老師考試時，學生在筆記本上記下的是一個一個的答案，而非一長串的文字或數字。而在他們的writing測驗部分，學生的文章也不長，看起來只是由幾個句子組成的短文，而非我們一般的作文形態（洪雯柔，2007年7月26日日誌）。

　　布農族教師來自任教學校的當地社區，因此跟孩子們相熟，也認識孩子們的父母且瞭解其家庭狀況。此一狀況與毛利浸潤班一致，而且許多毛利部落乃由親族組成，所以老師們往往也跟學生們有親屬關係。也許源於此一背景，加上毛利族頗習於肢體上的接觸與較親近的人際關係，筆者在毛利教師教學進行中所觀察到師生關係的似乎也較為親近。

　　在毛利浸潤班中觀察到的師生互動狀況與主流學校有著差異。主流學校的老師感覺上比較任務導向，無論是低年級或高年級的教師，他們與學生的互動多半聚焦於課程中所進行的主題或學生的作品，而且多半採取比較鼓勵的、正向的回應方式。而且他們對學生要完成之任務的交代與介紹是清楚的、一步一步導引的。浸潤班教師則沒那麼清楚地任務規定或交代，學生有比較大的空間可以做自己想做的事（不過這也可能因為他們的學習剛好告一段落）。而且老師跟學生互動的方式更為情感導向，跟學生有較多的肢體互動，甚至看見老師趴著跟孩子們上課，也常看到學生賴在老師身邊——男女生都有，有時候靠在老師身上，有時候摸老師頭髮，抱老師等等（洪雯柔，2007年7月25、26日日誌）。

　　毛利師生間關係的親近，也見於教師對學生的責罵。因為，根據筆者事後的理解，紐西蘭老師是不能責罵學生，也不能碰觸學生的。而這些，在筆者參與觀察的數個毛利教育情境中都很頻繁地發生著。

　　由於學生完成的海報作品並不理想，許多學生忽略了之前老師提醒要注意的地方，因此老師大發雷霆地開罵，進行了十幾分鐘。在一長串的毛利語中，夾雜了很多英語。後來老師告訴我，要用英語才能清楚表達、學生也更能瞭解（洪雯柔，2007年7月26日日誌）。

　　就教學內容而言，由於毛利浸潤班是以毛利語為教學語言，教學內容乃為各基本學習領域（essential learning areas）之知識，如數學、科技（如電腦）、藝術等，基本上依照學校所排出的課表，與其他英語班級的差異則在於該班以毛利語為教學語言。布農族的母語課則以學習母語為主，教師或以布農族傳說或配合節慶等彈性安排上課內容。而說故事是兩族共通的傳統習俗，也是傳統上傳遞祖先知識的方式，此方式間或出現於筆者所觀察的毛利與布農族班級。而由於紐西蘭政府編輯或補助許多毛利語言學習與教學材料的出版，教師可用的資源較諸我國為多，雖然教師也常因為未有適合的毛利語教材而必須將英文教材予以翻譯。

　　筆者所觀察的布農族教師則多半自製教材。筆者（洪雯柔，2005b）9月20日日誌中曾有這樣的記錄：「K老師告訴學生們她一早就摘了一堆野菜來當教材，有龍鬚菜（pus ˋpus）、龍葵（qu ˋdu）、野鵝菜（sa ˋmaq）、南瓜（ba ˋhat）、玉米（pu ˋi）」，以及「字卡是K老師常用的教具，但是因為他用的是一般A4的影印紙，太軟，在使用上不是很方便。」

五 比較研究所獲得的啓發與批判

　　此處筆者僅列出此一粗略比較之結果以作為範例。各研究依據其研究目的而有不同的研究結果與建議。本研究的初步目的在於瞭解兩國母語教學的現況，並從彼此的經驗中獲得啓發，透過對彼此異同之處的瞭解及其影響因素之思考，進一步省思少數族群的處境及其對教育的影響，也透過

對話的方式激發研究參與者的批判與解放。為回應上述的目的，本研究之發現分從以下幾個面向加以論述，首先是對兩國原住民母語教育的理解，次之則是對彼此經驗所帶來的啟發、反省與批判，最後則是筆者對此一研究歷程的反省與批判。

首先，在理解的面向，紐西蘭並非國內學者研究的重心，美國、英國、日本、德國等先進國家才是。雖然紐西蘭的母語教育政策與措施受到國內學者與決策者的青睞，但是對紐西蘭教育的研究相對較少，也較少探究其鉅觀與微觀因素對教育的影響。以紐西蘭教育為研究對象，增加我們對紐西蘭教育、母語教育的理解。

此外，國內對外國教育的理解多半聚焦於制度面與政策面，較少進入教育現場進行研究；而且前往各國進行教育研究者，較多採取訪談法，參與觀察的研究相對較少。而這也是國際與國內學者開始努力的方向。筆者此一研究尚屬青澀，仍有待發展，但或能帶來一些對紐西蘭母語教學現場的理解。而對布農族母語教學的觀察也有助於教育研究對此一議題之理解的增加。

其次，筆者在紐西蘭進行研究時也與紐西蘭參與者分享了在布農族母語課的觀察所見，此一方面引發紐西蘭母語教育相關決策者、專家與教師進一步探究的興趣，我們的整班教學、母語教學所面對的困境也引發某些參與者對其自身觀點或教學的反省。而紐西蘭的母語教育經驗可帶給我們的啟發更多，雖然未必意味著我們可以直接借用，卻提供一種可能性。例如社區與家長的投入，有些毛利語教學小學或語言巢甚至規定家長在家中只能跟孩子說毛利語；而家長參與學校或毛利浸潤班的活動、協助教學等更是常見。例如毛利語教材與學習材料的提供，以及含納文化與哲學的語言課程。這些都是筆者（洪雯柔，2006a，2006b）對國內母語教育提出的批判或建議，而紐西蘭已經將部分概念予以落實，其落實的結果與歷程或可做為我們的參考。而在所有要素中，筆者認為毛利人藉由對自身文化傳統的投入與身體力行乃是母語教育成功的關鍵，也是增權賦能的重要方式，其亦成為毛利人對抗社會中潛藏之不平等權利關係的基礎。這或許是國內原住民族與母語教育最為欠缺的。

　　最後，針對研究方法與歷程而論，筆者在紐西蘭研究的經驗引發了以下的方法論反省：其一，對於國內原住民族群的處境，筆者有太多視為理所當然的假定與先前理解，這些假定與理解多半來自先前對「一般」原住民或布農族的理解，假定一般的論述適用於所觀察的對象，而未進入學校所在的社區與社區生活、未與當地布農族人有更多的對話與接觸，以檢證筆者自身的假定與先前理解。而當將台紐兩國加以對照，筆者發現自己對對布農族社區的投入與理解太少，也因之對於該學校之背景脈絡的理解較弱。

　　其二，關於參與觀察的對象，在台灣的部分不如在紐西蘭的系統規劃，並未兼顧主流學校與母語班級（學校）的參訪。此乃因筆者自身經歷過台灣的各階段教育，因之具有其先前理解。此一假定有其可質疑之處。筆者觀察的乃是現今的母語教學，而今日的其他教學環境與策略或已有別於筆者以往的學習經驗，若將母語教學之觀察的經驗對照現今其他非母語課程的教學，將更能掌握二者間的差異與相似。

　　其三，訪談對象與時間太過侷限。在紐西蘭的部分，正式地訪談教師、家長、教育學者、教育部與毛利發展部官員，非正式的訪談則亦包含校長、學生、家長、部落的關鍵訊息者提供者等。在台灣的部分僅訪談母語教師，雖然亦與A與B校校長有所交談，卻未納入其觀點或進行正式訪談，未能針對家長、學生、專家學者的意見多所徵詢以瞭解其觀點，僅從文獻分析獲得一般性的概念。無論是紐西蘭或台灣的部分，訪談對象都需要擴展，以瞭解不同訪談對象之觀點。也需要增加訪談次數與深度，尤其在質化取向的研究中，關係的建立往往是獲得訊息的基礎，一次或兩次的訪談所獲得的訊息有限，因為研究對象與研究者都還處在磨合期。

　　此外，筆者也發現，毛利族群由於長久以來飽受「研究濫用」的困擾，對於外來研究者、訪談的防衛性更強，長時間地浸淫於該社區且參與各種活動、建立關係後的訪談或多次的訪談，以及由熟人引介的「滾雪球」式搜尋訪談對象的方式，更加適用。

　　其四，對不平等權力關係之批判與增權賦能的目標可再強化。在批判俗民誌的「批判」部分，之前的論述已經揭露毛利與布農族所面臨的不平

等對待與不利處境。觀諸我國，其處境上的不利更爲明顯——教師地位、課程地位、加分機制、教材等都顯現出原住民母語教學的邊陲處境。筆者也將研究報告回饋給母語教師及該校，該校校長也對此有所改善，提供較多的資源與協助；筆者亦在後續的觀察中發現母語教師在教學策略上的改變，也引用更多布農族的故事在其教學內容中，其或可視爲教師的「增權賦能」。

在紐西蘭的部分，主流意識型態似乎仍再製於教育政策與課程綱要中，筆者在訪問教育部人員、毛利發展部官員、毛利教育專家與人員時，不斷提出此一質疑。例如以往教育部所制訂的毛利語教學中小學之課程綱要，除以毛利哲學爲核心思想外，其他則是主流學校之各科課程綱要的翻譯版。如此，是否僅是主流的、白人中心知識體系與意識型態的再製？直至2007年底釋出的草案才是以毛利哲學與知識體系貫串課綱的思維。然而，這樣的課綱如何因應國家教育成就證書（National Certificate of Educational Achievement, NCEA）考試？若是NCEA考試仍是進入高等教育機構的篩選機制、學生是否能取得學歷證書的機制，而其仍將毛利知識體系置之不理，毛利知識與文化眞的能避免其不利處境嗎？教育政策與現場中眞的不再有種族歧視嗎？

筆者從另一個角度對紐西蘭受訪者提出的質疑如：太過強調毛利文化而排除其他觀點，是否反而是加諸其他族群的意識型態再製？是否少了溝通對話的空間，形成反向的種族歧視？對於似乎爲毛利教育帶來曙光、適應毛利學童之學習特質的「毛利教學法」（Maori pedagogy），其是否眞的有效？其特質爲何，眞與白人中心的教學法有所不同？這些問題都在訪談過程中提出，也引發訪談對象不同的反映，或重新檢視他們視爲理所當然的觀點，或陳述其觀點。要之，對話在訪談者與受訪者、受訪者自身中開展。

第三節　結論—比較教育方法論的批判反省

綜論本書各章，筆者意在指出，面對以全球本土化標示其特質的世代，教育現象在全球趨勢與本土需求的辯證中改變其形貌與性質，復以全球日益頻繁的交流與逐漸緊密的關係，如何對跨文化或區域的教育現象有更清楚的理解而提出對他國與本國更佳的改善建言，都是比較教育研究所面臨的挑戰。

而就比較教育研究領域本身的問題觀之，比較教育中較少旅居海外而進行現場研究者。一如筆者之前所論及的，全球本土化脈絡下的教育現象需要運用微觀取向的質化研究方法來加以探究，也需要鉅觀與微觀、量化與質化、大規模與個案研究兼具的研究。為了深入瞭解本土化以及全球本土化對各地教育的影響，如能做較為長期的、參與式的、比較的田野研究，將有助於對教育現象改變的掌握，使得研究更與「實踐」的落實連結起來。此種奠基於教育現場之理解與需求下的跨區域比較研究，或可更為貼切地進行比較，並從他處的經驗獲得更深刻的啓發、對本地經驗有更批判的反省，甚而提出更適切的改革建言。

復以國內外比較教育研究所使用的研究方法多偏向文獻分析，量化研究方法則勃興於聯合國教育科學文化組織與IEA等推展大規模量化研究之際。質化取向之研究方法向來較少為比較教育研究者所使用，其運用空間更有待發展。而忽略了「在現場」，這也使得比較教育目的之一的「化熟悉為陌生」與「化陌生為熟悉」更加難以達成。

筆者遂主張批判俗民誌更適合應用於比較教育研究，一方面得以以其質化取向的實地研究補強比較教育研究長期以來偏重文獻分析與量化取向所致的侷限，一方面兼具微觀與鉅觀取向、量化方法與質化方法。批判俗民誌的質化特質，如將社會視為整體、比較觀點、第一手經驗、精確、基本面向需納入、非我族中心觀點。很多都與比較教育的觀點不謀而合，因

此其較容易與比較教育研究觀點契合且應用於比較教育研究中；卻又能補強比較教育研究對微觀現場與「在現場」之研究的不足。此外，批判性反省的貫串整體研究歷程、對權力結構與不平等關係的揭露、社會實踐的強調等，亦是可以與比較教育研究相輔相成之特質。

第三章章論及批判俗民誌的理論基礎與概念、應用，繼之討論批判俗民誌方法論的問題與解決之道。

其理論基礎包括微觀社會學、現象學、俗民方法論、符號互動論、批判理論，並論及俗民誌方法。重要概念則分別介紹了文化、脈絡化、理解與詮釋、批判反省性、社會實踐（解放、增權賦能與社會行動）。筆者並舉採用批判俗民誌取向進行之教育研究為例，以使讀者更易瞭解批判俗民誌的特質與應用方式。至於方法論問題，有信度問題、效度問題、理解與詮釋、客觀性、社會實踐性等幾個面向，也一一對應地提出改善這些問題的建議。其大要則在三角檢證、互為主體的理解與詮釋，以及批判地與研究參與者維持平等對話的關係（理想言說情境），也批判地檢視研究者本身的觀點與研究歷程。

第四章則討論批判俗民誌方法取向在比較教育研究中的應用、問題與展望。諸如研究者的立場與盲點、強調權力結構而忽略其他脈絡、田野研究進行的問題、比較研究的問題、代表性問題、社會實踐與研究實踐問題等，都是跨文化或跨國的批判俗民誌研究者所應注意的。優勢則有從對人的關懷出發，糾正以科學方法與客觀性為尚、強求方法論一統性的比較方法，進入教育現場瞭解其獨特性，批判俗民誌方法的應用，對意義的詮釋與理解更加發揮，批判性之提升及對權力關係的知覺，結合微觀與鉅觀，落實社會實踐角色。最後則提出比較研究對批判俗民誌可有的開展。

第五章筆者提出比較批判俗民誌研究進行的步驟，分別為：問題雛形形成、鉅觀脈絡初步分析、田野實地調查（俗民誌研究）、意義之詮釋與第二階段脈絡分析、比較架構形成與比較進行、反省回饋與實踐。並舉筆者的研究為應用之範例〈台灣布農族與紐西蘭毛利族母語教育之比較〉。

然而，本書僅論及批判俗民誌在比較教育研究上的可應用性，並非意味著其在方法論採用上的非必然性或必須性。比較教育研究者不應以批判

俗民誌為限，或將之視為探究所有研究主題的萬靈丹。各方法論各有其偏向，有其勝場，也有其侷限；要之，選擇能解決研究問題、研究者能夠適切運用與掌握的方法論觀點與方法。一如之前筆者論及的，批判觀點不僅應用於研究對象，亦應用於整個研究歷程，含括對研究者與研究的批判反省。而且，雖然批判俗民誌從批判觀點出發以揭露社會中存在的不公平、不正義，但研究者必須謹記在心且謹慎處理的是，避免將「不平等權力關係」強加套用於研究中來解讀研究對象，而必須批判地檢視自己的分析與觀點。這樣的批判性也適合於跨文化或國家的比較研究，有助於減低我們以我族中心思想或文化觀點來論述與批判其他文化。

　　與上述批判觀點相伴而來的是研究者必須具備的謙卑態度，亦即McLaren（1993）指陳的成為「自視為傻瓜的研究者」。此一方面強調批判俗民誌中致力於對權力宰制與壓迫的排除，追求研究者與研究對象間的平等關係與對話；一方面相信研究對象本身的能力，強調增權賦能。一如Cowen（2003）建議將「瞭解與領會他者」和「教學論」合併以提出開放性結論時所指出的：(1)避免以救世主自居式的論調；(2)避免複述舊的論述：一般討論比較教育的現況與展望都指出一種新的、改善的比較教育科學之路。因之，比較教育研究者在進行批判俗民誌研究時，應思考如何在比較教育的改善論的目的與救世主論調之優越地位中取得平衡，也開放心靈聆聽不同教育現場帶來的啟發之音。

　　已有許多比較教育學者主張前往研究國做實地研究，以更精確地掌握某一政策或教育措施的實際進行歷程、成效與問題，也能更貼切地瞭解教育現場的各種難以以文字形容、然卻是影響最為重大的氛圍與特質。此外，實地研究也能避免文獻所帶來的蒙蔽或不足，與文獻閱讀互相補充。雖然實地研究有其價值，然而其卻也有其限制。當外國研究者要對該研究國深入且確切的瞭解，往往需要時間經營，而且有許多細微的內涵是外來者較難掌握與理解的。此外，研究者本身的文化基模也會影響其閱讀與理解的視野。因此，若能透過跨國學者的相互合作、進行互為主體性的對話，或能減輕此種侷限（洪雯柔，2005a）。

　　Eggan（1954）建議控制性的比較方法，即運用比較方法在較小規模

的研究範圍上，並且對比較架構有較多的控制。——筆者認爲此一考量亦適合當今的脈絡，縱使今日對社會知識體系的知識更增、量化統計方法更爲精鍊、跨國研究的進行更爲容易，但是各地之獨特性的披露也更爲紛陳且更受強調。小規模深入比較的逐步進行，不失爲可行之道。類似Popper的點滴社會工程（piece-meal engeneering）的概念。而筆者認爲透過小規模的、跨國的、跨國團隊的共同進行研究，將逐漸累積跨國教育的知識與理解。

參考書目

中文部分

方永泉（2002）。**當代思潮與比較教育研究**。台北市：師大書苑。

王如哲（1999）。外國教育改革與政策啟示。**理論與政策，50**，57-84。

王如哲（2004）。大學品質與評鑑制度之跨國概覽。**教育研究月刊，123**，26-31。

王家通（2005）。我國與日本、韓國之大學入學制度之比較研究。**國立台北師範學院學報，15**，313-336。

王家通等譯（1996）。幼兒教育與文化：三個國家的幼教實況比較研究。高雄：麗文文化。

王家通編譯（1991）。**比較教育學導論**。高雄：復文。

白亦方主譯（H.F. Wolcott 1973著）（2001）。校長辦公室裡的那個人：一種民族誌（The man in the principal's office-an ethnography）。台北：師大。

江吉田（2004）。文化研究中的批判俗民誌及其對比較教育的啟示—以Paul Willis的《Learning to Labour》為例。國立暨南國際大學比較教育研究所碩士論文（未出版）。南投。

吳芝儀、李奉儒譯（Michael Quinn Patton原著）（1995）。**質的評鑑與研究**。臺北：桂冠圖書公司。

吳姈娟（1999）。**金恩的比較教育理論與方法**。台北：揚智。

吳瓊恩（1995/1992）。**行政學的範圍與方法**。台北：五南。

李奉儒（1999）。比較教育研究之回顧與前瞻—國際脈絡中的台灣經驗，發表於國立台灣師範大學教育學系、教育部國家講座主辦於1999年6月12日至13日《教育科學：國際化或本土化？》國際學術研討會。

李智威（2001）。台北日本與美國僑校小學社會科教學比較研究。國立暨南國際大學比較教育研究所碩士論文（未出版）。南投。

李嘉齡（2002）。批判俗民誌與比較教育研究。市立台北師範學院學報，15，211-232。

沈姍姍（2000）。國際比較教育學。台北：正中。

沈姍姍（2005）。從比較教育觀點思考我國中小學一貫課程之規劃—美、法課程標準之對照。教育研究月刊，**140**，145-158。

沈姍姍（2006）。英國教師專業發展進路之探討—兼論對我國教師進階制度構想之意義。教育資料與研究雙月刊，**72**，67-78。

林瑞榮（1993）。批判理論與教育研究。收錄於賈馥茗、楊深坑主編，**教育學方法論**（83-102）。台北：五南。

洪雯柔（2000a）。比較教育研究方法的省思—從P. Feyerabend方法論之多元論觀之。比較教育，**49**，1-19。

洪雯柔（2000b）。貝瑞岱比較教育研究方法之探析。台北：揚智文化。

洪雯柔（2002）。全球化、本土化辯證關係中的比較教育研究。國立暨南國際大學比較教育研究所博士論文（未出版），南投。

洪雯柔（2004）。紐西蘭中等教育。收錄於鍾宜興主編，**各國中等教育比較**（411-464）。高雄：復文。

洪雯柔（2005a）。我國教育改革研究報告的比較教育方法論反思。發表於台灣師範大學教育系暨實習輔導處、台灣教育社會學學會於2005年11月25日至27日主辦之「2005華人教育學術研討會」。

洪雯柔（2005b）。台灣原住民語言教育及其問題之研究—以南投縣一所國小為例。「國立暨南國際大學新進教師創始研究獎」補助之研究案「台灣原住民語言教育及其問題之研究—以南投縣一所國小為例」（2005年1月至12月）。

洪雯柔（2006a）。原住民族語教學省思—一個後殖民觀點的論述。發表於國立暨南國際大學教育政策與行政學系於2006年10月13日至14日於國立暨南國際大學主辦之「原住民族教育學術研討會」。

洪雯柔（2006b）。原住民母語教學省思——一個布農族國小族語教學的觀察。收錄於王俊斌主編，多元文化論述與在地實踐：台灣中部地區的原住民族教育（80-101）。南投：國立暨南國際大學師資培育中心，原住民族教育、文化暨生計發展中心。

夏林清（1993）。由實務取向到社會實踐—有關台灣勞工生活的調查報告（1987-1992）。台北：張老師出版社。

夏林清、洪雯柔、謝斐敦合譯（2003，Donald Shön主編）。反映回觀—教育實踐中的個案研究（The Reflective Turn-Case Studies in and on Educational Practice）。台北：遠流。

徐南號譯（沖原豐原著）（1995/1989）。比較教育學。台北：水牛出版社。

張恭啓、于嘉雲譯（Roger Keesing原著）（1989）。文化人類學。台北：巨流。

張銀富譯（1989）。當代教育思潮。台北：五南。

陳奎憙（2001）。教育社會學導論。台北：師大書苑。

陳國強主編（2002）。文化人類學辭典。台北：恩楷。

黃光雄主譯（Robert C. Bogdan and Sari Knopp Biklen原著）（2001）。質性教育研究理論與方法（Qualitative Research for Education: an Introduction to Theory and Methods, third edition）。嘉義：濤石。

黃森泉、程健教（1998）。台灣中部地區原住民兒童族群社會化之研究。教育部教育研究委員會委辦。

黃應貴（1993）。台灣土著族的兩種社會類型及其意義。收錄於黃應貴主編，台灣土著社會文化研究論文集（3-43）。台北：聯經。

楊思偉（1996）。當代比較教育研究的趨勢。臺北：師大書苑。

楊思偉（1999）。小學英語教育問題之探討—日本經驗之比較。教育研究資訊，7（2），6-12。

楊思偉（2005）。日本推動新課程改革過程之研究。教育研究集刊，52（1），29-58。

楊國賜（1992/1975）。比較教育方法論。臺北：正中書局。

楊深坑（1988）。理論‧詮釋與實踐—教育學方法論論文集。台北：師大書苑。

楊深坑（1989）。比較教育理論與理論變遷—記第七屆世界比較教育會議。比較教育通訊，21，5-10。

楊深坑（1995）。序。收錄於中華民國比較教育學會主編，教育：傳統、現代化與後現代化。台北：師大書苑。

楊深坑（1996）。序。收錄於中華民國比較教育學會、國立暨南國際大學比較教育研究所、國立台灣師範大學教育學系主編，教育改革—從傳統到後現代。台北：師大書苑。

楊深坑（1999）。教育知識的國際化或本土化？——兼論台灣近年來的教育研究。Education Journal（教育學報），26（2）& 27（1），361-381。

楊深坑（2002）。科學理論與教育發展。台北：心理出版社。

楊深坑（2005）。全球化衝擊下的教育研究。教育研究集刊，51（3），1-25。

楊深坑譯（1992）。比較方法和外在化的需求：方法論規準和社會學概念。收錄於楊國賜、楊深坑主編，比較教育理論與方法（25-94）。臺北：師大書苑。

甄曉蘭（2000）。批判俗民誌及其在教育研究上的應用。收錄於中正大學主編，質的研究方法（369-39）。高雄：麗文。

蔡美麗（1990）。胡塞爾。台北：東大圖書公司。

蔡清華（1989）。台灣地區比較教育研究的檢討。比較教育通訊，20，8-19。

蔡德馨（2005）。當代課程研究中「比較教育」轉向之趨勢——一個新制度主義課程理論的觀點。研習資訊，22（1），53-59。

鄭同僚審定（Phil Francis Carspecken原著）（2004）。教育研究的批判民俗誌—理論與實務指南（Critical Ethnography in Educational Research: A Theoretical and Practical Guide）。台北：高等教育。

蕭昭君、陳巨擘譯（Peter McLaren 1998原著）（2003）。批判教育學導論—校園生活（Life in Schools-An Introduction to Critical Pedagogy in the Foundations of Education）。台北：巨流。

賴文福譯（2003，Paul Kutsche原著1998）。田野民族誌（Field Ethnography）。台北：華泰文化。

戴曉霞（1999）。英國及澳洲高等教育改革政策之比較研究。教育政策論壇，2（1），128-155。

戴曉霞（2001）。全球化及國家／市場關係之轉變：高等教育市場化之脈絡分析。教育研究集刊，47，301-328。

戴曉霞（2003）。高等教育整併之國際比較。教育研究集刊，49（2），141-173。

謝斐敦（2000）。F. Schneider的比較教育思想。比較教育，48，12-32。

鍾宜興（2004）。比較教育的發展與認同。高雄：復文。

羅玉如（1999）。台灣比較教育研究的歷史發展。國立暨南國際大學比較教育研

究所碩士論文（未出版）。南投。

嚴平譯（Richard E. Palmer原著）（1992）。**詮釋學**。台北：桂冠圖書公司。

英文部分

Adorno, Theodor W., Albert, Hans, et al. (trans. by Glyn Adey and David Frisby) (1977/1969). *The Positivist Dispute in German Sociology* (1-130). London: Heinemann Educational Books.

Alexander, Robin (1999a). Comparing Classrooms and Schools. In Robin Alexander, Patricia Broadfoot, & David Phillips (eds.), *Learning from Comparing-New Directions in Comparative Educational Research, vol. 1, Contexts, Classrooms and Outcomes* (109-112). Oxford, UK: Symposium Books.

Alexander, Robin (1999b). Culture in Pedagogy, Pedagogy across Cultures. In Robin Alexander, Patricia Broadfoot, & David Phillips (eds.), *Learning from Comparing-New Directions in Comparative Educational Research, vol. 1, Contexts, Classrooms and Outcomes* (149-180). Oxford, UK: Symposium Books.

Alexander, Robin (2001). *Culture and pedagogy-International Comparisons in Primary Education*. U.S.: Blackwell.

Altbach, Philip G. (1982). Servitude of the Mind? Education, Dependency, and Neocolonialism. In Philip G. Altbach, Robert F. Arnove, and Gail P. Kelly (eds.) *Comparative Education* (469-84). New York: Macmillan.

Altbach, Philip G. (1991). Trends in Comparative Education. *Comparative Education Review, 35*(3), pp. 491-507.

Anderson, C. Arnold (1961). Methodology of Comparative Education. *International Review of Education, 7*(1), pp. 1-23.

Anderson, Gary L. (1989). Critical Ethnography in Education: Origins, Current Status, and New Directions. *Review of Educational Research, 59*(3), pp. 249-270.

Anderson-Levitt, Kathryn M. (1996). Behind Schedule: Batch-Produced Children in French and U.S. Classrooms. In Bradley A. Levinson, Douglas E. Foley, and Dorothy C. Holland (eds.), *The Cultural Production of the Educated Person-Critical*

Ethnographies of Schooling and Local Practice (57-78). N.Y.: State University of New York Press.

Anderson-Levitt, Kathryn M. (2004). Reading Lessons in Guinea, France, and the United States: Local Meanings or Global Culture? *Comparative Education Review, 48*(3), pp. 229-252.

Archer, Margaret S. (1995). *Realist Social Theory: The Morphogenetic Approach.* Cambridge: Cambridge University Press.

Arnove, Robert F. (1982). Comparative Education and World-Systems Analysis (presidential address). Altbach, Arnove & Kelly (eds.), *Comparative Education* (453-468). New York: Macmillan.

Arnove, Robert F. (2001). Comparative and International Education Society (CIES) Facing the Twenty-First Century: Challenges and Contributions (presidential address). *Comparative Education Review, 45*(4), pp. 477-503.

Arnove, Robert, Franz, Stephen, Mollis, Marcela, and Torres, Carlos A. (1999). Education in Latin America at the End of the 1990s. In Robert F. Arnove and Carlos Alberto Torres (eds.), *Comparative Education-The Dialectic of the Global and the Local* (305-328). Lanham, Maryland: Rowman & Littlefield.

Assie-Lumumba, N'Dri. and Sutton, Margaret (2004). Global Trends in Comparative Research on Gender and Education. *Comparative Education Review, 48*(4), pp. 345-352.

Ballantine, Jeanne H. (2001). *The Sociology of Education-A Systematic Analysis (5ᵗʰ ed.).* N.J.: Prentice Hall

Bishop, Russell, Berryman, Mere, and Richardson, Cath (2001). *Effective teaching and learning strategies, and effective teaching materials for improving the reading and writing in te reo Maori of students aged five to nine in Maori-medium education- Final Report to the Ministry of Education.* New Zealand: Ministry of Education.

Bishop, Russell (2003). Changing Power Relations in Education: Kaupapa M?ori Messages for "Mainstream" Education in Aotearoa/New Zealand. *Comparative Education, 39*(2), Special Number (27): Indigenous Education: New Possibilities,

Ongoing Constraints (May, 2003), pp. 221-238.

Blackledge, David and Hunt, Barry (1985). *Sociological Interpretations of Education.* London: Croom Helm.

Blake, Nigel, and Masschelein, Jan (2003). Critical Theory and Critical Pedagogy. In Nigel Blake, Paul Smeyers, Richard Smith, and Paul Standish (eds.), *The Blackwell Guide to the Philosophy of Education* (38-56). MA, USA: Blackwell.

Broadfoot, Patricia M. (1977). The Comparative Contribution-A Research Perspective. *Comparative Education, 13*(2), pp. 133-137.

Broadfoot, Patricia M. (1999a). Not So Much a Context, More a Way of Life. In Robin Alexander, Patricia Broadfoot, & David Phillips (eds.), *Learning from Comparing-New Directions in Comparative Educational Research, vol. 1, Contexts, Classrooms and Outcomes* (21-32). Oxford, UK: Symposium Books.

Broadfoot, Patricia M. (1999b). Comparative Research on Pupil Achievement: in Search of Validity, Reliability and Utility. In Robin Alexander, Patricia Broadfoot, & David Phillips (eds.), *Learning from Comparing-New Directions in Comparative Educational Research, vol. 1, Contexts, Classrooms and Outcomes* (237-259). Oxford, UK: Symposium Books.

Broadfoot, Patricia M. (2000). Comparative Education for the 21st Century: Retrospect and Prospect. *Comparative Education, 36*(3), pp. 357-371.

Burbules, Nicholas C., and Torres, Carlos A. (2000). Globalization and Education: An Introduction. In Burbules, and Torres (eds.), *Globalization and Education: Critical Perspective* (1-26). N.Y.: Routledge.

Carspecken, Phil Francis (2001). Critical Ethnographies from Houston: Distinctive Features and Directions. In P. F. Carspecken & Geoffrey Walford (eds.), *Critical Ethnography and Education, Volume 5* (1-26). UK: Elsevier Science Ltd.

Cicourel, Aaron V. (1981). Notes on the Integration of Micro-and Macro-levels of Analysis. In K. Knorr-Cetina and A. V. Cicourel (eds.), *Advances in Social Theory and Methodology-Toward an Integration of Micro-and Macro-sociologies* (51-80). Boston: Routledge & Kegan Paul Ltd.

Cook, Bradley, Hite, Steven J., and Epstein, Erwin H. (2004). Discerning Trends, Contours, and Boundaries in Comparative Education: A Survey of Comparativists and Their Literature. *Comparative Education Review, 48*(2), pp. 123-149.

Cowen, Robert (2003). Comparing Futures or Comparing Pasts? In Edward R. Beauchamp (ed.), *Comparative Education Reader* (3-16). N.Y.: Routledge Falmer.

Crossley, Michael (1999). Reconceptualisation Comparative and International Education. *Compare, 29*(3), pp. 249-267.

Crossley, Michael (2005). Editorial-Culture, Context and Difference in Comparative Education. *Comparative Education, 41*(3), pp. 243-245.

Crossley, Michael, and Vulliamy, Graham (1984). Case-Study Research Methods and Comparative Education. *Comparative Education, 20*(2), pp. 193-207.

Cuff, E. C., Sharrock, Wes W., and Francis, David W. (1998/1979). *Perspectives in Sociology*. London: Routledge.

Dale, Roger, and Robertson, Susan (2002). Local States of Emergency; Contradictions of Neo-liberal Governance in Education in New Zealand. *British Journal of Sociology of Education, 23*(3), pp. 463-482.

Dogan, Mattei (2002). Strategies in Comparative Sociology. *Comparative Sociology, 1*(1), pp. 63-92.

Eggan, Fred (1954). Social Anthropology and the Method of Controlled Comparison. *American Anthropologist, 56*(5), Part 1, pp. 743-763.

Elias, Norbert (1992/1991). *The Symbol Theory*. London: SAGE.

Epstein, Erwin H. (1983).Currents Left and Right: Ideology in Comparative Education. *Comparative Education Review, 27*(1), pp. 3-29.

Epstein, Erwin H. (1988). The Problematic Meaning of "Comparison". In J. Schriewer and B. Holmes (eds.), *Theories and Methods in Comparative Education* (3-23). Peter Lang.

Epstein, Erwin H., Wirt, Frederick M., and Shorish, M. Mobin (1993). The Use of Comparative Ethnicity Research. *Comparative Education Review, 37*(1), Special Issue on Ethnicity, pp. 1-8.

Erickson, Frederick (1984). What Makes School Ethnography, Ethnographic? *Anthropology & Education Quarterly, 15*(1), pp. 51-66.

Erickson, Frederick (2002). Culture and Human Development. *Human Development, 45*(4), pp. 299-306.

Fairbrother, Gregory P. (2005). Comparison to What End? Maximizing the Potential of Comparative Education Research. *Comparative Education, 41*(1), pp. 5-24.

Farrell, Joseph P. (1986). The Necessity of Comparisons in the Study of Education: The Salience and the Problem of Comparability. In Philip G. Altbach and Kelly (eds.), *New Approaches to Comparative Education* (201-214). The University of Chicago Press.

Feyerabend, Paul (1987). *Farewell to Reason*. London: VERSO

Feyerabend, Paul (1990/1988). *Against Method* (revised ed.). London: VERSO.

Foley, Douglas E. (1977). Anthropological Studies of Schooling in Developing Countries: Some Recent Findings and Trends. *Comparative Education Review, 21*(2/3), The State of the Art. pp. 311-328.

Foley, Douglas E. (1991). Rethinking School Ethnographies of Colonial Settings: A Performance Perspective of Reproduction and Resistance. *Comparative Education Review, 35*(3), pp. 532-551.

Foley, Douglas E., Levinson, Bradley A., & Hurtig, Janise (2000-2001). Anthropology Goes inside: The New Educational Ethnography of Ethnicity and Gender. *Review of Research in Education, 25*, pp. 37-98.

Friedman, Jonathan (1994). *Cultural Identity and Global Process*. London: Sage.

Gadamer, Hans-Georg (1987). Hermeneutics as Practical Philosophy. In K. Baynes, James Bohman and Thomas McCarthy (eds.), *After Philosophy-End or Transformation?* (325-338) Cambridge, Massachusetts, the MIT Press.

Gallagher, Shaun (1992). *Hermeneutics and Education*. N.Y.: State University of New York Press.

Gallagher, Shaun (1997). Hermeneutical Approaches to Educational Research. In Helmut Danner (ed.), *Hermeneutics & Educational Discourse* (129-148). Johannesburg:

Heinemann.

Galton, Maurice (1999). Commentary: interpreting classroom practice around the globe. In Robin Alexander, Patricia Broadfoot, & David Phillips (eds.), *Learning from Comparing-New Directions in Comparative Educational Research, vol. 1, Contexts, Classrooms and Outcomes* (181-188). Oxford, UK: Symposium Books.

Galtung, Johan (1990). Theory Formation in Social Research: A Plea for Pluralism. In Oyen, Else (ed.), *Comparative. Methodology: Theory and Practice in International Social Research* (96-112). London: Sage.

Gardiner & Parata Ltd. (2004). *Building Capability in te reo Maori in the Mainstream-A Scoping Report on Teachers' Professional Development Needs for the Ministry of Education.* [on-line] May10 2007 retrieved from http://www.tki.org.nz/r/ maori_mainstream/te_reo_in_schools/profdev/secondary2006_e.php

Giddens, Anthony (1990). *The Consequences of Modernity.* Cambridge: Polity.

GIO (2007). *Ethnic Composition.* [on-line] May 14 2007 retrieved from http://www.gio. gov.tw/ct.asp?xItem=32778&ctNode=4101

Giroux, Henry A. (1989).Schooling as a Form of Cultural Politics: Toward a Pedagogy of and for Difference. In H. Giroux & P. McLaren, *Critical Pedagogy, the State, and Cultural Struggle* (125-151). N.Y.: State University of New York Press.

Giroux, Henry A. (1993). Foreword to the First Edition. In Peter McLaren, *Schooling as a Ritual Performance-Towards a Political Economy of Educational Symbols and Gestures.* New York: Routledge. pp. xxiii-xxvii.

Giroux, Henry A. (1997). *Pedagogy and the Politics of Hope: Theory, Culture, and Schooling, A Critical Reader.* Oxford: Westview.

Giroux, Henry (2001/1997). Crossing the Boundaries of Educational Discourse: Modernism, Postmodernism, and Feminism. In A. H. Halsey et al. (eds.), *Education: Culture, Economy, Society* (113-129). Oxford: Oxford University Press.

Givvin, Karen Bogard, Hiebert, James, Jacobs, Jennifer K., Hollingsworth, Hilary, and Gallimore, Ronald (2005). Are There National Patterns of Teaching? Evidence from the TIMSS 1999 Video Study. *Comparative Education Review, 49*(3), pp. 311-343.

Grant, Carl A., and Sleeter, Christine E. (1997). Race, Class, Gender, and Disability in the Classroom. In J. A. Banks & C. A. M. Banks (Eds.), *Multicultural education: Issues & perspectives (3rd Edition)* (61-83). New York: John Wiley & Sons, Inc.

Grant, Nigel (2000). Tasks for Comparative Education in the New Millennium. *Comparative Education, 36*(3), pp. 309-317.

Halls, William D. (1990). Trends and Issues in Comparative Education. In W. D. Halls (ed.), *Comparative Education-Contemporary Issues and Trends* (21-65). Paris: UNESCO.

Hans, Nicholas (1958). *Comparative Education (3rd edin)- A Study of Education Factors and Traditions.* London: Routledge & Kegan Pau.

Hans, Nicholas (1959). The Historical Approach to Comparative Education. *International Review of Education, 5*, pp. 299-309.

Herriott, Robert E.&Firestone, William A. (1983). Multisite Qualitative Policy Research: Optimizing Description and *Generalizability. Educational Researcher, 12*(2), pp. 14-19.

Heyman, Richard D. (1979). Comparative Education from an Ethno-methodological Perspective. *Comparative Education, 15* (October), pp. 241-249.

Heyman, Richard D. (1981). Analyzing the Curriculum. *International Review of Education, 27*, pp. 17-26.

Heynaman, Stephen P. (1993). Quantity, Quality, and Source. *Comparative Education Review, 37*(4), pp. 372-388.

Hoffman, Diane M. (1996). Culture and Self in Multicultural Education: Reflections on Discourse, Text, and Practice. *American Educational Research Journal, 33*(3), pp. 545-569.

Hoffman, Diane M. (1999). Culture and Comparative Education: Toward Decentering and Recentering the Discourse. *Comparative Education Review, 43*(4), pp. 464-488.

Hoffman, Diane M. (2000a). Individualism and Individuality in American and Japanese Early Education: A Review and Critique. *American Journal of Education, 108*(4), pp. 300-317.

Hoffman, Diane M. (2000b). Pedagogies of Self-American and Japanese Early Childhood Education: A Critical Conceptual Analysis. *The Elementary School Journal, 101*(2), pp. 193-208.

Holmes, Brian (1965). *Problems in Education-A Comparative Approach*. London: Routledge & Kegan Paul.

Holmes, Brian (1977). The Positivist Debate in Comparative Education-An Anglo-Saxon Perspective. *Comparative Education, 13*(2), pp. 115-32.

Holmes, Brian (1981). *Comparative Education: Some Considerations of Method*. London: George Allen & Unwin.

Homes, Brian (1982). Joseph Lauwerys. *Compare, 23*(1), pp. 59-65.

Hopkins, Terence K., Wallerstein, Immanuel Maurice et al. (1982). *World-Systems Analysis-Theory and Methodology*. Beverly Hills, California: SAGE.

Hufton, Neil, Elliott, Julian G., and Illushin, Leonid (2003). Teachers' Beliefs about Student Motivation: Similarities and Differences across Cultures. *Comparative Education, 39*(3), pp. 367-389.

Jordan, Steven & Yeomans, David (1995). Critical Ethnography: Problems in Contemporary Theory and Practice. *British Journal of Sociology of Education, 16*(3), pp. 389-408.

Jullien, Marc-Antoine (1816-17). Plan and Preliminary Views of a Work on Comparative Education in the Different States of Europe. In Steward Fraser(1964, trans. & ed.), *Jullien's Plan for Comparative Education 1816-1817* (33-49). N.Y.: Teachers College, Columbia University.

Kandel, Isaac L. (1959). The Methodology of Comparative Education. *International Review of Education, 5*, pp. 270-280.

Kazamias, Andreas M. (2001)Re-Inventing the Historical in Comparative Education: Reflections on a Protean Episteme by a Contemporary Player. *Comparative Education, 37*(4), Special Number (24): Comparative Education for the Twenty-First Century: An International Response. pp. 439-449.

Kellner, Douglas (1984). *Movements of Thought in Modern Education*. N.Y.: John Wiley

& Sons.

Kelly, Gail P. & Altbach, Philip G. (1986). Comparative Education: Challenge and Response. In Altbach and Kelly (eds.), *New Approaches to Comparative Education* (309-327). Chicago: The University of Chicago Press.

Kelly, Gail P., Altbach, Philip G., & Arnove, Robert F. (1982). Trends in Comparative Education: A Critical Analysis. In P. G. Altbach, Robert F. Arnove & G. P. Kelly(eds.). *Comparative Education* (505-533). New York: Collier Macmillan.

King, Edmund J. (1966). *Education and Social Change*. Oxford: Pergamon Press.

Kneller, George F. (1984). *Movements of Thought in Modern Education*. N.Y.: John Wiley & Sons.

Lankshear, Colin (1993). *Foreword. In Peter McLaren, Schooling as a Ritual Performance-Towards a Political Economy of Educational Symbols and Gestures* (viii-xxii). New York: Routledge.

Lauwerys, Joseph (1959). The Philosophical Approach to Comparative Education. *International Review of Education, 5*, pp. 281-298.

LeCompte, Margaret D., and Goetz, Judith Preissle (1982). Problems of Reliability and Validity in Ethnographic Research. *Review of Educational Research, 52*(1), pp. 31-60.

Lingard, Bob (2000). It Is and It Isn't: Vernacular Globalization, Educational Policy, and Restructuring. In Nicholas C. Burbules and Carlos Alberto Torres (eds.), *Globalization and Education: Critical Perspective* (79-108). N.Y.: Routledge.

Louisy, Pearlette (2001). Globalisation and Comparative Education: a Caribbean perspective. *Comparative Education, 37*(4), pp. 425-438.

Mallinson, Vernon (1975). *An Introduction to the Study of Comparative Education* (4th ed.). London: Heinemann.

Marcus, G. E. (1995). Ethnography In/Of the World System: The Emergence of Multi-Sited Ethnography. *Annual Review of Anthropology, 24*, pp. 95-117.

Martin, Timothy J. (2003). Divergent Ontologies with Converging Conclusions: A Case Study Comparison of Comparative Methodologies. *Comparative Education, 39*(1), pp. 105-117.

Masemann, Vandra L. (1976). Anthropological Approaches to Comparative Education. *Comparative Education Review, 20*(3), pp. 368-380.

Masemann, Vandra L. (1978). Ethnography of the Bilingual Classroom. *International Review of Education, 34*(3), Language of Instruction in a Multi-Cultural Setting, pp. 295-307.

Masemann, Vandra L. (1982). Critical Ethnography in the Study of Comparative Education. *Comparative Education Review, 26*(1), pp. 11-25

Masemann, Vandra L. (1990). Ways of Knowing: Implications for Comparative Education. *Comparative Education Review, 34*(4), pp. 465-473.

Masemann, Vandra L. (2003/1999). Culture and education. In Robert Arnove and C. Torres (2nd ed.), *Comparative Education* (115-132). Lanham: Roman and Littlefield.

McLaren, Peter (1993). *Schooling as a Ritual Performance-Towards a Political Economy of Educational Symbols and Gestures*. New York: Routledge.

Meyer, John W., & Ramirez, Francisco O. (2000). The World Institutionalization of Education. In Jurgen Schriewer (ed.), *Discourse Formation in Comparative Education* (111-132). Frankfurt am Main: Peter Lang.

Ministry of Education (2007a). *Ka Hikitia-Managing for Success: The Draft Maori Education Strategy 2008-2012*. Personalising learning: A professional, parental, and personal responsibility. Draft Strategy for Consultation. Wellington, New Zealand: MOE.

Ministry of Education (2007b). *Statement of Intent 2007-2012*. Wellington, New Zealand: MOE.

Mitter, Wolfgang (1997). Challenges to Comparative Education: Between Retrospect and Expectation. *International Review of Education, 43*(5-6), pp. 401-412.

Mok, Ka Ho (2006). *Education Reform and Education Policy in East Asia*. London: Routledge.

Morrow, Raymond (1994). Non-Empirical Method-Reflexive Procedures. In R. A.

Morrow& D. D. Brown (eds.), *Critical Theory and Methodology*. Thousand Oaks, Ca.: SAGE Publications.

Noah, Harold J. & Eckstein, Max A. (1969). *Towards a Science of Comparative Education*. New York: Macmillan.

Noah, Harold J., & Eckstein, Max A. (1998). Toward a Science of Comparative Education. *In Doing Comparative Education: Three Decades of Collaboration* (15-30). Hong Kong: The University of Hong Kong.

Ovando, Carlos J. (1993). Language Diversity and Education. In J. A. Banks and C. A. Banks (eds.), *Multicultural Education: Issues and Perspectives (2nd edition)* (215-235). Boston: Allyn Ani.

Paulston, Rolland G. (2003). Mapping Comparative Education after Postmodernity. In Edward R. Beauchamp (2003, ed.). *Comparative Education Reader* (17-44). N.Y.: Routledge Falmer.

Penetito, Wally (2002). Research and Context for a Theory of Maori Schooling. *McGill Journal of Education, 37*(1), pp. 89-109.

Planel, Claire (1997). National Cultural Values and Their Role in Learning: A Comparative Ethnographic Study of State Primary Schooling in England and France. *Comparative Education, 33*(3), pp. 349-373.

Psacharopoulos, George (1990).Comparative Education: From Theory to Practice, or Are you A:\neo.* or B:*.ist?". *Comparative Education Review, 34*(3), pp. 369-81

Reynolds, D. (1999). Creating a New Methodology for Comparative Educational Research: The Contribution of the International School Effectiveness Research Project. In Robin Alexander, Patricia Broadfoot, & David Phillips (eds.), *Learning from Comparing-New Directions in Comparative Educational Research, vol. 1, Contexts, Classrooms and Outcomes* (135-148). Oxford, UK: Symposium Books.

Rust, Val D. (2003). Method and Methodology in Comparative Education. *Comparative Education Review, 47*(3), pp. iii-vii.

Rust, Val D., Soumare, A., Pescador, O., & Shibuya, M. (1999). Research Strategies in Comparative Education. *Comparative Education Review, 43*(1), pp. 86-109.

Rust, Val D. (1990). Postmodernism and Its Comparative Education Implications. *Comparative Education Review, 35*(4), pp. 610-626.

Sadler, Michael E. (1964, 1900). How Far Can We Learn Anything of Practical Value from the Study of Foreign Systems of Education? *Reprinted in Comparative Education Review, 7*(3), pp. 307-14.

Schneider, Friedrich (1961). The Immanent Evolution of Education: A Neglected Aspect of Comparative Education. *Comparative Education Review, 4*(3), pp. 136-139.

Schriewer, Jurgen (1999). Coping with Complexity in Comparative Methodology: Issues of Social Causation and Processes of Macro-historical Globalisation. In Robin Alexander, Patricia Broadfoot, & David Phillips (eds.), *Learning from Comparing-New Directions in Comparative Educational Research, vol. 1, Contexts, Classrooms and Outcomes* (33-72). Oxford, UK: Symposium Books.

Sinclair, Tauni, & Muru, Selwyn, & Sinclair, Moana (1998). *Globalisation & Maori (videorecording)*. New Zealand: TKM Productions.

Smith, Linda Tuhiwai (1999). *Decolonizing Methodologies: Research and Indigenous Peoples*. London and New Zealand: Zed Books Ltd. and University of Otago Press.

Smith, Louis M. (1978). An Evolving Logic of Participant Observation, Educational Ethnography, and Other Case Studies. *Review of Research in Education, 6*, pp. 316-377.

Smith, Graham Hingangaroa (2003). *Indigenous Struggle for the Transformation of Education and Schooling*. Keynote Address to the Alaskan Federation of Natives (AFN) Convention. Anchorage, Alaska, U.S October 2003.

Spindler, George, and Spindler, L. (1987). Cultural Dialogue and Schooling in Schoenhausen and Roseville: A Comparative Analysis. *Anthropology & Education Quarterly, 18*(1), pp. 3-16.

Stairs, Arlene (1994). The Cultural Negotiation of Indigenous Education: Between Microethnography and Model-Building. *Peabody Journal of education, 69*(2), Negotiating the Culture of Indigenous Schools. pp. 154-171.

Stenhouse, Lawrence (1979). Case Study in Comparative Education: Particularity and

Generalisation. *Comparative Education, 15*(1), Special Number (3): Unity and Diversity in Education, pp. 5-10.

Te Puni Kokiri & Te Taura Whiri i Te Reo Maori (2003). *The Maori Language Strategy 2003*. Wellington, New Zealand: Ministry of Maori Development (Te Puni Kokiri).

Terhart, Ewald (1985). The Adventures of Interpretation: Approaches to Validity. *Curriculum Inquiry, 15*(4), pp. 451-464.

Thomas, Jim (1993). *Doing Critical Ethnography*. Newbury Park: SAGE.

Tobin, Joseph (1999). Method and Meaning in Comparative Classroom Ethnography. In Robin Alexander, Patricia Broadfoot, & David Phillips(eds.), *Learning from Comparing-New Directions in Comparative Educational Research, vol. 1, Contexts, Classrooms and Outcomes* (113-134). Oxford, UK: Symposium Books.

Tobin, Joseph J., Wu, David Y. H., and Davidson, Dana H. (1989). *Preschools in Three Cultures: Japan, China, and the United States*. Yale University.

Watson, K. (1999). Comparative Education Research: The Need for Reconceptualisation and Fresh Insights. *Compare, 29*(3), pp. 233-248.

Watson, K. (2000). Globalization, Education Reform and Language Policy in Transitional Society. In Teame Mebrahtu, Michael Crossley, David Johnson (eds.), *Globalization, Educational Transformation and Societies in Transition* (41-68). Oxford, UK: Symposium Books.

Weis, Lois (1992). Reflections on the Research in a Multicultural Environment. In Carl A. Grant (Ed.), *Research and Multicultural Education: From the Margins to the Mainstream* (47-57). London: Falmer Press.

Welch, Anthony (2001). Globalization, Post-modernity and the State: Comparative Education Facing the Third Millennium. *Comparative Education, 37*(4), pp. 475-492.

Willis, Paul (1999/1978). *Learning to Labour-How Working Class Kids Get Working Class Jobs*. UK: Ashgate.

Ziguras, Christopher (2003). The Impact of the GATS on Transnational Tertiary Education: Comparing Experiences of New Zealand, Australia, Singapore and

Malaysia. *The Australian Educational Researcher, 30*, pp. 89-109.

Vos, A. J., and Brits, V. M. (1988). *Comparative and International Education for Student Teachers*. Butterworth-Heinemann.

國家圖書館出版品預行編目資料

批判俗民誌：比較教育方法論／洪雯柔作.
　—2版.—臺北市：五南，2009.05
　　面；　　公分.
　參考書目：面
　ISBN 978-957-11-5612-5（平裝）

1.比較教育 2.質性研究 3.方法論

520.91031　　　　　　　　　98005387

1JCH

批判俗民誌：比較教育方法論

作　　　者 ― 洪雯柔(163.4)

發 行 人 ― 楊榮川

總 編 輯 ― 龐君豪

主　　　編 ― 陳念祖

責任編輯 ― 李敏華

封面設計 ― 童安安

出 版 者 ― 五南圖書出版股份有限公司

地　　　址：106台北市大安區和平東路二段339號4樓

電　　　話：(02)2705-5066　　傳　　　真：(02)2706-6100

網　　　址：http://www.wunan.com.tw

電子郵件：wunan@wunan.com.tw

劃撥帳號：01068953

戶　　　名：五南圖書出版股份有限公司

台中市駐區辦公室/台中市中區中山路6號

電　　　話：(04)2223-0891　　傳　　　真：(04)2223-3549

高雄市駐區辦公室/高雄市新興區中山一路290號

電　　　話：(07)2358-702　　傳　　　真：(07)2350-236

法律顧問　元貞聯合法律事務所　張澤平律師

出版日期　2008年2月初版一刷
　　　　　2009年5月二版一刷

定　　　價　新臺幣360元